★ 专利代理师资格考试应试人员推荐用书 ★

专利代理师资格考试
模拟试题及解析
相关法律知识篇

欧阳石文 ◎ 总主编　　曹京涛 ◎ 主　编

图书在版编目（CIP）数据

专利代理师资格考试模拟试题及解析. 相关法律知识篇/欧阳石文总主编；曹京涛主编. —北京：知识产权出版社，2023.1

ISBN 978-7-5130-8498-7

Ⅰ.①专… Ⅱ.①欧…②曹… Ⅲ.①专利—代理（法律）—中国—资格考试—题解 Ⅳ.①D923.42-44

中国版本图书馆CIP数据核字（2022）第230388号

内容提要

本书提供了四套专利代理师资格考试相关法律知识科目的模拟试题，整体难度与试题形式严格对标真题，即先给出整套试题，最后以现行法律法规进行解析并提供参考答案，使考生能较为真实、准确地检验备考水平。

责任编辑：卢海鹰　王瑞璞　　　　　责任校对：潘凤越
封面设计：杨杨工作室·张冀　　　　责任印制：刘译文

专利代理师资格考试模拟试题及解析
——相关法律知识篇

欧阳石文　总主编　曹京涛　主编

出版发行：知识产权出版社有限责任公司	网　　址：http://www.ipph.cn
社　　址：北京市海淀区气象路50号院	邮　　编：100081
责编电话：010-82000860转8116	责编邮箱：wangruipu@cnipr.com
发行电话：010-82000860转8101/8102	发行传真：010-82000893/82005070/82000270
印　　刷：三河市国英印务有限公司	经　　销：新华书店、各大网上书店及相关专业书店
开　　本：889mm×1194mm 1/16	印　　张：13.5
版　　次：2023年1月第1版	印　　次：2023年1月第1次印刷
字　　数：320千字	定　　价：88.00元
ISBN 978-7-5130-8498-7	

出版权专有　侵权必究

如有印装质量问题，本社负责调换。

作者简介

欧阳石文

湖南省永州人，研究员。2002 年毕业于中国农业科学院研究生院，获得博士学位。

自 2002 年起在国家知识产权局专利局专利审查协作北京中心工作。2004 年 3 月至 2005 年 3 月借调到国家知识产权局原专利复审委员会工作，2014 年 1 月至 4 月在北京市第一中级人民法院交流。2010~2011 年任国家知识产权局专利局专利审查协作北京中心审查业务部研究室主任，2012~2014 年任国家知识产权局专利局专利审查协作北京中心医药生物部生物工程一室主任、生物工程四室主任，2014 年 5 月至 2018 年在国家知识产权局专利局专利审查协作河南中心工作，任化学发明审查部副主任，入选北京市知识产权专家库，担任多家知识产权培训机构讲师，现为北京知文通达知识产权代理事务所创始人和执行合伙人。曾多次参加全国专利代理人资格考试专利代理实务科目的阅卷工作，对专利代理实务考试有较深入的研究。曾参与专利审查指南的修订工作、国家知识产权局内部规程《审查操作规程·实质审查分册》的编写工作，参与《专利法实施细则》修改课题研究、国家知识产权局专项课题研究等 10 余项，在《知识产权》《专利法研究》等知识产权专业书刊上发表论文 30 余篇；主编《医药生物领域发明专利申请文件撰写与答复技巧》，联合编著《专利代理实务应试指南及真题精解》《专利有效性检索》，并参与《实用新型专利权评价报告实务手册》《发明专利保护客体典型案例评析》《海外专利实务手册（美国卷）》等多部著作的撰写。

曹京涛

副研究员，中国政法大学法学硕士，就职于中规（北京）认证有限公司，从事知识产权工作16年，擅长知识产权管理体系审核、专利代理师资格考试培训、经济师（知识产权）职称考试培训等。代表作品：《全国专利代理人资格考试考点法条精读及真题分类解析》《企业知识产权管理体系构建与运行》等。

专利代理师资格考试模拟试题及解析丛书
总 序

目前市场上已有的各种专利代理师资格考试（以下简称"考试"）应试书籍，基本上都是考试思路和技巧的讲述，或者真题解析，大多不太适合于应试模拟。其中科目一和科目二均是客观选择题，目前应试书籍直接将答案置于试题附近，考生在看题干时就能看见答案，这不利于考查自己是否真的记住了相关的知识点。而对于科目三，缺乏比较完善的模拟试题，历年真题往往由于考生参加过考试或阅读过应试书籍而不适合作为模拟题。

因此，作者分别针对三个科目编制了模拟试题，形成了"专利代理师资格考试模拟试题及解析丛书"。在整体上，每一套模拟题均按照考试的形式印制，各题的简要解析和答案单独设置于相应模拟题之后或图书后半部分，以供核对。

本丛书适合于考生在考前一段时间模拟以检验自己的备考状态，并进一步掌握考试的技巧和思路，从而提高应试水平，获得理想的考试成绩。

鉴于试题内容和知识点繁多，难免有误，还请读者批评指正，以便必要时进行更正。

欧阳石文

2022.11

目 录

专利代理师资格考试模拟试题（第一套）——相关法律知识试卷 **1**
    参考答案 19
    参考答案及解析 20

专利代理师资格考试模拟试题（第二套）——相关法律知识试卷 **50**
    参考答案 68
    参考答案及解析 69

专利代理师资格考试模拟试题（第三套）——相关法律知识试卷 **98**
    参考答案 118
    参考答案及解析 119

专利代理师资格考试模拟试题（第四套）——相关法律知识试卷 **151**
    参考答案 172
    参考答案及解析 173

专利代理师资格考试模拟试题

（第一套）

相关法律知识试卷

答题须知：

1. 本试卷共有100题，每题1分，总分100分。
2. 本试卷要求应试者在机考试卷上选择答案。
3. 本试卷所有试题的正确答案均以现行的法律、法规、规章、相关司法解释和国际条约为准。

一、单项选择题（每题所设选项中只有一个正确答案，多选、错选或不选均不得分。本部分含1~30题，每题1分，共30分。）

1. 根据《民法典·总则编》及相关规定，下列关于代理的哪种说法是正确的？
   A. 依照民事法律行为的性质，应当由本人亲自实施的民事法律行为，也可代理
   B. 代理人在代理权限内，以代理人名义实施的民事法律行为
   C. 民事法律行为可以用书面形式，也可以用口头形式
   D. 代理人不完全履行职责，造成被代理人损害的，可以不承担民事责任

2. 根据《民法典·总则编》及相关规定，下列哪项不属于非法人组织解散的事由？
   A. 章程规定的存续期间届满　　　B. 出资人决定解散
   C. 设立人决定解散　　　　　　　D. 出现严重亏损

3. 根据《民法典·总则编》及相关规定，下列哪项不属于限制民事行为能力的成年人的监护人？
   A. 配偶　　　B. 父母　　　C. 子女　　　D. 堂兄弟

4. 根据《商标法》及相关规定，下列哪种标志可以作为商标使用？
   A. 同中华人民共和国国旗近似的
   B. 同外国的国家名称相同的
   C. 与表明实施控制、予以保证的官方标志近似，但经授权的
   D. 带有民族歧视性的

5. 根据《民法典·合同编》及相关规定，平等民事主体之间的下列哪种协议适用合同的规定？
   A. 关于收养福利院孤儿的协议　　B. 关于专利权转让的协议
   C. 关于子女监护权的协议　　　　D. 关于解除婚姻关系的协议

6. 根据《著作权法》及相关规定，下列哪项权利属于著作权中的人身权？
   A. 复制权　　B. 表演权　　C. 署名权　　D. 展览权

7. 张某和李某合作完成一项发明创造，但未约定权利归属。该发明创造完成后，张某想要申请专利，而李某认为该发明创造价值不大，不同意申请专利。根据《民法典·合同编》及相关规定，下列哪种说法是正确的？
   A. 张某不得申请专利
   B. 张某可以申请专利，获得授权后专利权归张某和李某共有
   C. 张某可以申请专利，获得授权后专利权归张某所有，李某可以免费实施该专利
   D. 张某可以申请专利，获得授权后专利权归张某所有，但获得的收益应在两人之间分配

8. 根据《民法典·总则编》及相关规定，关于民事权利能力和民事行为能力，下列哪种说法是不正确的？
   A. 法人的民事权利能力和民事行为能力，从法人成立时产生，到法人终止时消灭
   B. 自然人从出生时起到死亡时止，具有民事权利能力
   C. 八周岁以上的未成年人为限制民事行为能力人
   D. 十七周岁以上的未成年人，以自己的劳动收入为主要生活来源的，视为完全民事行为能力人

9. 根据《民事诉讼法》及相关规定，当事人可以申请人民法院通知具有专门知识的人出庭。下列哪种说法是正确的？
   A. 当事人各自申请的具有专门知识的人不可以就案件中的有关问题进行对质
   B. 具有专门知识的人可以参与专业问题之外的法庭审理活动
   C. 人民法院可以对出庭的具有专门知识的人进行询问
   D. 具有专门知识的人在法庭上就专业问题提出的意见，视为证人证言

10. 在一起民事纠纷案件中，双方当事人达成调解协议后，人民法院制作了调解书，但原告在调解书送达前反悔，拒不签收。根据《民事诉讼法》及相关规定，下列哪种说法是正确的？
    A. 人民法院可以重新制作调解书
    B. 人民法院可以公告送达调解书
    C. 人民法院应当及时判决
    D. 人民法院应当裁定驳回起诉

11. 甲和乙共同创作完成了一部长篇小说。后甲于2010年6月8日病故，乙于2012年12月9日逝世。根据《著作权法》及相关规定，该小说发表权的保护期截止于何时？
    A. 2060年6月8日
    B. 2060年12月31日
    C. 2062年12月9日
    D. 2062年12月31日

12. 根据《行政诉讼法》及相关规定，高级人民法院有特殊情况不能在立案之日起6个月内作出第一审行政判决，需要延长期限的，应如何处理？
    A. 由该高级人民法院院长批准
    B. 由最高人民检察院批准
    C. 由该高级人民法院批准
    D. 由最高人民法院批准

13. 根据《保护工业产权巴黎公约》及相关规定，下列哪项不属于工业产权的保护对象？
    A. 专利   B. 实用新型   C. 工业品外观设计   D. 著作权

14. 根据《行政诉讼法》及相关规定，关于行政上诉案件的审理，下列哪种说法是正确的？
    A. 第二审人民法院只审查原审人民法院的裁判
    B. 第二审人民法院只审查被诉行政行为
    C. 第二审人民法院应当对原审人民法院的判决、裁定和被诉行政行为进行全面审查
    D. 第二审人民法院选择审查原审人民法院的裁判或者被诉具体行政行为即可

15. 孙某因不服某行政机关对其作出的行政处罚，向对该案件都有管辖权的A、B两个人民法院提起了行政诉讼，A人民法院比B人民法院先立案。根据《行政诉讼法》及相关规定，该行政诉讼案件应由下列哪个人民法院管辖？
    A. A人民法院
    B. B人民法院
    C. A、B两个人民法院协商确定
    D. A、B两个人民法院共同的上级人民法院指定的法院

16. 某行政复议机关受理行政复议申请后，发现该行政复议申请不符合相关规定的受理条件。根据《行政复议法》及相关规定，该行政复议机关应当如何处理？
    A. 作出中止行政复议的决定
    B. 作出终止行政复议的决定
    C. 作出继续行政复议的决定
    D. 作出驳回行政复议申请的决定

17. 某电视台委托设计师张某为其设计台标，但未约定其著作权归属。该电视台使用台标一段时间后，双方对该台标的著作权归属产生了争议。根据《著作权法》及相关规定，下列哪种说法是正确的？
    A. 该电视台享有该台标的著作权
    B. 该电视台和张某共同享有该台标的著作权
    C. 张某享有该台标的著作权，有权要求该电视台停止使用
    D. 张某享有该台标的著作权，但该电视台在约定的使用范围内享有使用的权利

18. 根据《商标法》及相关规定，下列关于商标注册申请的哪种说法是正确的？
    A. 申请人可以通过一份申请就多个类别的商品申请注册同一商标
    B. 申请人可以通过一份申请就多个类别的商品申请注册多个商标
    C. 申请人可以通过一份申请就一个类别的商品申请注册多个商标
    D. 商标注册申请等有关文件，只能以书面方式提出

19. 某育种公司就其培育的一个植物新品种向审批机关提出品种权申请并获得授权。该品种的育种完成日为2015年8月10日，申请日为2016年2月3日，初步审查合格公告日为2016年6月3日，授权日为2017年12月3日。根据《植物新品种保护条例》及相关规定，该品种权的保护期限自何日起算？
    A. 2015年8月10日　　　　　　　　B. 2016年2月3日
    C. 2016年6月3日　　　　　　　　D. 2017年12月3日

20. 根据《商标法》及相关规定，在侵犯商标专用权纠纷案件中，权利人因被侵权所受到的实际损失、侵权人因侵权所获得的利益、注册商标许可使用费难以确定的，赔偿数额应当如何确定？
    A. 由人民法院根据侵权行为的情节判决给予五十万元以下的赔偿
    B. 由人民法院根据侵权行为的情节判决给予一百五十万元以下的赔偿
    C. 由人民法院根据侵权行为的情节判决给予二百五十万元以下的赔偿
    D. 由人民法院根据侵权行为的情节判决给予五百万元以下的赔偿

21. A超市与B运输公司签订合同，委托该运输公司为其办理蔬菜运输事务，并约定由该超市子公司C公司向该运输公司支付费用。但C公司拒绝支付这一费用。根据《民法典·合同编》及相关规定，应由谁向该运输公司承担违约责任？
    A. A超市　　　　　　　　　　　　B. C公司
    C. A超市或C公司　　　　　　　　D. A超市和C公司承担连带责任

22. A商标代理机构未经授权，以自己的名义将被代理人B公司的商标进行注册，并获核准注册。根据《商标法》及相关规定，B公司可以采取下列哪种措施维护自身合法权益？
    A. 自该商标注册之日起五年内，请求商标局撤销该注册商标

B. 自该商标注册之日起五年内，请求商标局宣告该注册商标无效

C. 自该商标注册之日起五年内，请求商标评审委员会宣告该注册商标无效

D. 自该商标注册之日起五年内，请求商标评审委员会撤销该注册商标

23. A 公司是某注册商标的专用权人。在 A 公司申请该商标注册前，B 公司已经在同一种商品上先于 A 公司使用与该注册商标相同并有一定影响的商标。根据《商标法》及相关规定，下列哪种说法是正确的？

A. A 公司有权禁止 B 公司在原使用范围内继续使用该商标，并要求其赔偿损失

B. A 公司有权禁止 B 公司在原使用范围内继续使用该商标，但无权要求其赔偿损失

C. A 公司无权禁止 B 公司在原使用范围内继续使用该商标，但可以要求其支付一定的使用费

D. A 公司无权禁止 B 公司在原使用范围内继续使用该商标，但可以要求其附加适当区别标识

24. 根据《著作权法》及相关规定，下列关于著作权产生时间的哪种说法是正确的？

A. 自作品创作完成之日起产生
B. 自作品发表之日起产生
C. 自作品出版之日起产生
D. 自办理作品登记之日起产生

25. 赵某认为商标局初步审定公告的某商标因仅有其商品的通用名称而不应获得注册。根据《商标法》及相关规定，赵某可以自初步审定公告之日起三个月内采取下列哪种措施？

A. 赵某可以向商标局提出异议

B. 赵某不是利害关系人或者在先权利人，不得提出异议

C. 赵某可以向商标评审委员会提出异议

D. 赵某可以请求商标评审委员会宣告其无效

26. 根据《行政诉讼法》及相关规定，不服由 A 行政机关和 B 行政机关所作的同一行政行为的，应以谁为被告提起行政诉讼？

A. A 行政机关

B. B 行政机关

C. A 行政机关和 B 行政机关

D. A 行政机关和 B 行政机关的共同上级机关

27. 画家孙某为 A 饭店画了一幅山水画，同意其在店内展示。B 公司未经孙某和 A 饭店许可，将该山水画拍摄照片后印制在其产品包装上。根据《著作权法》及相关规定，下列哪项说法是正确的？

A. B 公司侵犯了孙某的发表权
B. B 公司侵犯了孙某的复制权
C. B 公司侵犯了孙某的展览权
D. B 公司侵犯了 A 饭店的复制权

28. A公司与B公司签订专利实施许可合同，并约定被许可方B公司不得就该专利提出无效宣告请求。该合同还有独立存在的有关解决争议方法的条款。根据《民法典·合同编》及相关规定，下列关于该合同效力的哪种说法是正确的？
   A. 该合同有效
   B. 该合同效力待定
   C. 该合同无效，合同中独立存在的有关解决争议方法的条款也相应无效
   D. 该合同无效，但不影响合同中独立存在的有关解决争议方法的条款的效力

29. 根据《集成电路布图设计保护条例》及相关规定，下列哪种文件不是申请布图设计登记应当提交的？
   A. 简要说明
   B. 布图设计登记申请表
   C. 布图设计已投入商业利用的，提交含有该布图设计的集成电路样品
   D. 布图设计的复印件或者图样

30. 根据《保护工业产权巴黎公约》及相关规定，关于专利的强制许可，下列哪种说法是不正确的？
   A. 除强制许可的授予不足以防止滥用外，不应规定专利的取消
   B. 专利权人的不作为即使有正当理由，也不得拒绝强制许可
   C. 强制许可是非独占性的，而且除与利用该许可的部分企业或商誉一起转让外，不得转让
   D. 关于专利的强制许可规定准用于实用新型

二、多项选择题（每题所设选项中至少有两个正确答案，多选、少选、错选或不选均不得分。本部分含31～100题，每题1分，共70分。）

31. 根据《民法典·总则编》及相关规定，民事主体从事民事活动应当遵循哪些原则？
   A. 自愿原则   B. 公平原则
   C. 等价有偿原则   D. 诚信原则

32. 根据《民法典·总则编》及相关规定，对于10岁的孙某实施的下列哪些行为，他人不得以孙某无完全民事行为能力为由主张无效？
   A. 领取学校发的奖学金   B. 接受某慈善协会的捐助
   C. 自己购买一个价值十元的文具盒   D. 自己购买一部价值一万元的手机

33. 甲欲以乙和丙为共同被告提起民事诉讼。甲的住所地和经常居住地均为北京；乙的住所地为上海，经常居住地为广州地；丙的住所地和经常居住地均为深圳。根据《民事诉讼法》及相关规定，下列哪些人民法院对该案有管辖权？
   A. 北京人民法院　　　　　　　B. 上海人民法院
   C. 广州人民法院　　　　　　　D. 深圳人民法院

34. 甲与乙签订了一份房屋出租协议，双方约定如果甲能够办妥出国手续，就将其拥有的房屋租给乙居住。根据《民法典·总则编》及相关规定，下列哪些说法是正确的？
   A. 甲是否能办妥出国手续不能确定，该协议不成立
   B. 该协议已经成立，但未生效
   C. 该协议是附期限的民事法律行为
   D. 该协议是附条件的民事法律行为

35. 根据《商标法》及相关规定，下列哪些可以作为商标申请注册？
   A. 数字　　　B. 三维标志　　　C. 颜色组合　　　D. 声音

36. 根据《民法典·总则编》及相关规定，对于下列哪些民事法律行为，一方有权请求人民法院或者仲裁机关予以撤销？
   A. 利用对方缺乏判断能力，致使民事法律行为成立时显失公平的
   B. 基于重大误解实施的民事法律行为
   C. 行为人与相对人恶意串通，损害他人合法权益的
   D. 利用对方处于危困状态，致使民事法律行为成立时显失公平的

37. 根据《著作权法》及相关规定，下列哪些不适用于我国《著作权法》保护？
   A. 国家机关的决议　　　　　　B. 时事新闻
   C. 通用数表　　　　　　　　　D. 通用表格

38. 根据《民法典·合同编》及相关规定，当事人可以采用下列哪些方式担保债务的履行？
   A. 保证　　　B. 抵押　　　C. 定金　　　D. 留置

39. 根据《与贸易有关的知识产权协定》及相关规定，下列哪些关于工业品外观设计的描述是正确的？
   A. 未得所有人同意，第三方不得为商业目的制造载有或体现有受保护的外观设计的复制品
   B. 未得所有人同意，第三方不得为商业目的进口载有或体现有受保护的外观设计的复制品
   C. 各成员可以对外观设计的保护规定有限的例外
   D. 可享有的保护期间至少为 10 年

40. 根据《民法典·合同编》及相关规定，下列哪些情形会导致要约失效？
    A. 拒绝要约的通知到达要约人
    B. 要约人依法撤销要约
    C. 承诺期限届满，受要约人未作出承诺
    D. 受要约人对要约的内容作出非实质性变更

41. 根据《民法典·总则编》及相关规定，民事法律行为应当具备下列哪些条件？
    A. 行为人具有相应的民事行为能力
    B. 采取书面形式
    C. 意思表示真实
    D. 不违反法律、行政法规的强制性规定，不违背公序良俗

42. 根据《民法典·合同编》及相关规定，下列哪些情形下，致使债务人履行债务发生困难的，债务人可以中止履行或者将标的物提存？
    A. 债权人分立没有通知债务人
    B. 债权人合并没有通知债务人
    C. 债权人变更住所没有通知债务人
    D. 债权人变更名称没有通知债务人

43. 根据《行政复议法》及相关规定，下列关于行政复议的哪些说法是正确的？
    A. 对地方各级人民政府的具体行政行为不服的，向上一级地方人民政府申请行政复议
    B. 对省人民政府依法设立的派出机关所属的县级地方人民政府的具体行政行为不服的，向该派出机关申请行政复议
    C. 对国务院部门的具体行政行为不服的，向作出该具体行政行为的国务院部门申请行政复议
    D. 对直辖市人民政府的具体行政行为不服的，向国务院申请行政复议

44. A公司和B公司双方订立合同后，债权人A公司欲将其合同的权利转让给C公司。根据《民法典·合同编》及相关规定，下列哪些说法是正确的？
    A. A公司可以将合同的权利全部或者部分转让给C公司
    B. 根据债权性质不得转让的，A公司就不能转让
    C. A公司转让权利的，应当通知B公司
    D. A公司转让权利的通知不得撤销，但经C公司同意的除外

45. 根据《行政诉讼法》及相关规定，下列哪些属于行政诉讼受案范围？
    A. 对行政拘留不服的
    B. 对限制人身自由不服的
    C. 对征收、征用决定及其补偿决定不服的
    D. 行政机关对行政机关工作人员的奖惩

46. 根据《民法典·合同编》及相关规定，合同当事人一方不履行非金钱债务的，下列哪些情形下，另一方当事人不能要求其继续履行？
   A. 法律上或者事实上不能履行
   B. 债务的标的不适于强制履行
   C. 债务的标的履行费用过高
   D. 债权人在合理期限内未要求履行

47. 根据《植物新品种保护条例》及相关规定，下列哪些说法是正确的？
   A. 植物品种保护名录由审批机关确定和公布
   B. 授予品种权的植物新品种应当具备新颖性、特异性、一致性、稳定性和创造性
   C. 申请品种权的，应当向审批机关提交符合规定格式要求的请求书、说明书和该品种的照片
   D. 申请人不得在品种权授予前修改或者撤回品种权申请

48. 甲公司委托乙运输公司将产品运往某地。合同签订后，乙运输公司因故欲将运输任务委托给丙运输公司。根据《民法典·合同编》及相关规定，下列哪些说法是正确的？
   A. 乙运输公司经甲公司同意，可以转委托丙运输公司运输甲公司的产品
   B. 乙运输公司有权转委托丙运输公司，仅需事后通知甲公司
   C. 转委托未经甲公司同意的，乙运输公司应当对丙运输公司的行为承担责任
   D. 转委托经甲公司同意的，乙运输公司仅就丙运输公司的选任及其对丙运输公司的指示承担责任

49. 根据《民法典·合同编》及相关规定，在下列哪些情形下，要约不得撤销？
   A. 受要约人作出承诺通知之前
   B. 要约人确定了承诺期限
   C. 要约人明示要约不可撤销
   D. 受要约人有理由认为要约是不可撤销的，并已经为履行合同做了合理准备工作

50. 根据《民事诉讼法》及相关规定，下列哪些说法是正确的？
   A. 人民法院审理民事案件，应当保障和便利当事人行使诉讼权利，对当事人在适用法律上一律平等
   B. 民事诉讼应当遵循诚实信用原则
   C. 人民法院应当对不通晓当地民族通用的语言、文字的诉讼参与人提供翻译
   D. 人民法院审理民事案件，应当根据自愿和合法的原则进行调解；调解不成的，应当再次调解

51. 根据《行政复议法》及相关规定，下列关于行政复议被申请人的哪些说法是正确的？
   A. 行政机关与其他组织以共同名义作出具体行政行为的，行政机关为被申请人
   B. 行政机关与其他组织以共同名义作出具体行政行为的，其他组织为被申请人

C. 下级行政机关依照法律、法规、规章规定，经上级行政机关批准作出具体行政行为的，批准机关为被申请人

D. 下级行政机关依照法律、法规、规章规定，经上级行政机关批准作出具体行政行为的，下级行政机关为被申请人

52. 根据《民事诉讼法》及相关规定，下列哪些人员可以被委托为民事诉讼的诉讼代理人？
    A. 律师、基层法律服务工作者
    B. 当事人的近亲属或者工作人员
    C. 当事人所在社区推荐的公民
    D. 有关社会团体推荐的公民

53. 根据《商标法》及相关规定，关于注册商标使用许可，下列哪些说法是正确的？
    A. 商标注册人可以通过签订商标使用许可合同，许可他人使用其注册商标
    B. 许可人应当监督被许可人使用其注册商标的商品质量。被许可人应当保证使用该注册商标的商品质量
    C. 经许可使用他人注册商标的，必须在使用该注册商标的商品上标明被许可人的名称和商品产地
    D. 许可他人使用其注册商标的，许可人应当将其商标使用许可报商标局备案，由商标局公告

54. 根据《民事诉讼法》及相关规定，下列哪些事实当事人无须举证证明？
    A. 根据已知的事实和日常生活经验法则推定出的另一事实
    B. 已为仲裁机构的生效裁决所确认的事实
    C. 已为人民法院尚未发生法律效力的裁判所确认的基本事实
    D. 已为有效公证文书所证明的事实

55. 根据《与贸易有关的知识产权协定》及相关规定，下列哪些说法是正确的？
    A. 商标的首次注册和注册的每次续展的期间不应少于7年
    B. 商标的首次注册和注册的每次续展的期间不应少于15年
    C. 工业品外观设计可享有的保护期间至少为10年
    D. 工业品外观设计可享有的保护期间至少为15年

56. 根据《民事诉讼法》及相关规定，发生下列哪些情形可以中止诉讼？
    A. 一方当事人死亡，需要等待继承人表明是否参加诉讼的
    B. 一方当事人丧失诉讼行为能力，尚未确定法定代理人的
    C. 作为一方当事人的法人或者其他组织终止，尚未确定权利义务承受人的
    D. 一方当事人因不可抗拒的事由，不能参加诉讼的

57. 根据《民法典·总则编》及相关规定，下列关于法人的哪些说法是正确的？
   A. 法人应当有自己的姓名、组织机构、住所、财产或者经费
   B. 清算期间法人存续，但是不得从事与清算无关的活动
   C. 执行法人或者非法人组织工作任务的人员，就其职权范围内的事项，以法人或者非法人组织的名义实施的民事法律行为，对法人或者非法人组织发生效力
   D. 法人合并的，其权利和义务由合并后的法人享有和承担

58. 根据《民事诉讼法》及相关规定，下列关于第二审程序的哪些说法是正确的？
   A. 第二审人民法院仅对上诉请求的有关事实进行审查
   B. 第二审人民法院对不服第一审人民法院裁定的上诉案件的处理，一律使用裁定
   C. 第二审人民法院审理上诉案件，可以进行调解
   D. 原审人民法院对发回重审的案件作出判决后，当事人提起上诉的，第二审人民法院不得再次发回重审

59. 根据《民事诉讼法》及相关规定，当事人的下列哪些说法符合关于证据的规定？
   A. 证据必须查证属实，才能作为认定事实的根据
   B. 当事人对自己提出的主张应当及时提供证据
   C. 当事人向人民法院提供证据，一律应当提供原件或者原物
   D. 书证应当提交原件

60. 根据《行政诉讼法》及相关规定，关于人民法院审理行政案件应当遵循的制度，下列哪些说法是正确的？
   A. 依法实行合议制度
   B. 依法实行回避制度
   C. 依法实行公开审判制度
   D. 依法实行两审终审制度

61. 根据《商标法》及相关规定，下列关于商标注册申请的哪些说法是正确的？
   A. 商标注册申请人应当按规定的商品分类表填报使用商标的商品类别和商品名称，提出注册申请
   B. 商标注册申请人可以通过一份申请就多个类别的商品申请注册同一商标
   C. 商标注册申请等有关文件，只能以书面方式提出
   D. 注册商标需要改变其标志的，应当重新提出注册申请

62. 根据《行政诉讼法》及相关规定，下列关于管辖权的哪些说法是正确的？
   A. 原告向两个以上有管辖权的人民法院提起诉讼的，人民法院不予立案
   B. 人民法院发现受理的案件不属于本院管辖的，应当移送有管辖权的人民法院，受移送的人民法院应当受理
   C. 下级人民法院对其管辖的第一审行政案件，认为需要由上级人民法院审理或者指定管

辖的,可以报请上级人民法院决定

D. 人民法院对管辖权发生争议,由争议双方协商解决;协商不成的,报它们的共同上级人民法院指定管辖

63. 根据《著作权法》及相关规定,下列哪些说法是正确的?
A. 汇编若干作品的片段,对其内容的选择或者编排体现独创性的作品,属于汇编作品
B. 汇编若干作品,对其内容的选择或者编排体现独创性的作品,属于汇编作品
C. 汇编若干不构成作品的数据,对其内容的选择或者编排体现独创性的作品,属于汇编作品
D. 汇编作品的著作权由汇编人享有,但行使著作权时不得侵犯原作品的著作权

64. 根据《行政诉讼法》及相关规定,下列关于行政诉讼参加人的哪些说法是正确的?
A. 当事人一方人数众多的共同诉讼,可以由当事人推选代表人进行诉讼
B. 只有当事人双方为二人以上时,因同一行政行为发生的行政案件为共同诉讼
C. 公民、法人或者其他组织同被诉行政行为有利害关系但没有提起诉讼的,不能申请参加诉讼
D. 人民法院判决第三人承担义务或者减损第三人权益的,第三人有权依法提起上诉

65. 根据《民法典·总则编》及相关规定,下列哪些情形构成不当得利?
A. 张某在银行柜台取钱,因工作人员失误,多给了张某500元
B. 因某公司财务人员工作失误,孙某多领了500元工资
C. 周某在垃圾箱里捡到一盏台灯,将其拿回家
D. 因收留了一走失的宠物猫,何某获得失主偿付的收留期间的喂养费用

66. 根据《行政诉讼法》及相关规定,下列有关人民法院第一审判决的哪些说法是正确的?
A. 行政行为证据确凿,适用法律、法规正确,符合法定程序的,人民法院判决驳回原告的诉讼请求
B. 原告申请被告履行法定职责理由不成立的,人民法院判决驳回原告的诉讼请求
C. 行政行为违反法定程序,但认定事实清楚且适用法律、法规正确的,人民法院判决维持该行政行为
D. 人民法院判决被告重新作出行政行为的,被告不得以同一的事实和理由作出与原行政行为基本相同的行政行为

67. 根据《行政复议法》及相关规定,下列哪些说法是正确的?
A. 申请人申请行政复议,只能书面申请
B. 行政复议机关受理行政复议申请,不得向申请人收取任何费用
C. 同申请行政复议的具体行政行为有利害关系的其他公民、法人或者其他组织,可以作

为第三人参加行政复议

D. 行政复议决定作出前，申请人要求撤回行政复议申请的，经说明理由，可以撤回

68. 根据《商标法》及相关规定，下列关于注册商标转让的哪些说法是正确的？

A. 受让人应当保证使用该注册商标的商品质量

B. 转让注册商标的，商标注册人对其在类似商品上注册的相同商标，可以一并转让

C. 对容易导致混淆的转让，商标局不予核准

D. 转让注册商标经核准后，予以公告，受让人自公告之日起享有商标专用权

69. 根据《集成电路布图设计保护条例》及相关规定，布图设计权利人享有下列哪些专有权？

A. 将受保护的布图设计投入商业利用

B. 将含有受保护布图设计的集成电路以及含有该集成电路的物品投入商业利用

C. 对受保护的布图设计的全部进行复制

D. 对受保护的布图设计的任何部分进行复制

70. 根据《民法典·总则编》的相关规定，下列哪些情形下委托代理终止？

A. 代理期限届满或者代理事务完成

B. 被代理人取消委托或者代理人辞去委托

C. 代理人或者被代理人死亡

D. 作为代理人或者被代理人的法人、非法人组织终止

71. 根据《行政复议法》及相关规定，下列关于行政复议机关进行的调解的哪些说法是正确的？

A. 公民对行政机关行使法律、法规规定的自由裁量权作出的具体行政行为不服申请行政复议的，行政复议机关可以按照自愿、合法的原则进行调解

B. 当事人之间的行政拘留纠纷，行政复议机关可以按照自愿、合法的原则进行调解

C. 行政复议调解书经双方当事人签字，即具有法律效力

D. 调解书生效前一方反悔的，行政复议机关应当及时作出行政复议决定

72. 根据《民事诉讼法》及相关规定，下列关于鉴定的哪些说法是正确的？

A. 当事人对鉴定意见有异议，鉴定人应当出庭作证

B. 经人民法院通知，鉴定人拒不出庭作证的，鉴定意见不得作为认定事实的根据

C. 鉴定人无权了解进行鉴定所需要的案件材料

D. 鉴定人应当提出书面鉴定意见，在鉴定书上签名或者盖章

73. 根据《行政复议法》及相关规定，下列哪些情形下行政复议终止？
   A. 申请人要求撤回行政复议申请，行政复议机构准予撤回的
   B. 作为申请人的法人终止，其权利义务的承受人放弃行政复议权利的
   C. 作为申请人的自然人死亡，没有近亲属或者其近亲属放弃行政复议权利的
   D. 申请人与被申请人经行政复议机构准许达成和解的

74. 根据《著作权法》及相关规定，下列关于著作权转让的哪些说法是正确的？
   A. 著作权人可以全部或者部分转让其依法享有的著作权
   B. 著作权转让合同应当采用书面形式
   C. 与著作权人订立著作权转让合同的，应当向著作权行政管理部门备案
   D. 著作权转让合同中著作权人未明确转让的权利，未经著作权人同意，另一方当事人不得行使

75. 根据《民法典·总则编》及相关规定，下列关于民事权利的哪些说法是正确的？
   A. 自然人享有生命权、身体权、健康权、姓名权、肖像权、名誉权、荣誉权、隐私权、婚姻自主权等权利
   B. 法人、非法人组织享有名称权、名誉权、荣誉权、隐私权等权利
   C. 自然人的人身自由、人格尊严受法律保护
   D. 自然人因婚姻、家庭关系产生的人身权利受法律保护

76. 根据《著作权法》及相关规定，作者的下列哪些权利的保护期不受限制？
   A. 复制权
   B. 署名权
   C. 修改权
   D. 保护作品完整权

77. 根据《民事诉讼法》及相关规定，下列有关调解的哪些说法是正确的？
   A. 当事人起诉到人民法院的民事纠纷，适宜调解的，先行调解，但当事人拒绝调解的除外
   B. 判决前能够调解的，还可以进行调解，调解不成的，应当及时判决
   C. 调解书由审判人员、书记员署名，加盖人民法院印章，送达双方当事人
   D. 调解达成协议，人民法院应当制作调解书，即刻生效

78. 根据《商标法》及相关规定，下列有关注册商标撤销和无效的哪些说法是正确的？
   A. 被撤销的注册商标，由商标局予以公告，该注册商标专用权自公告之日起终止
   B. 被撤销的注册商标，由商标局予以公告，该注册商标专用权视为自始即不存在
   C. 被宣告无效的注册商标，由商标局予以公告，该注册商标专用权自公告之日起终止
   D. 被宣告无效的注册商标，由商标局予以公告，该注册商标专用权视为自始即不存在

79. 根据《著作权法》及相关规定，关于录音录像制作者的权利义务，下列哪些说法是正确的？
    A. 录音录像制作者使用他人作品制作录音录像制品，应当取得著作权人许可，并支付报酬
    B. 录音录像制作者使用改编、翻译已有作品而产生的作品，应当取得改编、翻译作品的著作权人和原作品著作权人许可，并支付报酬
    C. 录音制作者使用他人已经合法录制为录音制品的音乐作品制作录音制品，应当经著作权人许可，并按照规定支付报酬
    D. 录音制作者使用他人已经合法录制为录音制品的音乐作品制作录音制品，可以不经著作权人许可，但应当按照规定支付报酬

80. 根据《著作权法》及相关规定，下列哪些属于侵犯著作权应当承担的民事责任？
    A. 停止侵害
    B. 赔偿损失
    C. 消除影响
    D. 处以罚款

81. 根据《知识产权海关保护条例》及相关规定，下列哪些知识产权的权利人可以请求海关实施知识产权海关保护？
    A. 商标专用权
    B. 著作权
    C. 专利权
    D. 布图设计专有权

82. 根据《商标法》及相关规定，下列哪些行为属商标一般违法行为？
    A. 使用不得作为商标使用的标志的
    B. 在商业活动中使用"驰名商标"字样的
    C. 商标被许可人未标明其名称和商品产地的
    D. 将未注册商标冒充注册商标使用的

83. 根据《商标法》及相关规定，下列哪些行为属于冒充注册商标？
    A. 使用未向国家知识产权局提出注册申请的商标且标明"注册商标"或者标注注册标记的
    B. 超出注册商标核定使用的商品或者服务而使用该商标且标明"注册商标"或者标注注册标记的
    C. 组合使用两件以上注册商标且标注注册标记，但未按照注册商标逐一标注注册标记的
    D. 标明"注册商标"或者标注注册标记的进口商品，该商标未在中国注册且未声明的

84. 根据《行政复议法》及相关规定，下列有关行政复议决定的哪些说法是正确的？
    A. 行政复议机关审理行政复议案件，一律不适用调解
    B. 行政复议机关作出行政复议决定，应当制作行政复议决定书，并加盖印章

C. 被申请人不履行或者无正当理由拖延履行行政复议决定的，行政复议机关或者有关上级行政机关应当责令其限期履行

D. 行政复议机关在申请人的行政复议请求范围内，可以作出对申请人更为不利的行政复议决定

85. 根据《商标法》及相关规定，下列关于注册商标转让的哪些说法是正确的？
   A. 转让注册商标的，转让人和受让人应当签订转让协议，并由转让人或受让人向商标局提出申请
   B. 转让注册商标的，商标注册人对其在类似商品上注册的相同的商标，应当一并转让
   C. 对容易导致混淆或者有其他不良影响的转让，商标局不予核准
   D. 转让注册商标经核准后，予以公告，受让人自公告之日起享有商标专用权

86. 根据《著作权法》及相关规定，表演者对其表演享有下列哪些权利？
   A. 许可他人从现场直播和公开传送其现场表演，并获得报酬
   B. 许可他人公开表演作品，以及用各种手段公开播送作品的表演的权利
   C. 许可他人复制、发行、出租录有其表演的录音录像制品，并获得报酬
   D. 许可他人通过信息网络向公众传播其表演，并获得报酬

87. 根据《民法典·总则编》及相关规定，下列关于诉讼时效的哪些说法是正确的？
   A. 向人民法院请求保护民事权利的诉讼时效期间为二年
   B. 诉讼时效期间届满后，义务人同意履行的，不得以诉讼时效期间届满为由抗辩
   C. 请求停止侵害、排除妨碍、消除危险不适用诉讼时效的规定
   D. 诉讼时效因提起诉讼、当事人一方提出要求或者同意履行义务而中断

88. 根据《商标法》及相关规定，我国注册商标包括哪些类型？
   A. 服务商标   B. 商品商标
   C. 集体商标   D. 证明商标

89. 根据《商标法》及相关规定，关于商标侵权的处理，下列说法哪些是正确的？
   A. 侵犯注册商标专用权引起纠纷的，由当事人协商解决，还可以向人民法院起诉或者请求工商行政管理部门处理
   B. 销售不知道是侵犯注册商标专用权的商品，能证明该商品是自己合法取得并说明提供者的，由工商行政管理部门责令停止销售
   C. 对侵犯商标专用权的赔偿数额的争议，当事人可以请求工商行政管理部门调解
   D. 对侵犯商标专用权的赔偿数额的争议，当事人可以向人民法院起诉

90. 根据《商标法》及相关规定，认定驰名商标应当考虑下列哪些因素？
   A．相关公众对该商标的知晓程度
   B．该商标使用的持续时间
   C．该商标的任何宣传工作的持续时间、程度和地理范围
   D．该商标作为驰名商标受保护的记录

91. 根据《民法典·合同编》及相关规定，下列关于合同债权、债务转让的哪些说法是正确的？
   A．债权人转让债权，未通知债务人的，该转让对债务人不发生效力
   B．债权人转让权利的通知不得撤销，但经受让人同意的除外
   C．即使债权人转让权利未通知债务人，该转让也对债务人发生效力
   D．债务人将债务的全部或者部分转移给第三人的，应当经债权人同意

92. 根据《反不正当竞争法》及相关规定，下列关于商业秘密的哪些说法是正确的？
   A．经营者不得以盗窃、贿赂、欺诈、胁迫、电子侵入或者其他不正当手段获取权利人的商业秘密
   B．经营者不得违反保密义务或者违反权利人有关保守商业秘密的要求，披露、使用或者允许他人使用其所掌握的商业秘密
   C．经营者不得教唆、引诱、帮助他人违反保密义务或者违反权利人有关保守商业秘密的要求，获取、披露、使用或者允许他人使用权利人的商业秘密
   D．经营者通过自行开发研制或者反向工程等方式获得的商业秘密，认定为侵犯商业秘密行为

93. 根据《植物新品种保护条例》及相关规定，下列哪些属于授予品种权的植物新品种应当具备的特性？
   A．新颖性   B．特异性   C．一致性   D．稳定性

94. 根据《民事诉讼法》及相关规定，当事人的再审申请符合下列哪些情形的，人民法院应当再审？
   A．原判决、裁定适用法律确有错误的
   B．违反法律规定，剥夺当事人辩论权利的
   C．未经传票传唤，缺席判决的
   D．原判决、裁定遗漏或者超出诉讼请求的

95. 根据《集成电路布图设计保护条例》及相关规定，下列哪些说法是正确的？
   A．布图设计专有权的保护期为15年
   B．无论是否登记或者投入商业利用，布图设计自创作完成之日起15年后，不再受该条例保护
   C．未经国务院著作权行政管理部门登记的布图设计不受该条例保护

D. 布图设计专有权的保护期自登记申请之日或者在世界任何地方首次投入商业利用之日起计算，以较前日期为准

96. 根据《与贸易有关的知识产权协定》及相关规定，受保护的工业品外观设计的所有人，对于载有或体现受保护的外观设计的复制品或者实质上是复制品的物品，应当有权制止第三方未经其同意而为商业目的进行下列哪些行为？
   A. 制造 B. 进口 C. 使用 D. 销售

97. 根据《与贸易有关的知识产权协定》及相关规定，下列哪些属于各成员在知识产权执法方面应当履行的义务？
   A. 有关知识产权的执法程序应当公平和公正
   B. 就案件的是非作出的决定只应以证据为根据，而且就该证据而言，应当已向当事人提供过陈述意见的机会
   C. 程序的双方当事人应当有机会要求司法机关对终局的行政决定进行审查
   D. 就知识产权的执法和一般法律的执行之间的资源分配而言，该部分的规定并不产生任何义务

98. 根据《保护工业产权巴黎公约》及相关规定，下列关于优先权期间的哪些说法是正确的？
   A. 专利和实用新型的优先权期间为12个月
   B. 外观设计的优先权期间为6个月
   C. 商标的优先权期间为3个月
   D. 这些期间应自第一次申请的申请日开始；申请日不应计入期间之内

99. 根据《计算机软件保护条例》及相关规定，下列哪些说法是正确的？
   A. 受保护的软件必须由开发者独立开发，并已固定在某种有形物体上
   B. 对软件著作权的保护延及开发软件所用的思想、处理过程、操作方法或者数学概念
   C. 软件著作权人应当向国务院著作权行政管理部门认定的软件登记机构办理登记
   D. 软件著作权自软件开发完成之日起产生

100. 根据《与贸易有关的知识产权协定》及相关规定，下列哪些说法是正确的？
   A. 在知识产权的授予许可中常有的某些限制竞争的做法或条件，对贸易可能有不利影响，并且可能阻碍技术的转让和传播
   B. 该协定的任何规定并不阻止各成员在其立法中列举在特定情况下构成对知识产权的滥用、在有关市场上对竞争有不利影响的授予许可的做法或条件
   C. 制止对知识产权有效性提出质疑的条件可能构成知识产权滥用
   D. 排他性的返授条件可能构成知识产权滥用

参考答案

1. C	2. D	3. D	4. C	5. B
6. C	7. A	8. D	9. C	10. C
11. D	12. D	13. D	14. C	15. A
16. D	17. D	18. A	19. D	20. D
21. A	22. C	23. D	24. A	25. A
26. C	27. B	28. D	29. A	30. B
31. ABD	32. ABC	33. CD	34. BD	35. ABCD
36. ABD	37. ABCD	38. ABCD	39. ABCD	40. ABC
41. ACD	42. ABC	43. ABC	44. ABCD	45. ABC
46. ABCD	47. AC	48. ACD	49. BCD	50. ABC
51. AC	52. ABCD	53. ABCD	54. ABD	55. AC
56. ABCD	57. BCD	58. BCD	59. ABD	60. ABCD
61. ABD	62. BCD	63. ABCD	64. AD	65. AB
66. ABD	67. BCD	68. ACD	69. ABC	70. ABCD
71. ACD	72. ABD	73. ABCD	74. BD	75. ACD
76. BCD	77. ABC	78. AD	79. ABD	80. ABC
81. ABC	82. ABCD	83. ABCD	84. BC	85. BCD
86. ACD	87. BCD	88. ABCD	89. ABCD	90. ABCD
91. ABD	92. ABC	93. ABCD	94. ABCD	95. BD
96. ABD	97. ABCD	98. ABD	99. AD	100. ABCD

参考答案及解析

1.【考点】民事代理

【解析】根据《民法典·总则编》第一百六十一条第二款的规定，依照法律规定、当事人约定或者民事法律行为的性质，应当由本人亲自实施的民事法律行为，不得代理。因此，选项A错误。根据《民法典·总则编》第一百六十二条的规定，代理人在代理权限内，以被代理人名义实施的民事法律行为，对被代理人发生效力。因此，选项B错误。

根据《民法典·总则编》第一百三十五条的规定，民事法律行为可以采用书面形式、口头形式或者其他形式；法律、行政法规规定或者当事人约定采用特定形式的，应当采用特定形式。因此，选项C正确。

根据《民法典·总则编》第一百六十四条第一款的规定，代理人不履行或者不完全履行职责，造成被代理人损害的，应当承担民事责任。因此，选项D错误。

【答案】C

2.【考点】非法人组织解散事由

【解析】根据《民法典·总则编》第一百零六条的规定，有下列情形之一的，非法人组织解散：（一）章程规定的存续期间届满或者章程规定的其他解散事由出现；（二）出资人或者设立人决定解散；（三）法律规定的其他情形。因此，选项D不属于非法人组织解散事由。

【答案】D

3.【考点】监护人

【解析】根据《民法典·总则编》第二十八条的规定，无民事行为能力或者限制民事行为能力的成年人，由下列有监护能力的人按顺序担任监护人：（一）配偶；（二）父母、子女；（三）其他近亲属；（四）其他愿意担任监护人的个人或者组织，但是须经被监护人住所地的居民委员会、村民委员会或者民政部门同意。根据《民法典·婚姻家庭编》第一千零四十五条第二款的规定，配偶、父母、子女、兄弟姐妹、祖父母、外祖父母、孙子女、外孙子女为近亲属。因此，选项D不属于限制民事行为能力的成年人的监护人。

【答案】D

4.【考点】可作为商标使用的标志

【解析】根据《商标法》第十条的规定，下列标志不得作为商标使用：

（一）同中华人民共和国的国家名称、国旗、国徽、国歌、军旗、军徽、军歌、勋章等相同或者近似的，以及同中央国家机关的名称、标志、所在地特定地点的名称或者标志性建筑物的名称、图形相同的；

（二）同外国的国家名称、国旗、国徽、军旗等相同或者近似的，但经该国政府同意的除外；

（三）同政府间国际组织的名称、旗帜、徽记等相同或者近似的，但经该组织同意或者不易误导公众的除外；

（四）与表明实施控制、予以保证的官方标志、检验印记相同或者近似的，但经授权的除外；

（五）同"红十字"、"红新月"的名称、标志相同或者近似的；

（六）带有民族歧视性的；

（七）带有欺骗性，容易使公众对商品的质量等特点或者产地产生误认的；

（八）有害于社会主义道德风尚或者有其他不良影响的。

县级以上行政区划的地名或者公众知晓的外国地名，不得作为商标。但是，地名具有其他含义或者作为集体商标、证明商标组成部分的除外；已经注册的使用地名的商标继续有效。

因此，选项C符合题意，选项A、B、D不符合题意。

【答案】C

5.【考点】合同的调整范围

【解析】根据《民法典·合同编》第四百六十四条的规定，合同是民事主体之间设立、变更、终止民事法律关系的协议。婚姻、收养、监护等有关身份关系的协议，适用有关该身份关系的法律规定；没有规定的，可以根据其性质参照适用该编规定。因此，选项B正确，选项A、C、D错误。

【答案】B

6.【考点】著作权人享有的人身权利

【解析】根据《著作权法》第十条的规定，著作权包括下列人身权和财产权：（一）发表权，即决定作品是否公之于众的权利；（二）署名权，即表明作者身份，在作品上署名的权利；（三）修改权，即修改或者授权他人修改作品的权利；（四）保护作品完整权，即保护作品不受歪曲、篡改的权利；（五）复制权，即以印刷、复印、拓印、录音、录像、翻录、翻拍、数字化等方式将作品制作一份或者多份的权利；……（八）展览权，即公开陈列美术作品、摄影作品的原件或者复制件的权利；（九）表演权，即公开表演作品，以及用各种手段公开播送作品的表演的权利；……著作权人可以许可他人行使前款第五项至第十七项规定的权利,并依照约定或者该法有关规定获得报酬。著作权人可以全部或者部分转让该条第一款第五项至第十七项规定的权利,并依照约定或者本法有关规定获得报酬。因此,选项A、B、D错误,选项C正确。

【答案】C

7.【考点】合作开发技术成果的归属

【解析】根据《民法典·合同编》第八百六十条第三款的规定,合作开发的当事人一方不同意申请专利的,另一方或者其他各方不得申请专利。因此,选项A正确,选项B、C、D错误。

【答案】A

8.【考点】民事权利能力和民事行为能力

【解析】根据《民法典·总则编》第五十九条的规定,法人的民事权利能力和民事行为能力,从法人成立时产生,到法人终止时消灭。因此,选项A的说法正确。

根据《民法典·总则编》第十三条的规定,自然人从出生时起到死亡时止,具有民事权利能力,依法享有民事权利,承担民事义务。因此,选项B的说法正确。

根据《民法典·总则编》第十九条的规定,八周岁以上的未成年人为限制民事行为能力人,实施民事法律行为由其法定代理人代理或者经其法定代理人同意、追认;但是,可以独立实施纯获利益的民事法律行为或者与其年龄、智力相适应的民事法律行为。因此,选项C的说法正确。

根据《民法典·总则编》第十八条第二款的规定,十六周岁以上的未成年人,以自己的劳动收入为主要生活来源的,视为完全民事行为能力人。因此,选项D的说法不正确。

【答案】D

9.【考点】专家证人出庭

【解析】根据《最高人民法院关于适用〈中华人民共和国民事诉讼法〉的解释》第一百二十三条的规定,人民法院可以对出庭的具有专门知识的人进行询问。经法庭准许,当事人可以对出庭的具有专门知识的人进行询问,当事人各自申请的具有专门知识的人可以就案件中的有关问题进行对质。具有专门知识的人不得参与专业问题之外的法庭审理活动。根据《最高人民法院关于适用〈中华人民共和国民事诉讼法〉的解释》第一百二十二条第二款的规定,具有专门知识的人在法庭上就专业问题提出的意见,视为当事人的陈述。因此,选项C正确,选项A、B、D错误。

【答案】C

10.【考点】调解失败

【解析】根据《民事诉讼法》第一百零二条的规定,调解未达成协议或者调解书送达前一方反悔的，人民法院应当及时判决。因此，选项C正确，选项A、B、D错误。

【答案】C

11.【考点】著作权的保护期

【解析】根据《著作权法》第二十三条第一款的规定，自然人的作品，其发表权、该法第十条第一款第五项至第十七项规定的权利的保护期为作者终生及其死亡后五十年，截止于作者死亡后第五十年的12月31日；如果是合作作品，截止于最后死亡的作者死亡后第五十年的12月31日。

本题中的长篇小说属于合作作品，其发表权的保护期限截止于最后死亡的作者乙死亡后第50年的12月31日，即2062年12月31日，因此，选项A、B、C错误，选项D正确。

【答案】D

12.【考点】行政诉讼的延长期限

【解析】根据《行政诉讼法》第八十一条的规定，人民法院应当在立案之日起六个月内作出第一审判决。有特殊情况需要延长的，由高级人民法院批准，高级人民法院审理第一审案件需要延长的，由最高人民法院批准。因此，选项D正确，选项A、B、C错误。

【答案】D

13.【考点】工业产权

【解析】根据《保护工业产权巴黎公约》第一条（2）的规定，工业产权的保护对象有专利、实用新型、工业品外观设计、商标、服务标记、厂商名称、货源标记或原产地名称，和制止不正当竞争。选项A、B、C均为工业产权的保护对象，不符合题意。而选项D不是工业产权保护的对象，符合题意。

需要注意的是：根据《与贸易有关的知识产权协定》第一条的规定，该协议所称知识产权包括：（1）版权和邻接权；（2）商标权；（3）地理标志权；（4）工业品外观设计权；（5）专利权；（6）集成电路布图设计（拓扑图）权；（7）未披露过的信息专有权。

【答案】D

14.【考点】行政诉讼二审程序

【解析】根据《行政诉讼法》第八十七条的规定，人民法院审理上诉案件，应当对原审人民法院的判决、裁定和被诉行政行为进行全面审查。因此，选项A、B、D错误，选项C正确。

【答案】C

15.【考点】行政诉讼的管辖

【解析】根据《行政诉讼法》第二十一条的规定，两个以上人民法院都有管辖权的案件，原告可以选择其中一个人民法院提起诉讼。原告向两个以上有管辖权的人民法院提起诉讼的,由最先立案的人民法院管辖。因此,选项A正确,选项B、C、D错误。

【答案】A

16.【考点】行政复议申请的驳回

【解析】根据《行政复议法实施条例》第四十八条第二项的规定,受理行政复议申请后,发现该行政复议申请不符合《行政复议法》和该条例规定的受理条件的,行政复议机关应当决定驳回行政复议申请。因此,选项A、B、C错误,选项D正确。

【答案】D

17.【考点】委托作品的版权归属

【解析】根据《著作权法》第十九条的规定,受委托创作的作品,著作权的归属由委托人和受托人通过合同约定。合同未作明确约定或者没有订立合同的,著作权属于受托人。本题中,该台标的著作权属于受托人张某。根据《最高人民法院关于审理著作权民事纠纷案件适用法律若干问题的解释》第十二条的规定,按照《著作权法》第十七条(即现行《著作权法》第十九条)规定委托作品著作权属于受托人的情形,委托人在约定的使用范围内享有使用作品的权利;双方没有约定使用作品范围的,委托人可以在委托创作的特定目的范围内免费使用该作品。因此,选项A、B、C错误,选项D正确。

【答案】D

18.【考点】注册商标的申请

【解析】根据《商标法》第二十二条的规定,商标注册申请人应当按规定的商品分类表填报使用商标的商品类别和商品名称,提出注册申请。商标注册申请人可以通过一份申请就多个类别的商品申请注册同一商标。商标注册申请等有关文件,可以以书面方式或者数据电文方式提出。选项A正确,选项B、C、D错误。

【答案】A

19.【考点】植物品种权的保护期限

【解析】根据《植物新品种保护条例》第三十四条的规定,品种权的保护期限,自授权之日起算。本题中,该公司品种权的授权日为2017年12月3日,因此,其保护期限自2017年12月3日起算,选项D正确。

【答案】D

20.【考点】商标侵权的赔偿数额

【解析】根据《商标法》第六十三条第三款的规定,权利人因被侵权所受到的实际损失、侵权人因侵权所获得的利益、注册商标许可使用费难以确定的,由人民法院根据侵权行为的情节判决给予五百万元以下的赔偿。因此，选项 D 正确，选项 A、B、C 错误。

【答案】D

21.【考点】合同的违约责任

【解析】根据《民法典·合同编》第五百二十三条的规定，当事人约定由第三人向债权人履行债务，第三人不履行债务或者履行债务不符合约定的，债务人应当向债权人承担违约责任。本题中，当事人 A 超市与 B 运输公司约定由第三人 C 公司向该运输公司履行债务，但 C 公司拒绝履行债务，根据上述规定，A 超市应当向该运输公司承担责任。因此，选项 A 正确，选项 B、C、D 错误。

【答案】A

22.【考点】违反相对拒绝注册理由的无效程序

【解析】根据《商标法》第四十五条第一款的规定，已经注册的商标，违反该法第十三条第二款和第三款、第十五条、第十六条第一款、第三十条、第三十一条、第三十二条规定的，自商标注册之日起五年内，在先权利人或者利害关系人可以请求商标评审委员会宣告该注册商标无效。对恶意注册的，驰名商标所有人不受五年的时间限制。根据《商标法》第十五条第一款的规定，未经授权，代理人或者代表人以自己的名义将被代理人或者被代表人的商标进行注册，被代理人或者被代表人提出异议的，不予注册并禁止使用。因此，选项 A、B、D 错误，选项 C 正确。

【答案】C

23.【考点】注册商标专有权的限制

【解析】根据《商标法》第五十九条第三款的规定，商标注册人申请商标注册前，他人已经在同一种商品或者类似商品上先于商标注册人使用与注册商标相同或者近似并有一定影响的商标的，注册商标专用权人无权禁止该使用人在原使用范围内继续使用该商标，但可以要求其附加适当区别标识。

本题中，在 A 公司申请该商标注册前，B 公司已经在同一商品上使用与其注册商标相同并有一定影响的商标，因此，A 公司无权禁止 B 公司在原使用范围内继续使用该商标，但可以要求其附加适当区别标识。因此，选项 A、B、C 错误，选项 D 正确。

【答案】D

24.【考点】著作权的产生时间

【解析】根据《著作权法实施条例》第六条的规定，著作权自作品创作完成之日起产生。因此，选项 A 正确，选项 B、C、D 错误。

【答案】A

25.【考点】商标异议

【解析】根据《商标法》第三十三条的规定，对初步审定公告的商标，自公告之日起三个月内，在先权利人、利害关系人认为违反该法第十三条第二款和第三款、第十五条、第十六条第一款、第三十条、第三十一条、第三十二条规定的，或者任何人认为违反该法第四条、第十条、第十一条、第十二条、第十九条第四款规定的，可以向商标局提出异议。公告期满无异议的，予以核准注册，发给商标注册证，并予公告。根据《商标法》第十一条的规定，下列标志不得作为商标注册：（一）仅有本商品的通用名称、图形、型号的；（二）仅直接表示商品的质量、主要原料、功能、用途、重量、数量及其他特点的；（三）其他缺乏显著特征的。前款所列标志经过使用取得显著特征，并便于识别的，可以作为商标注册。由此可知，对初步审定公告的商标，任何人认为违反《商标法》第十一条规定的，可以向商标局提出异议。因此，选项A正确，选项B、C错误。

根据《商标法》第四十四条第一款的规定，已经注册的商标，违反该法第四条、第十条、第十一条、第十二条、第十九条第四款规定的，或者是以欺骗手段或者其他不正当手段取得注册的，由商标局宣告该注册商标无效；其他单位或者个人可以请求商标评审委员会宣告该注册商标无效。由此可知，无效宣告程序针对的是注册商标，而不是针对初步审定公告的商标。因此，选项D错误。

【答案】A

26.【考点】行政诉讼的被告

【解析】根据《行政诉讼法》第二十六条第四款的规定，两个以上行政机关作出同一行政行为的，共同作出行政行为的行政机关是共同被告。因此，选项C正确，选项A、B、D错误。

【答案】C

27.【考点】作品复制权

【解析】根据《著作权法》第十一条第一、二款的规定，著作权属于作者，该法另有规定的除外。创作作品的自然人是作者。根据《著作权法》第十条第一款的规定，著作权包括下列人身权和财产权：（一）发表权，即决定作品是否公之于众的权利；……（五）复制权，即以印刷、复印、拓印、录音、录像、翻录、翻拍、数字化等方式将作品制作一份或者多份的权利；……（八）展览权，即公开陈列美术作品、摄影作品的原件或者复制件的权利；……。本题中，B公司将该山水画拍摄照片后印制在其产品包装上属于翻拍，侵犯了著作权人的复制权，而著作权人为孙某，因此，选项A、C、D错误，选项B正确。

【答案】B

28.【考点】合同效力 技术合同

【解析】根据《民法典·合同编》第八百五十条的规定，非法垄断技术或者侵害他人技术成果的技术合同无效。根据《最高人民法院关于审理技术合同纠纷案件适用法律若干问题的解释》第十条的规定，下列情形，属于《民法典》第八百五十条所称的"非法垄断技术"：……（六）禁止技术接受方对合同标的技术知识产权的有效性提出异议或者对提出异议附加条件。因此，A公司与B公司签订的专利实施许可合同无效。根据《民法典·合同编》第五百零七条的规定，合同不生效、无效、被撤销或者终止的，不影响合同中有关解决争议方法的条款的效力。因此，选项A、B、C错误，选项D正确。

【答案】D

29.【考点】集成电路布图设计的申请材料

【解析】根据《集成电路布图设计保护条例》第十六条的规定，申请布图设计登记，应当提交：（一）布图设计登记申请表；（二）布图设计的复制件或者图样；（三）布图设计已投入商业利用的，提交含有该布图设计的集成电路样品；（四）国务院知识产权行政部门规定的其他材料。因此，选项A符合题意，选项B、C、D不符合题意。

【答案】A

30.【考点】专利的强制许可

【解析】根据《保护工业产权巴黎公约》第五条A的规定，（1）专利权人将在本联盟任何国家内制造的物品进口到对该物品授予专利的国家的，不应导致该项专利的取消。

（2）本联盟各国都有权采取立法措施规定授予强制许可，以防止由于行使专利所赋予的专有权而可能产生的滥用，例如：不实施。

（3）除强制许可的授予不足以防止上述滥用外，不应规定专利的取消。自授予第一个强制许可之日起两年届满前不得提起取消或撤销专利的诉讼。

（4）自提出专利申请之日起四年届满以前，或自授予专利之日起三年届满以前，以后满期的期间为准，不得以不实施或不充分实施为理由申请强制许可；如果专利权人的不作为有正当理由，应拒绝强制许可。这种强制许可是非独占性的，而且除与利用该许可的部分企业或商誉一起转让外，不得转让，甚至以授予分许可证的形式也在内。

（5）上述各项规定准用于实用新型。

因此，选项A、C、D的说法正确，不符合题意，选项B的说法不正确，符合题意。

【答案】B

31.【考点】民事活动原则

【解析】根据《民法典·总则编》第四条的规定，民事主体在民事活动中的法律地位一律平等。根据《民法典·总则编》第五条的规定，民事主体从事民事活动，应当遵循自愿原则，按照自己的意思设立、变更、终止民事法律关系。根据《民法典·总则编》第六条的规定，民事主体从事民事活动，应当遵循公平原则，合理确定各方的权利和义务。根据《民法典·总则编》第七条的规定，民事主体从事民事活动，应当遵循诚信原则，秉持诚实，恪守承诺。因此，选项A、B、D正确。而民事活动并不限于等价有偿的活动，比如赠与、借用等无偿行为。因此，选项C不正确。

【答案】A、B、D

32. 【考点】民事行为能力
【解析】根据《民法典·总则编》第十九条的规定，八周岁以上的未成年人为限制民事行为能力人，实施民事法律行为由其法定代理人代理或者经其法定代理人同意、追认；但是可以独立实施纯获利益的民事法律行为或者与其年龄、智力相适应的民事法律行为。本题中10岁的孙某属于限制民事行为能力人。因此，选项A、B、C符合题意，选项D不符合题意。

【答案】A、B、C

33. 【考点】地域管辖
【解析】根据《民事诉讼法》第二十二条的规定，对公民提起的民事诉讼，由被告住所地人民法院管辖；被告住所地与经常居住地不一致的，由经常居住地人民法院管辖。对法人或者其他组织提起的民事诉讼，由被告住所地人民法院管辖。同一诉讼的几个被告住所地、经常居住地在两个以上人民法院辖区的，各该人民法院都有管辖权。因此，选项A、B错误，选项C、D正确。

【答案】C、D

34. 【考点】附条件的民事法律行为
【解析】根据《民法典·总则编》第一百五十八条的规定，民事法律行为可以附条件，但是根据其性质不得附条件的除外。附生效条件的民事法律行为，自条件成就时生效。附解除条件的民事法律行为，自条件成就时失效。

本题中，甲与乙签订了协议，意味着该协议已经成立。该协议附加了生效条件，因此，该约定是附条件的民事法律行为。由于所附条件尚未符合，该约定尚未生效。因此，选项A、C错误，选项B、D正确。

【答案】B、D

35. 【考点】注册商标的组成要素
【解析】根据《商标法》第八条的规定，任何能够将自然人、法人或者其他组织的商品与他人的商品区别开的标志，包括文字、图形、字母、数字、三维标志、颜色组合和声音等，以及上述要素的组合，均可以作为商标申请注册。因此，选项A、B、C、D正确。

【答案】A、B、C、D

36.【考点】可撤销的民事法律行为

【解析】根据《民法典·总则编》第一百四十七条的规定，基于重大误解实施的民事法律行为，行为人有权请求人民法院或者仲裁机构予以撤销。根据《民法典·总则编》第一百五十一条的规定，一方利用对方处于危困状态、缺乏判断能力等情形，致使民事法律行为成立时显失公平的，受损害方有权请求人民法院或者仲裁机构予以撤销。因此，选项A、B、D正确。

根据《民法典·总则编》第一百五十四条的规定，行为人与相对人恶意串通，损害他人合法权益的民事法律行为无效。本题中选项C属于无效民事法律行为。因此，选项C错误。

【答案】A、B、D

37.【考点】《著作权法》适用范围

【解析】根据《著作权法》第五条的规定，该法不适用于：（一）法律、法规，国家机关的决议、决定、命令和其他具有立法、行政、司法性质的文件，及其官方正式译文；（二）单纯事实消息；（三）历法、通用数表、通用表格和公式。因此，选项A、B、C、D符合题意。

【答案】A、B、C、D

38.【考点】债的担保

【解析】根据《民法典·合同编》第六百八十一条的规定，保证合同是为保障债权的实现，保证人和债权人约定，当债务人不履行到期债务或者发生当事人约定的情形时，保证人履行债务或者承担责任的合同。根据《民法典·物权编》第三百九十四条第一款的规定，为担保债务的履行，债务人或者第三人不转移财产的占有，将该财产抵押给债权人的，债务人不履行到期债务或者发生当事人约定的实现抵押权的情形，债权人有权就该财产优先受偿。根据《民法典·合同编》第五百八十六条第一款的规定，当事人可以约定一方向对方给付定金作为债权的担保。定金合同自实际交付定金时成立。根据《民法典·物权编》第四百四十七条第一款的规定，债务人不履行到期债务，债权人可以留置已经合法占有的债务人的动产，并有权就该动产优先受偿。因此，选项A、B、C、D正确。

【答案】A、B、C、D

39.【考点】工业品外观设计

【解析】根据《与贸易有关的知识产权协定》第二十六条的规定，(1)受保护的外观设计的所有人，应有权制止第三方未得所有人同意而为商业目的制造、销售或进口载有或体现有受保护的外观设计的复制品或实质上是复制品的物品。

(2) 各成员可以对外观设计的保护规定有限的例外，但是这些例外，在顾及第三方的合法利益的情况下，以并未与受保护的外观设计的正常利用不合理地相冲突，并且也未不合理地损害受保护的外观设计所有人的合法利益为限。

(3) 可享有的保护期间至少为10年。

因此，选项A、B、C、D正确。

【答案】A、B、C、D

40. 【考点】要约失效

【解析】根据《民法典·合同编》第四百七十八条的规定，有下列情形之一的，要约失效：（一）要约被拒绝；（二）要约被依法撤销；（三）承诺期限届满，受要约人未作出承诺；（四）受要约人对要约的内容作出实质性变更。因此，选项A、B、C正确，选项D错误。

【答案】A、B、C

41. 【考点】民事法律行为的要件

【解析】根据《民法典·总则编》第一百四十三条的规定，具备下列条件的民事法律行为有效：（一）行为人具有相应的民事行为能力；（二）意思表示真实；（三）不违反法律、行政法规的强制性规定，不违背公序良俗。因此，选项A、C、D正确。

根据《民法典·总则编》第一百三十五条的规定，民事法律行为可以采用书面形式、口头形式或者其他形式；法律、行政法规规定或者当事人约定采用特定形式的，应当采用特定形式。因此，选项B错误。

【答案】A、C、D

42. 【考点】提存

【解析】根据《民法典·合同编》第五百二十九条的规定，债权人分立、合并或者变更住所没有通知债务人，致使履行债务发生困难的，债务人可以中止履行或者将标的物提存。因此，选项A、B、C正确，选项D错误。

【答案】A、B、C

43. 【考点】行政复议机关

【解析】根据《行政复议法》第十三条的规定，对地方各级人民政府的具体行政行为不服的，向上一级地方人民政府申请行政复议。对省、自治区人民政府依法设立的派出机关所属的县级地方人民政府的具体行政行为不服的，向该派出机关申请行政复议。

根据《行政复议法》第十四条的规定，对国务院部门或者省、自治区、直辖市人民政府的具体行政行为不服的，向作出该具体行政行为的国务院部门或者省、自治区、直辖市人民政府申请行政复议。对行政复议决定不服的，可以向人民法院提起行政诉讼；也可以向国务院申请裁决，国务院依照该法的规定作出最终裁决。

因此，选项A、B、C正确，选项D错误。

【答案】A、B、C

44.【考点】债权的转让

【解析】根据《民法典·合同编》第五百四十五条第一款的规定，债权人可以将债权的全部或者部分转让给第三人，但是有下列情形之一的除外：（一）根据债权性质不得转让；（二）按照当事人约定不得转让；（三）依照法律规定不得转让。根据《民法典·合同编》第五百四十六条的规定，债权人转让债权，未通知债务人的，该转让对债务人不发生效力。债权转让的通知不得撤销，但是经受让人同意的除外。因此，选项A、B、C、D正确。

【答案】A、B、C、D

45.【考点】行政诉讼受案范围

【解析】根据《行政诉讼法》第十二条的规定，人民法院受理公民、法人或者其他组织提起的下列诉讼：

（一）对行政拘留、暂扣或者吊销许可证和执照、责令停产停业、没收违法所得、没收非法财物、罚款、警告等行政处罚不服的；

（二）对限制人身自由或者对财产的查封、扣押、冻结等行政强制措施和行政强制执行不服的；

（三）申请行政许可，行政机关拒绝或者在法定期限内不予答复，或者对行政机关作出的有关行政许可的其他决定不服的；

（四）对行政机关作出的关于确认土地、矿藏、水流、森林、山岭、草原、荒地、滩涂、海域等自然资源的所有权或者使用权的决定不服的；

（五）对征收、征用决定及其补偿决定不服的；

（六）申请行政机关履行保护人身权、财产权等合法权益的法定职责，行政机关拒绝履行或者不予答复的；

（七）认为行政机关侵犯其经营自主权或者农村土地承包经营权、农村土地经营权的；

（八）认为行政机关滥用行政权力排除或者限制竞争的；

（九）认为行政机关违法集资、摊派费用或者违法要求履行其他义务的；

（十）认为行政机关没有依法支付抚恤金、最低生活保障待遇或者社会保险待遇的；

（十一）认为行政机关不依法履行、未按照约定履行或者违法变更、解除政府特许经营协议、土地房屋征收补偿协议等协议的；

（十二）认为行政机关侵犯其他人身权、财产权等合法权益的。

除前款规定外，人民法院受理法律、法规规定可以提起诉讼的其他行政案件。

因此，选项A、B、C正确。

根据《行政诉讼法》第十三条的规定，人民法院不受理公民、法人或者其他组织对下列事项提起的诉讼：

（一）国防、外交等国家行为；

（二）行政法规、规章或者行政机关制定、发布的具有普遍约束力的决定、命令；

（三）行政机关对行政机关工作人员的奖惩、任免等决定；

（四）法律规定由行政机关最终裁决的行政行为。

因此，选项D错误。

【答案】A、B、C

46.【考点】非金钱债务的违约责任

【解析】根据《民法典·合同编》第五百八十条第一款的规定，当事人一方不履行非金钱债务或者履行非金钱债务不符合约定的，对方可以请求履行，但是有下列情形之一的除外：（一）法律上或者事实上不能履行；（二）债务的标的不适于强制履行或者履行费用过高；（三）债权人在合理期限内未请求履行。因此，选项A、B、C、D符合题意。

【答案】A、B、C、D

47.【考点】授予品种权的条件 品种权的申请

【解析】根据《植物新品种保护条例》第十三条的规定，申请品种权的植物新品种应当属于国家植物品种保护名录中列举的植物的属或者种。植物品种保护名录由审批机关确定和公布。因此，选项A正确。

根据《植物新品种保护条例》第二条的规定，该条例所称植物新品种，是指经过人工培育的或者对发现的野生植物加以开发，具备新颖性、特异性、一致性和稳定性并有适当命名的植物品种。因此，选项B错误。

根据《植物新品种保护条例》第二十一条第一款的规定，申请品种权的，应当向审批机关提交符合规定格式要求的请求书、说明书和该品种的照片。因此，选项C正确。

根据《植物新品种保护条例》第二十五条的规定，申请人可以在品种权授予前修改或者撤回品种权申请。因此，选项D错误。

【答案】A、C

48.【考点】转委托

【解析】根据《民法典·合同编》第九百二十三条的规定，受托人应当亲自处理委托事务。经委托人同意，受托人可以转委托。转委托经同意或者追认的，委托人可以就委托事务直接指示转委托的第三人，受托人仅就第三人的选任及其对第三人的指示承担责任。转委托未经同意或者追认的，受托人应当对转委托的第三人的行为承担责任；但是，在紧急情况下受托人为了维护委托人的利益需要转委托第三人的除外。因此，选项A、C、D正确，选项B错误。

【答案】A、C、D

49.【考点】要约的撤销

【解析】根据《民法典·合同编》第四百七十七条的规定，撤销要约的意思表示以对话方式作出的，该意思表示的内容应当在受要约人作出承诺之前为受要约人所知道；撤销要的意思表示以非对话方式作出的,应当在受要约人作出承诺之前到达受要约人。因此,选项A错误。

根据《民法典·合同编》第四百七十六条的规定,要约可以撤销,但是有下列情形之一的除外:(一)要约人以确定承诺期限或者其他形式明示要约不可撤销;(二)受要约人有理由认为要约是不可撤销的,并已经为履行合同做了合理准备工作。本题中选项B、C属于其中第(一)项的规定,选项D属于其中第(二)项的规定。因此,选项B、C、D符合题意。

【答案】B、C、D

50.【考点】《民事诉讼法》的基本原则

【解析】根据《民事诉讼法》第八条的规定,民事诉讼当事人有平等的诉讼权利。人民法院审理民事案件,应当保障和便利当事人行使诉讼权利,对当事人在适用法律上一律平等。因此,选项A正确。

根据《民事诉讼法》第十三条的规定,民事诉讼应当遵循诚信原则。当事人有权在法律规定的范围内处分自己的民事权利和诉讼权利。因此,选项B正确。

根据《民事诉讼法》第十一条的规定,各民族公民都有用本民族语言、文字进行民事诉讼的权利。在少数民族聚居或者多民族共同居住的地区,人民法院应当用当地民族通用的语言、文字进行审理和发布法律文书。人民法院应当对不通晓当地民族通用的语言、文字的诉讼参与人提供翻译。因此,选项C正确。

根据《民事诉讼法》第九条的规定,人民法院审理民事案件,应当根据自愿和合法的原则进行调解;调解不成的,应当及时判决。因此,选项D错误。

【答案】A、B、C

51.【考点】行政复议的被申请人

【解析】根据《行政复议法实施条例》第十二条的规定,行政机关与法律、法规授权的组织以共同的名义作出具体行政行为的,行政机关和法律、法规授权的组织为共同被申请人。行政机关与其他组织以共同名义作出具体行政行为的,行政机关为被申请人。因此,选项A正确,选项B错误。

根据《行政复议法实施条例》第十三条的规定,下级行政机关依照法律、法规、规章规定,经上级行政机关批准作出具体行政行为的,批准机关为被申请人。因此,选项C正确,选项D错误。

【答案】A、C

52.【考点】诉讼代理人

【解析】根据《民事诉讼法》第六十一条的规定,当事人、法定代理人可以委托一至二人作为诉讼代理人。下列人员可以被委托为诉讼代理人:(一)律师、基层法律服务工作者;(二)当事人的近亲属或者工作人员;(三)当事人所在社区、单位以及有关社会团体推荐的公民。因此，选项A、B、C、D正确。

【答案】A、B、C、D

53.【考点】商标使用许可

【解析】根据《商标法》第四十三条的规定，商标注册人可以通过签订商标使用许可合同，许可他人使用其注册商标。许可人应当监督被许可人使用其注册商标的商品质量。被许可人应当保证使用该注册商标的商品质量。经许可使用他人注册商标的，必须在使用该注册商标的商品上标明被许可人的名称和商品产地。许可他人使用其注册商标的，许可人应当将其商标使用许可报商标局备案，由商标局公告。商标使用许可未经备案不得对抗善意第三人。因此，选项A、B、C、D正确。

【答案】A、B、C、D

54.【考点】举证责任

【解析】根据《最高人民法院关于民事诉讼证据的若干规定》第十条第一款的规定，下列事实，当事人无须举证证明：（一）自然规律以及定理、定律；（二）众所周知的事实；（三）根据法律规定推定的事实；（四）根据已知的事实和日常生活经验法则推定出的另一事实；（五）已为仲裁机构的生效裁决所确认的事实；（六）已为人民法院发生法律效力的裁判所确认的基本事实；（七）已为有效公证文书所证明的事实。因此，选项A、B、D正确，选项C错误。

【答案】A、B、D

55.【考点】知识产权的保护期间

【解析】根据《与贸易有关的知识产权协定》第十八条的规定，商标的首次注册和注册的每一次续展的期间不应少于7年。商标注册可以无限期地续展。因此，选项A正确，选项B错误。

根据该协定第二十六条的规定，(1)受保护的外观设计的所有人，应有权制止第三方未得所有人同意而为商业目的制造、销售或进口载有或体现有受保护的外观设计的复制品或实质上是复制品的物品。(2)各成员可以对外观设计的保护规定有限的例外，但是这些例外，在顾及第三方的合法利益的情况下，以并未与受保护的外观设计的正常利用不合理地相冲突，并且也未不合理地损害受保护的外观设计所有人的合法利益为限。(3)可享有的保护期间至少为10年。因此，选项C正确，选项D错误。

【答案】A、C

56.【考点】中止诉讼

【解析】根据《民事诉讼法》第一百五十三条的规定，有下列情形之一的，中止诉讼：

（一）一方当事人死亡，需要等待继承人表明是否参加诉讼的；

(二) 一方当事人丧失诉讼行为能力，尚未确定法定代理人的；

(三) 作为一方当事人的法人或者其他组织终止，尚未确定权利义务承受人的；

(四) 一方当事人因不可抗拒的事由，不能参加诉讼的；

(五) 本案必须以另一案的审理结果为依据，而另一案尚未审结的；

(六) 其他应当中止诉讼的情形。

中止诉讼的原因消除后，恢复诉讼。

因此，选项A、B、C、D正确。

【答案】A、B、C、D

57.【考点】法人

【解析】根据《民法典·总则编》第五十八条第二款的规定，法人应当有自己的名称、组织机构、住所、财产或者经费……。因此，选项A错误。

根据《民法典·总则编》第七十二条第一款的规定，清算期间法人存续，但是不得从事与清算无关的活动。因此，选项B正确。

根据《民法典·总则编》第一百七十条第一款的规定，执行法人或者非法人组织工作任务的人员，就其职权范围内的事项，以法人或者非法人组织的名义实施的民事法律行为，对法人或者非法人组织发生效力。因此，选项C正确。

根据《民法典·总则编》第六十七条的规定，法人合并的，其权利和义务由合并后的法人享有和承担。法人分立的，其权利和义务由分立后的法人享有连带债权，承担连带债务，但是债权人和债务人另有约定的除外。因此，选项D正确。

【答案】B、C、D

58.【考点】民事诉讼第二审程序

【解析】根据《民事诉讼法》第一百七十五条的规定，第二审人民法院应当对上诉请求的有关事实和适用法律进行审查。因此，选项A错误。

根据《民事诉讼法》第一百七十八条的规定，第二审人民法院对不服第一审人民法院裁定的上诉案件的处理，一律使用裁定。因此，选项B正确。

根据《民事诉讼法》第一百七十九条的规定，第二审人民法院审理上诉案件，可以进行调解。调解达成协议，应当制作调解书，由审判人员、书记员署名，加盖人民法院印章。调解书送达后，原审人民法院的判决即视为撤销。因此，选项C正确。

根据《民事诉讼法》第一百七十七条第二款的规定，原审人民法院对发回重审的案件作出判决后，当事人提起上诉的，第二审人民法院不得再次发回重审。因此，选项D正确。

【答案】B、C、D

59.【考点】民事诉讼证据

【解析】根据《民事诉讼法》第六十六条的规定，证据包括：

（一）当事人的陈述；

（二）书证；

（三）物证；

（四）视听资料；

（五）电子数据；

（六）证人证言；

（七）鉴定意见；

（八）勘验笔录。

证据必须查证属实，才能作为认定事实的根据。因此，选项A正确。

根据《民事诉讼法》第六十八条第一款的规定，当事人对自己提出的主张应当及时提供证据。因此，选项B正确。

根据《最高人民法院关于民事诉讼证据的若干规定》第十一条的规定，当事人向人民法院提供证据，应当提供原件或者原物。如需自己保存证据原件、原物或提供原件、原物确有困难的，可以提供经人民法院核对无异的复制件或者复制品。因此，选项C错误。

根据《民事诉讼法》第七十三条的规定，书证应当提交原件。物证应当提交原物。提交原件或者原物确有困难的，可以提交复制品、照片、副本、节录本。提交外文书证，必须附有中文译本。因此，选项D正确。

【答案】A、B、D

60．【考点】行政诉讼的原则

【解析】根据《行政诉讼法》第七条的规定，人民法院审理行政案件，依法实行合议、回避、公开审判和两审终审制度。因此，选项A、B、C、D正确。

【答案】A、B、C、D

61．【考点】注册商标的申请

【解析】根据《商标法》第二十二条的规定，商标注册申请人应当按规定的商品分类表填报使用商标的商品类别和商品名称，提出注册申请。商标注册申请人可以通过一份申请就多个类别的商品申请注册同一商标。商标注册申请等有关文件，可以以书面方式或者数据电文方式提出。因此，选项A、B正确，选项C错误。根据《商标法》第二十四条的规定，注册商标需要改变其标志的，应当重新提出注册申请。因此，选项D正确。

【答案】A、B、D

62．【考点】行政诉讼的管辖权

【解析】根据《行政诉讼法》第二十一条的规定，两个以上人民法院都有管辖权的案件，原告可以选择其中一个人民法院提起诉讼。原告向两个以上有管辖权的人民法院提起诉讼的，由最先立案的人民法院管辖。因此，选项A错误。

根据《行政诉讼法》第二十二条的规定，人民法院发现受理的案件不属于本院管辖的，应当移送有管辖权的人民法院，受移送的人民法院应当受理。受移送的人民法院认为受移送的案件按照规定不属于本院管辖的，应当报请上级人民法院指定管辖，不得再自行移送。因此，选项B正确。

根据《行政诉讼法》第二十四条的规定，上级人民法院有权审理下级人民法院管辖的第一审行政案件。下级人民法院对其管辖的第一审行政案件，认为需要由上级人民法院审理或者指定管辖的，可以报请上级人民法院决定。因此，选项C正确。

根据《行政诉讼法》第二十三条的规定，有管辖权的人民法院由于特殊原因不能行使管辖权的，由上级人民法院指定管辖。人民法院对管辖权发生争议，由争议双方协商解决。协商不成的，报它们的共同上级人民法院指定管辖。因此，选项D正确。

【答案】B、C、D

63.【考点】汇编作品

【解析】根据《著作权法》第十五条的规定，汇编若干作品、作品的片段或者不构成作品的数据或者其他材料，对其内容的选择或者编排体现独创性的作品，为汇编作品，其著作权由汇编人享有，但行使著作权时，不得侵犯原作品的著作权。因此，选项A、B、C、D正确。

【答案】A、B、C、D

64.【考点】行政诉讼参加人

【解析】根据《行政诉讼法》第二十八条的规定，当事人一方人数众多的共同诉讼，可以由当事人推选代表人进行诉讼。代表人的诉讼行为对其所代表的当事人发生效力，但代表人变更、放弃诉讼请求或者承认对方当事人的诉讼请求，应当经被代表的当事人同意。因此，选项A正确。

根据《行政诉讼法》第二十七条的规定，当事人一方或者双方为二人以上，因同一行政行为发生的行政案件，或者因同类行政行为发生的行政案件、人民法院认为可以合并审理并经当事人同意的，为共同诉讼。因此，选项B错误。

根据《行政诉讼法》第二十九条的规定，公民、法人或者其他组织同被诉行政行为有利害关系但没有提起诉讼，或者同案件处理结果有利害关系的，可以作为第三人申请参加诉讼，或者由人民法院通知参加诉讼。人民法院判决第三人承担义务或者减损第三人权益的，第三人有权依法提起上诉。因此，选项C错误，选项D正确。

【答案】A、D

65.【考点】不当得利

【解析】根据《民法典·总则编》第一百二十二条的规定，因他人没有法律根据，取得不当利益，受损失的人有权请求其返还不当利益。因此，选项A、B正确。选项C属于拾得遗弃物，不构成不当得利。因此，选项C错误。

根据《民法典·总则编》第一百二十一条的规定，没有法定的或者约定的义务，为避免他人利益受损失而进行管理的人，有权请求受益人偿还由此支出的必要费用。本题中，何某的行为属于无因管理。因此，选项D错误。

【答案】A、B

66.【考点】行政诉讼第一审判决

【解析】根据《行政诉讼法》第六十九条的规定，行政行为证据确凿，适用法律、法规正确，符合法定程序的，或者原告申请被告履行法定职责或者给付义务理由不成立的，人民法院判决驳回原告的诉讼请求。因此，选项A、B正确。

根据《行政诉讼法》第七十条的规定，行政行为有下列情形之一的，人民法院判决撤销或者部分撤销，并可以判决被告重新作出行政行为：

（一）主要证据不足的；

（二）适用法律、法规错误的；

（三）违反法定程序的；

（四）超越职权的；

（五）滥用职权的；

（六）明显不当的。

因此，选项C错误。

根据《行政诉讼法》第七十一条的规定，人民法院判决被告重新作出行政行为的，被告不得以同一的事实和理由作出与原行政行为基本相同的行政行为。因此，选项D正确。

【答案】A、B、D

67.【考点】行政复议申请

【解析】根据《行政复议法》第十一条的规定，申请人申请行政复议，可以书面申请，也可以口头申请；口头申请的，行政复议机关应当当场记录申请人的基本情况、行政复议请求、申请行政复议的主要事实、理由和时间。因此，选项A错误。

根据《行政复议法》第三十九条的规定，行政复议机关受理行政复议申请，不得向申请人收取任何费用。行政复议活动所需经费，应当列入本机关的行政经费，由本级财政予以保障。因此，选项B正确。

根据《行政复议法》第十条第三款的规定，同申请行政复议的具体行政行为有利害关系的其他公民、法人或者其他组织，可以作为第三人参加行政复议。因此，选项C正确。

根据《行政复议法》第二十五条的规定，行政复议决定作出前，申请人要求撤回行政复议申请的，经说明理由，可以撤回；撤回行政复议申请的，行政复议终止。因此，选项D正确。

【答案】B、C、D

68. 【考点】商标转让

【解析】根据《商标法》第四十二条的规定，转让注册商标的，转让人和受让人应当签订转让协议，并共同向商标局提出申请。受让人应当保证使用该注册商标的商品质量。转让注册商标的，商标注册人对其在同一种商品上注册的近似的商标，或者在类似商品上注册的相同或者近似的商标，<u>应当</u>一并转让。对容易导致混淆或者有其他不良影响的转让，商标局不予核准，书面通知申请人并说明理由。转让注册商标经核准后，予以公告。受让人自公告之日起享有商标专用权。因此，选项 A、C、D 正确，选项 B 错误。

【答案】A、C、D

69. 【考点】集成电路布图设计专有权

【解析】根据《集成电路布图设计保护条例》第七条的规定，布图设计权利人享有下列专有权：（一）对受保护的布图设计的全部或者其中任何<u>具有独创性</u>的部分进行复制；（二）将受保护的布图设计、含有该布图设计的集成电路或者含有该集成电路的物品投入商业利用。因此，选项 A、B、C 正确，选项 D 错误。

【答案】A、B、C

70. 【考点】代理

【解析】根据《民法典·总则编》第一百七十三条的规定，有下列情形之一的，委托代理终止：（一）代理期限届满或者代理事务完成；（二）被代理人取消委托或者代理人辞去委托；（三）代理人丧失民事行为能力；（四）代理人或者被代理人死亡；（五）作为代理人或者被代理人的法人、非法人组织终止。因此，选项 A、B、C、D 正确。

【答案】A、B、C、D

71. 【考点】行政复议程序中的调解

【解析】根据《行政复议法实施条例》第五十条第一款的规定，有下列情形之一的，行政复议机关可以按照自愿、合法的原则进行调解：（一）公民、法人或者其他组织对行政机关行使法律、法规规定的自由裁量权作出的具体行政行为不服申请行政复议的；（二）当事人之间的<u>行政赔偿或者行政补偿纠纷</u>。因此，选项 A 正确，选项 B 错误。

根据《行政复议法实施条例》第五十条第二款的规定，当事人经调解达成协议的，行政复议机关应当制作行政复议调解书。调解书应当载明行政复议请求、事实、理由和调解结果，并加盖行政复议机关印章。行政复议调解书经双方当事人签字，即具有法律效力。因此，选项 C 正确。

根据《行政复议法实施条例》第五十条第三款的规定，调解未达成协议或者调解书生效前一方反悔的，行政复议机关应当及时作出行政复议决定。因此，选项 D 正确。

【答案】A、C、D

72. 【考点】民事诉讼中的鉴定

【解析】根据《民事诉讼法》第八十一条的规定，当事人对鉴定意见有异议或者人民法院认为鉴定人有必要出庭的，鉴定人应当出庭作证。经人民法院通知，鉴定人拒不出庭作证的，鉴定意见不得作为认定事实的根据；支付鉴定费用的当事人可以要求返还鉴定费用。因此，选项A、B正确。

根据《民事诉讼法》第八十条的规定，鉴定人有权了解进行鉴定所需要的案件材料，必要时可以询问当事人、证人。鉴定人应当提出书面鉴定意见，在鉴定书上签名或者盖章。因此，选项C错误，选项D正确。

【答案】A、B、D

73. 【考点】行政复议终止

【解析】根据《行政复议法实施条例》第四十二条的规定，行政复议期间有下列情形之一的，行政复议终止：（一）申请人要求撤回行政复议申请，行政复议机构准予撤回的；（二）作为申请人的自然人死亡，没有近亲属或者其近亲属放弃行政复议权利的；（三）作为申请人的法人或者其他组织终止，其权利义务的承受人放弃行政复议权利的；（四）申请人与被申请人依照该条例第四十条的规定，经行政复议机构准许达成和解的；（五）申请人对行政拘留或者限制人身自由的行政强制措施不服申请行政复议后，因申请人同一违法行为涉嫌犯罪，该行政拘留或者限制人身自由的行政强制措施变更为刑事拘留的。依照该条例第四十一条第一款第（一）项、第（二）项、第（三）项规定中止行政复议，满60日行政复议中止的原因仍未消除的，行政复议终止。因此，选项A、B、C、D正确。

【答案】A、B、C、D

74. 【考点】著作权中的财产权、转让合同

【解析】根据《著作权法》第十条第三款的规定，著作权人可以全部或者部分转让该条第一款第（五）项至第（十七）项规定的权利，并依照约定或者该法有关规定获得报酬。因此，选项A错误。

根据《著作权法》第二十七条的规定，转让该法第十条第一款第（五）项至第（十七）项规定的权利，应当订立书面合同。权利转让合同包括下列主要内容：（一）作品的名称；（二）转让的权利种类、地域范围；（三）转让价金；（四）交付转让价金的日期和方式；（五）违约责任；（六）双方认为需要约定的其他内容。因此，选项B正确。

根据《著作权法实施条例》第二十五条的规定，与著作权人订立专有许可使用合同、转让合同的，可以向著作权行政管理部门备案。因此，选项C错误。

根据《著作权法》第二十九条的规定，许可使用合同和转让合同中著作权人未明确许可、转让的权利，未经著作权人同意，另一方当事人不得行使。因此，选项D正确。

【答案】B、D

75.【考点】民事权利

【解析】根据《民法典·总则编》第一百一十条的规定，自然人享有生命权、身体权、健康权、姓名权、肖像权、名誉权、荣誉权、隐私权、婚姻自主权等权利。法人、非法人组织享有名称权、名誉权、荣誉权等权利。因此，选项A正确，选项B错误。

根据《民法典·总则编》第一百零九条的规定，自然人的人身自由、人格尊严受法律保护。因此，选项C正确。根据《民法典·总则编》第一百一十二条的规定，自然人因婚姻家庭关系等产生的人身权利受法律保护。因此，选项D正确。

【答案】A、C、D

76.【考点】作品保护期限

【解析】根据《著作权法》第二十三条的规定，自然人的作品，其发表权、该法第十条第一款第五项至第十七项规定的权利的保护期为作者终生及其死亡后五十年，截止于作者死亡后第五十年的12月31日；如果是合作作品，截止于最后死亡的作者死亡后第五十年的12月31日。法人或者非法人组织的作品、著作权（署名权除外）由法人或者非法人组织享有的职务作品，其发表权的保护期为五十年，截止于作品创作完成后第五十年的12月31日；该法第十条第一款第五项至第十七项规定的权利的保护期为五十年，截止于作品首次发表后第五十年的12月31日，但作品自创作完成后五十年内未发表的，该法不再保护。视听作品，其发表权的保护期为五十年，截止于作品创作完成后第五十年的12月31日；该法第十条第一款第五项至第十七项规定的权利的保护期为五十年，截止于作品首次发表后第五十年的12月31日，但作品自创作完成后五十年内未发表的，该法不再保护。因此，选项A错误。

根据《著作权法》第二十二条的规定，作者的署名权、修改权、保护作品完整权的保护期不受限制。因此，选项B、C、D正确。

【答案】B、C、D

77.【考点】民事调解

【解析】根据《民事诉讼法》第一百二十五条的规定，当事人起诉到人民法院的民事纠纷，适宜调解的，先行调解，但当事人拒绝调解的除外。因此，选项A正确。

根据《民事诉讼法》第一百四十五条的规定，法庭辩论终结，应当依法作出判决。判决前能够调解的，还可以进行调解，调解不成的，应当及时判决。因此，选项B正确。

根据《民事诉讼法》第一百条的规定，调解达成协议，人民法院应当制作调解书。调解书应当写明诉讼请求、案件的事实和调解结果。调解书由审判人员、书记员署名，加盖人民法院印章，送达双方当事人。调解书经双方当事人签收后，即具有法律效力。因此，选项C正确，选项D错误。

【答案】A、B、C

78. 【考点】商标的撤销、宣告无效

【解析】根据《商标法》第五十五条的规定，法定期限届满，当事人对商标局做出的撤销注册商标的决定不申请复审或者对商标评审委员会做出的复审决定不向人民法院起诉的，撤销注册商标的决定、复审决定生效。被撤销的注册商标，由商标局予以公告，该注册商标专用权自公告之日起终止。因此，选项A正确，选项B错误。

根据《商标法》第四十七条第一款的规定，依照该法第四十四条、第四十五条的规定宣告无效的注册商标，由商标局予以公告，该注册商标专用权视为自始即不存在。因此，选项C错误，选项D正确。

【答案】A、D

79. 【考点】录音录像制作者的权利义务

【解析】根据《著作权法》第四十二条的规定，录音录像制作者使用他人作品制作录音录像制品，应当取得著作权人许可，并支付报酬。录音制作者使用他人已经合法录制为录音制品的音乐作品制作录音制品，可以不经著作权人许可，但应当按照规定支付报酬；著作权人声明不许使用的不得使用。根据《著作权法》第十六条的规定，使用改编、翻译、注释、整理、汇编已有作品而产生的作品进行出版、演出和制作录音录像制品，应当取得该作品的著作权人和原作品的著作权人许可，并支付报酬。因此，选项A、B、D正确，选项C错误。

【答案】A、B、D

80. 【考点】侵犯著作权应当承担的民事责任

【解析】根据《著作权法》第五十二条的规定，有下列侵权行为的，应当根据情况，承担停止侵害、消除影响、赔礼道歉、赔偿损失等民事责任：……。因此，选项A、B、C正确，选项D错误。

【答案】A、B、C

81. 【考点】知识产权海关保护

【解析】根据《知识产权海关保护条例》第二条的规定，该条例所称知识产权海关保护，是指海关对与进出口货物有关并受中华人民共和国法律、行政法规保护的商标专用权、著作权和与著作权有关的权利、专利权（以下统称知识产权）实施的保护。因此，选项A、B、C正确，选项D错误。

【答案】A、B、C

82. 【考点】商标一般违法行为

【解析】根据《商标一般违法判断标准》第三条的规定，该标准所称的商标一般违法行为是指违反商标管理秩序的行为。有下列行为之一的，均属商标一般违法：（一）违反《商标法》第六条规定，必须使用注册商标而未使用的；（二）违反《商标法》第十条规定，使用不得作为商标使用的标志的；（三）违反《商标法》第十四条第五款规定，在商业活动中使用"驰名商标"字样的；（四）违反《商标法》第四十三条第二款规定，商标被许可人未标明其名称和商品产地的；……（六）违反《商标法》第五十二条规定，将未注册商标冒充注册商标使用的；……。因此，选项A、B、C、D正确。

【答案】A、B、C、D

83.【考点】冒充注册商标

【解析】根据《商标一般违法判断标准》第二十三条第一款的规定，商标注册人或者使用人有下列行为之一的，均属《商标法》第五十二条规定的冒充注册商标：（一）使用未向国家知识产权局提出注册申请的商标且标明"注册商标"或者标注注册标记的；（二）使用向国家知识产权局提出注册申请但被驳回或者尚未核准注册的商标且标明"注册商标"或者标注注册标记的；（三）注册商标被撤销、被宣告无效、因期满未续展被注销或者申请注销被核准后，继续标明"注册商标"或者标注注册标记的，但在注册商标失效前已进入流通领域的商品除外；（四）超出注册商标核定使用的商品或者服务而使用该商标且标明"注册商标"或者标注注册标记的；（五）改变注册商标的显著特征后仍标明"注册商标"或者标注注册标记的；（六）组合使用两件以上注册商标且标注注册标记，但未按照注册商标逐一标注注册标记的；（七）标明"注册商标"或者标注注册标记的进口商品，该商标未在中国注册且未声明的。因此，选项A、B、C、D正确。

【答案】A、B、C、D

84.【考点】行政复议决定

【解析】根据《行政复议实施条例》第五十条第一款的规定，有下列情形之一的，行政复议机关可以按照自愿、合法的原则进行调解：（一）公民、法人或者其他组织对行政机关行使法律、法规规定的自由裁量权作出的具体行政行为不服申请行政复议的；（二）当事人之间的行政赔偿或者行政补偿纠纷。因此，选项A错误。

根据《行政复议法》第三十一条第二款的规定，行政复议机关作出行政复议决定，应当制作行政复议决定书，并加盖印章。因此，选项B正确。

根据《行政复议法》第三十二条的规定，被申请人应当履行行政复议决定。被申请人不履行或者无正当理由拖延履行行政复议决定的，行政复议机关或者有关上级行政机关应当责令其限期履行。因此，选项C正确。

根据《行政复议实施条例》第五十一条的规定，行政复议机关在申请人的行政复议请求范围内，不得作出对申请人更为不利的行政复议决定。因此，选项D错误。

【答案】B、C

85.【考点】注册商标转让

【解析】根据《商标法》第四十二条的规定，转让注册商标的，转让人和受让人应当签订转让协议，并共同向商标局提出申请。受让人应当保证使用该注册商标的商品质量。转让注册商标的，商标注册人对其在同一种商品上注册的近似的商标，或者在类似商品上注册的相同或者近似的商标，应当一并转让。对容易导致混淆或者有其他不良影响的转让，商标局不予核准，书面通知申请人并说明理由。转让注册商标经核准后，予以公告。受让人自公告之日起享有商标专用权。因此，选项A错误，选项B、C、D正确。

【答案】B、C、D

86.【考点】表演者的权利

【解析】根据《著作权法》第十条第一款的规定，著作权包括下列人身权和财产权：……（九）表演权，即公开表演作品，以及用各种手段公开播送作品的表演的权利；……。根据《著作权法》第三十九条的规定，表演者对其表演享有下列权利：（一）表明表演者身份；（二）保护表演形象不受歪曲；（三）许可他人从现场直播和公开传送其现场表演，并获得报酬；（四）许可他人录音录像，并获得报酬；（五）许可他人复制、发行、出租录有其表演的录音录像制品，并获得报酬；（六）许可他人通过信息网络向公众传播其表演，并获得报酬。被许可人以前款第（三）项至第（六）项规定的方式使用作品，还应当取得著作权人许可，并支付报酬。因此，选项A、C、D正确，选项B错误。

【答案】A、C、D

87.【考点】诉讼时效

【解析】根据《民法典·总则编》第一百八十八条第一款的规定，向人民法院请求保护民事权利的诉讼时效期间为三年。法律另有规定的，依照其规定。因此，选项A错误。

根据《民法典·总则编》第一百九十二条第二款的规定，诉讼时效期间届满后，义务人同意履行的，不得以诉讼时效期间届满为由抗辩；义务人已经自愿履行的，不得请求返还。因此，选项B正确。

根据《民法典·总则编》第一百九十六条的规定，下列请求权不适用诉讼时效的规定：（一）请求停止侵害、排除妨碍、消除危险；（二）不动产物权和登记的动产物权的权利人请求返还财产；（三）请求支付抚养费、赡养费或者扶养费；（四）依法不适用诉讼时效的其他请求权。因此，选项C正确。

根据《民法典·总则编》第一百九十五条的规定，有下列情形之一的，诉讼时效中断，从中断、有关程序终结时起，诉讼时效期间重新计算：（一）权利人向义务人提出履行请求；（二）义务人同意履行义务；（三）权利人提起诉讼或者申请仲裁；（四）与提起诉讼或者申请仲裁具有同等效力的其他情形。因此，选项D正确。

【答案】B、C、D

88.【考点】注册商标类型

【解析】根据《商标法》第三条第一款的规定，经商标局核准注册的商标为注册商标，包括商品商标、服务商标和集体商标、证明商标；商标注册人享有商标专用权，受法律保护。因此，选项A、B、C、D正确。

【答案】A、B、C、D

89.【考点】工商行政管理部门的职权

【解析】根据《商标法》第六十条的规定，有该法第五十七条所列侵犯注册商标专用权行为之一，引起纠纷的，由当事人协商解决；不愿协商或者协商不成的，商标注册人或者利害关系人可以向人民法院起诉，也可以请求工商行政管理部门处理。工商行政管理部门处理时，认定侵权行为成立的，责令立即停止侵权行为，没收、销毁侵权商品和主要用于制造侵权商品、伪造注册商标标识的工具，违法经营额五万元以上的，可以处违法经营额五倍以下的罚款，没有违法经营额或者违法经营额不足五万元的，可以处二十五万元以下的罚款。对五年内实施两次以上商标侵权行为或者有其他严重情节的，应当从重处罚。销售不知道是侵犯注册商标专用权的商品，能证明该商品是自己合法取得并说明提供者的，由工商行政管理部门责令停止销售。对侵犯商标专用权的赔偿数额的争议，当事人可以请求进行处理的工商行政管理部门调解，也可以依照《中华人民共和国民事诉讼法》向人民法院起诉。经工商行政管理部门调解，当事人未达成协议或者调解书生效后不履行的，当事人可以依照《中华人民共和国民事诉讼法》向人民法院起诉。因此，选项A、B、C、D正确。

【答案】A、B、C、D

90.【考点】驰名商标

【解析】根据《商标法》第十四条第一款的规定，驰名商标应当根据当事人的请求，作为处理涉及商标案件需要认定的事实进行认定。认定驰名商标应当考虑下列因素：（一）相关公众对该商标的知晓程度；（二）该商标使用的持续时间；（三）该商标的任何宣传工作的持续时间、程度和地理范围；（四）该商标作为驰名商标受保护的记录；（五）该商标驰名的其他因素。因此，选项A、B、C、D正确。

【答案】A、B、C、D

91.【考点】合同债权 债务转让

【解析】根据《民法典·合同编》第五百四十六条的规定，债权人转让债权，未通知债务人的，该转让对债务人不发生效力。债权转让的通知不得撤销，但是经受让人同意的除外。因此，选项A、B正确，选项C错误。

根据《民法典·合同编》第五百五十一条的规定，债务人将债务的全部或者部分转移给第三人的，应当经债权人同意。债务人或者第三人可以催告债权人在合理期限内予以同意，债权人未作表示的，视为不同意。因此，选项D正确。

【答案】A、B、D

92.【考点】商业秘密

【解析】根据《反不正当竞争法》第九条第一款的规定，经营者不得实施下列侵犯商业秘密的行为：(一) 以盗窃、贿赂、欺诈、胁迫、电子侵入或者其他不正当手段获取权利人的商业秘密；(二) 披露、使用或者允许他人使用以前项手段获取的权利人的商业秘密；(三) 违反保密义务或者违反权利人有关保守商业秘密的要求，披露、使用或者允许他人使用其所掌握的商业秘密；(四) 教唆、引诱、帮助他人违反保密义务或者违反权利人有关保守商业秘密的要求，获取、披露、使用或者允许他人使用权利人的商业秘密。因此，选项A、B、C正确。

根据《最高人民法院关于审理侵犯商业秘密民事案件适用法律若干问题的规定》第十四条第一款的规定，通过自行开发研制或者反向工程获得被诉侵权信息的，人民法院应当认定不属于《反不正当竞争法》第九条规定的侵犯商业秘密行为。因此，选项D错误。

【答案】A、B、C

93.【考点】植物新品种

【解析】根据《植物新品种保护条例》第二条的规定，该条例所称植物新品种，是指经过人工培育的或者对发现的野生植物加以开发，具备新颖性、特异性、一致性和稳定性并有适当命名的植物品种。因此，选项A、B、C、D正确。

【答案】A、B、C、D

94.【考点】审判监督程序

【解析】根据《民事诉讼法》第二百零七条的规定，当事人的申请符合下列情形之一的，人民法院应当再审：

(一) 有新的证据，足以推翻原判决、裁定的；

(二) 原判决、裁定认定的基本事实缺乏证据证明的；

(三) 原判决、裁定认定事实的主要证据是伪造的；

(四) 原判决、裁定认定事实的主要证据未经质证的；

(五) 对审理案件需要的主要证据，当事人因客观原因不能自行收集，书面申请人民法院调查收集，人民法院未调查收集的；

(六) 原判决、裁定适用法律确有错误的；

(七) 审判组织的组成不合法或者依法应当回避的审判人员没有回避的；

(八) 无诉讼行为能力人未经法定代理人代为诉讼或者应当参加诉讼的当事人，因不能归责于本人或者其诉讼代理人的事由，未参加诉讼的；

(九) 违反法律规定，剥夺当事人辩论权利的；

(十) 未经传票传唤，缺席判决的；

(十一) 原判决、裁定遗漏或者超出诉讼请求的；

(十二) 据以作出原判决、裁定的法律文书被撤销或者变更的；

(十三) 审判人员审理该案件时有贪污受贿, 徇私舞弊, 枉法裁判行为的。

因此, 选项 A、B、C、D 正确。

【答案】A、B、C、D

95. 【考点】集成电路布图设计的保护期限

【解析】根据《集成电路布图设计保护条例》第十二条的规定, 布图设计专有权的保护期为10年, 自布图设计登记申请之日或者在世界任何地方首次投入商业利用之日起计算, 以较前日期为准。但是, 无论是否登记或者投入商业利用, 布图设计自创作完成之日起15年后, 不再受本条例保护。因此, 选项A错误, 选项B、D正确。

根据《集成电路布图设计保护条例》第八条的规定, 布图设计专有权经国务院知识产权行政部门登记产生。未经登记的布图设计不受该条例保护。因此, 选项C错误。

【答案】B、D

96. 【考点】工业品外观设计

【解析】根据《与贸易有关的知识产权协定》第二十六条的规定,(1) 受保护的外观设计的所有人, 应有权制止第三方未得所有人同意而为商业目的制造、销售或进口载有或体现有受保护的外观设计的复制品或实质上是复制品的物品……。因此, 选项A、B、D正确, 选项C错误。

【答案】A、B、D

97. 【考点】知识产权执法

【解析】《与贸易有关的知识产权协定》第四十一条规定:

(1) 各成员应保证在其法律中提供本部分所具体规定的执法程序, 以便能采取有效行动, 制止任何侵犯该协定所规定的知识产权的行为, 包括可迅速制止侵权的救济和构成阻止进一步侵权的威慑的救济。这些程序适用的方式应避免对合法贸易造成障碍, 并应提供保障以防止其滥用。

(2) 有关知识产权的执法程序应当公平和公正。这些程序不应不必要地复杂或费用过高, 也不应规定不合理的期限或导致不应有的拖延。

(3) 就案件的是非作出的决定最好应写成书面, 并说明理由。这些决定至少应向诉讼当事人提供, 而且不得无故拖延。就案件的是非作出的决定只应以证据为根据, 而且就该证据而言, 应当已向当事人提供过陈述意见的机会。

(4) 程序的当事人应有机会要求司法机关对终局的行政决定进行复审, 并且, 在符合成员法律中关于案件重要性的管辖规定下, 至少对案件是非所作初审司法决定的法律方面也可以要求复审。但是, 对刑事案件中的无罪判决没有义务提供复审的机会。

(5) 不言而喻, 本部分并没有规定建立一种与一般法律执行的司法制度不同的知识产权执法的司法制度的义务, 也不影响各成员执行其一般法律的能力。就知识产权的执法和一般法律的执行之间的资源分配而言,本部分的规定并不产生任何义务。

因此,选项 A、B、C、D 正确。

【答案】A、B、C、D

98.【考点】优先权期间

【解析】根据《保护工业产权巴黎公约》第四条 C 的规定,(1) 上述优先权的期间,对于专利和实用新型应为十二个月,对于外观设计和商标应为六个月。

(2) 这些期间应自第一次申请的申请日开始;申请日不应计入期间之内。

(3) 如果期间的最后一日在请求保护地国家是法定假日或者是主管局不接受申请的日子,期间应延至其后的第一个工作日。

(4) 在本联盟同一国家内就第 (2) 项所称的以前第一次申请同样的主题所提出的后一申请,如果在提出该申请时前一申请已被撤回、放弃或拒绝,没有提供公众阅览,也没有遗留任何权利,而且如果前一申请还没有成为要求优先权的基础,应认为是第一次申请,其申请日应为优先权期间的开始日。在这以后,前一申请不得作为要求优先权的基础。

因此,选项 A、B、D 正确,选项 C 错误。

【答案】A、B、D

99.【考点】软件著作权的客体、登记

【解析】根据《计算机软件保护条例》第四条的规定,受该条例保护的软件必须由开发者独立开发,并已固定在某种有形物体上。因此,选项 A 正确。

根据该条例第六条的规定,该条例对软件著作权的保护不延及开发软件所用的思想、处理过程、操作方法或者数学概念等。因此,选项 B 错误。

根据该条例第七条第一款、第十四条第一款的规定,办理登记不是著作权人的义务,更不是产生著作权的条件,而且软件著作权自软件开发完成之日起产生,因此,选项 C 错误,选项 D 正确。

【答案】A、D

100.【考点】知识产权滥用

【解析】根据《与贸易有关的知识产权协定》第四十条的规定:

(1) 各成员同意,在知识产权的授予许可中常有的某些限制竞争的做法或条件,对贸易可能有不利影响,并且可能阻碍技术的转让和传播。

(2) 本协定的任何规定并不阻止各成员在其立法中列举在特定情况下构成对知识产权的滥用、在有关市场上对竞争有不利影响的授予许可的做法或条件。如上文所规定,任何成员可以在与本协定的其他规定相符的情况下,依据该成员的有关法律和规章,采取适当措施制止或控制这些做法,其中可以包括,例如,排他性的返授条件、制止对知识产权有效性提出质疑的条件和强迫性的一揽子授予许可。

（3）如果任何成员有理由相信，作为另一成员的国民或居民的知识产权所有人正在采取的做法违反了前一成员的有关本节内容的法律和规章，前一成员希望在不损害其根据法律的任何行动，也不损害任何一方成员作出最终决定的完全自由的情况下，确保其有关立法得到知识产权所有人的遵守，则后一成员应根据请求，与前一成员进行协商。接受请求的成员对提出请求的成员的协商应给予充分和同情的考虑，提供足够的机会与其进行协商，并且在符合本国法律的规定，以及就请求成员保障机密问题缔结双方满意的协定的情况下，通过提供公开可得到的与该事项有关的非机密信息，以及该成员能得到的其他信息给予合作。

（4）成员的国民或居民因在另一成员内有违反其有关本节内容的法律和规章而受到起诉的，该另一成员应根据请求，按照本条第3款规定的同样条件给予与前一成员协商的机会。

综上所述，选项A、B、C、D正确。

【答案】A、B、C、D

专利代理师资格考试模拟试题

(第二套)

相关法律知识试卷

答题须知:
1. 本试卷共有 100 题,每题 1 分,总分 100 分。
2. 本试卷要求应试者在机考试卷上选择答案。
3. 本试卷所有试题的正确答案均以现行的法律、法规、规章、相关司法解释和国际条约为准。

一、单项选择题(每题所设选项中只有一个正确答案,多选、错选或不选均不得分。本部分含 1~30 题,每题 1 分,共 30 分。)

1. 一家运输公司的法定代表人孙某以该公司名义从事经营活动,在运输蔬菜时,给另一家蔬菜公司造成了经济损失。根据《民法典·总则编》及相关规定,应由谁就该经济损失承担民事责任?
   A. 孙某
   B. 运输公司
   C. 孙某和运输公司
   D. 运输公司和蔬菜公司

2. 根据《著作权法》及相关规定,下列哪项不属于我国《著作权法》保护的客体?
   A. 通用表格
   B. 口述作品
   C. 摄影作品
   D. 计算机软件

3. 根据《民法典·总则编》及相关规定,下列哪项不属于近亲属?
   A. 配偶　　B. 外祖父母　　C. 孙子女　　D. 表兄弟

4. 根据《商标法》及相关规定，下列哪种标志可以作为商标使用？
   A. 同中华人民共和国的军旗近似的
   B. 与表明实施控制、予以保证的官方标志相同，但经授权的
   C. 同"红新月"的名称、标志相同或者近似的
   D. 有害于社会主义道德风尚的

5. 根据《民法典·合同编》及相关规定，平等民事主体之间的下列哪种协议适用合同的规定？
   A. 孤儿收养协议　　　　　　B. 专利权许可协议
   C. 子女监护权协议　　　　　D. 解除婚姻关系协议

6. 根据《著作权法》及相关规定，下列哪项权利属于著作权中的人身权？
   A. 表演权　　　　　　　　　B. 展览权
   C. 保护作品完整权　　　　　D. 出租权

7. 孙某不服县交通局对其作出的罚款决定，依法向县人民政府申请行政复议。县人民政府经过复议后，改变了原具体行政行为。孙某仍不服，拟向人民法院提起行政诉讼。根据《行政诉讼法》及相关规定，关于该行政诉讼被告，下列哪种说法是正确的？
   A. 孙某应以该县人民政府作为被告
   B. 孙某应以该县交通局作为被告
   C. 孙某应以该县人民政府和交通局作为共同被告
   D. 孙某可选择该县人民政府或交通局作为被告

8. 在一起侵犯专利权的民事诉讼中，人民法院进行了调解，并在双方当事人达成协议后制作了调解书。根据《民事诉讼法》及相关规定，下列说法不正确的是？
   A. 调解书应当写明诉讼请求、案件的事实和调解结果
   B. 调解书由审判人员、书记员署名，加盖人民法院印章
   C. 调解书送达双方当事人后，即具有法律效力
   D. 调解书经双方当事人签收后，即具有法律效力

9. 张某以欺诈的手段，使周某在违背真实意思的情况下与其订立了一买卖合同。根据《民法典·合同编》及相关规定，下列哪种说法是正确的？
   A. 该合同为无效合同
   B. 周某有权请求人民法院或者仲裁机构予以撤销该合同
   C. 张某有权请求人民法院或者仲裁机构予以撤销该合同
   D. 人民法院或者仲裁机构可以依职权主动撤销该合同

10. 根据《民事诉讼法》及相关规定，当事人对人民法院在民事诉讼第一审程序中作出的下列哪种裁定不服的，可以提起上诉？

　　A. 撤销或者不予执行仲裁裁决　　　　B. 中止或者终结诉讼

　　C. 补正判决书中的笔误　　　　　　　D. 对管辖权有异议的

11. 赵某和孙某共同创作完成了一部不可分割使用的小说，对于是否许可或转让该小说，两人有不同意见，孙某在无正当理由的情况下既不同意许可也不同意转让。根据《著作权法》及相关规定，下列哪种说法是正确的？

　　A. 赵某不能许可他人将该小说发行

　　B. 赵某可以许可他人将该小说发行，所得收益归赵某所有

　　C. 赵某可以许可他人将该小说发行，但所得收益应当与孙某合理分配

　　D. 赵某可以将该小说的发行权转让给他人

12. 武某对县教育局作出的具体行政行为不服，欲提起行政复议。根据《行政复议法》及相关规定，下列哪种说法是正确的？

　　A. 武某可以在法定期限内书面申请

　　B. 武某必须书面申请

　　C. 武某可以自知道该具体行政行为之日起三十日内提出口头申请

　　D. 武某可以自知道该具体行政行为之日起三十日内提出书面申请

13. 根据《集成电路布图设计保护条例》及相关规定，侵犯布图设计专有权，引起纠纷的，下列说法是不正确的？

　　A. 当事人只能协商解决

　　B. 当事人可以向人民法院起诉

　　C. 当事人可以请求国务院知识产权行政部门处理

　　D. 应当事人的请求，国务院知识产权行政部门可以就侵犯布图设计专有权的赔偿数额进行调解

14. 根据《行政诉讼法》及相关规定，张某对某行政机关作出的行政处罚决定不服欲提起行政诉讼，但该行政机关已职权变更，应当以谁为被告？

　　A. 行政处罚执法人员　　　　　　　　B. 该行政机关负责人

　　C. 该行政机关的上级主管机关　　　　D. 继续行使该行政机关职权的行政机关

15. 根据《行政诉讼法》及相关规定，公民、法人或者其他组织不服行政机关的行政行为，直接向人民法院提起诉讼的，除法律另有规定的外，应当自知道或者应当知道作出该行政行为之日起多长时间内提出？

　　A. 3 个月　　　　B. 6 个月　　　　C. 12 个月　　　　D. 18 个月

16. 某行政复议机关受理李某提出的行政复议申请后，发现李某在申请行政复议之前已向人民法院提起行政诉讼并被受理。根据《行政复议法》及相关规定，该行政复议机关应当如何处理？

    A. 继续进行行政复议

    B. 将该案移送人民法院进行审理

    C. 中止审理，在人民法院作出生效判决后继续审理

    D. 驳回该行政复议申请

17. 某县工商局和税务局共同对某公司作出行政处罚决定，该公司不服，以县工商局为被告向人民法院提起行政诉讼。经过审理，人民法院向原告建议增加县税务局为被告，原告不同意。根据《行政诉讼法》及相关规定，人民法院应当如何处理？

    A. 依职权追加市公安局为被告   B. 通知县税务局以第三人身份参加诉讼

    C. 裁定驳回起诉   D. 判决驳回原告的诉讼请求

18. 如果商标注册人没有正当理由已连续三年停止使用其注册商标，根据《商标法》及相关规定，下列哪种说法是正确的？

    A. 任何单位或者个人均可向商标局提出异议

    B. 任何单位或者个人均可向商标局申请撤销该注册商标

    C. 任何单位或者个人均可向商标评审委员会提出异议

    D. 任何单位或者个人均可向商标评审委员会申请撤销该注册商标

19. 甲煤炭公司与乙发电公司互负债务，甲煤炭公司欠乙发电公司煤炭100吨，乙发电公司欠甲煤炭公司运输费10万元。根据《民法典·合同编》及相关规定，下列哪种说法是正确的？

    A. 这两项债务不可抵销

    B. 这两项债务自然抵销

    C. 经双方协商一致，这两项债务可以抵销

    D. 经任何一方主张，这两项债务可以抵销

20. 根据《著作权法》及相关规定，下列哪种行为侵犯了著作权人的出租权？

    A. 赵某未经著作权人许可，开设店铺出租其购买的小说

    B. 钱某未经著作权人许可，开设店铺出租其购买的电影光盘

    C. 孙某未经著作权人许可，从出租商店租借小说

    D. 李某未经著作权人许可，从出租商店租借电影光盘

21. 孙某不服某具体行政行为，向两个有管辖权的人民法院分别提起了行政诉讼。根据《行政诉讼法》及相关规定，该行政诉讼应由下列哪个人民法院管辖？

    A. 该两个人民法院协商确定的人民法院

B. 最先立案的人民法院

C. 该两个人民法院的共同上级人民法院

D. 孙某任从两个人民法院中任选一个

22. 根据《著作权法》及相关规定，下列哪种行为可以不经著作权人许可，不向其支付报酬？

A. 为个人学习、研究或者欣赏，使用他人已经发表的作品

B. 为学校课堂教学，翻译已经发表的作品，供教学或者科研人员使用，并出版发行

C. 免费表演已经发表的作品，该表演未向公众收取费用，但向表演者支付报酬

D. 为介绍某一作品，在作品中适当引用他人没有发表的作品

23. 甲公司拍摄了电影《侠客》，乙电视台未经甲公司的许可播出了该电影。根据《著作权法》及相关规定，乙电视台侵犯了甲公司著作权中的哪项权利？

A. 展览权　　　B. 放映权　　　C. 广播权　　　D. 信息网络传播权

24. 11岁的张某接受了某助学基金会给予的一万元。根据《民法典·总则编》及相关规定，关于张某接受该助学基金的行为，下列哪种说法是正确的？

A. 经张某法定代理人追认后，该行为才有效

B. 因张某为限制民事行为能力人，该行为无效

C. 他人不得以张某为限制民事行为能力人为由，主张该行为无效

D. 基金会可以张某为限制民事行为能力人为由，主张该行为无效

25. 孙某认为商标局初步审定公告的某商标因仅直接表示商品的质量而不应获得注册。根据《商标法》及相关规定，孙某可以自初步审定公告之日起三个月内采取下列哪种措施？

A. 孙某可以向商标局提出异议

B. 孙某不是利害关系人或者在先权利人，不得提出异议

C. 孙某可以向商标评审委员会提出异议

D. 孙某可以请求商标局会宣告其无效

26. 根据《商标法》及相关规定，下列哪项不属于县级以上工商行政管理部门对涉嫌商标侵权行为进行查处时可以行使的职权？

A. 询问有关当事人，调查与侵犯他人注册商标专用权有关的情况

B. 查阅、复制当事人与侵权活动有关的合同、发票、账簿以及其他有关资料

C. 对有证据证明是侵犯他人注册商标专用权的物品，可以查封或者扣押

D. 没收侵犯他人注册商标专用权的物品

27. 根据《与贸易有关的知识产权协定》及相关规定，下列哪种说法是不正确的？
   A. 各成员对商标所授予的权利可以规定有限的例外
   B. 注册商标的所有人应享有专有权，该权利不应损害任何现有的在先权利
   C. 在确定一项商标是否驰名时，各成员应考虑有关部门公众对该商标的知晓程度，包括该商标因宣传结果而在有关成员为公众所知晓的程度
   D. 各成员注册商标所有人只能将商标不连同其所属的企业一起转让

28. 某商标代理机构未经授权，以自己的名义将被代理人甲公司的商标进行注册，在获得核准注册后，根据《商标法》及相关规定，甲公司可以自该商标注册之日起五年内采取下列哪种措施维护自身合法权益？
   A. 请求商标局撤销该注册商标
   B. 请求商标评审委员会撤销该注册商标
   C. 请求商标局宣告该注册商标无效
   D. 请求商标评审委员会宣告该注册商标无效

29. 根据《商标法》及相关规定，注册商标有效期从下列哪一日期起算？
   A. 核准注册之日　　　　　　　　B. 申请注册之日
   C. 初审公告之日　　　　　　　　D. 公告期满之日

30. 根据《与贸易有关的知识产权协定》及相关规定，关于知识产权的保护，任何成员对任何其他国家的国民给予的任何利益、优惠、特权或者豁免，应立即无条件地给予所有其他成员的国民。上述规定可以概括为什么原则？
   A. 对等原则　　　　　　　　　　B. 差别待遇原则
   C. 国民待遇原则　　　　　　　　D. 最惠国待遇原则

二、多项选择题（每题所设选项中至少有两个正确答案，多选、少选、错选或不选均不得分。本部分含31～100题，每题1分，共70分。）

31. 根据《民法典·总则编》及相关规定，下列哪些行为所产生的当事人之间的关系属于民法调整的范围？
   A. 某工商行政管理局没收赵某的侵权产品
   B. 某教育局在某超市购买办公用品
   C. 某高校对某公司的专利实施许可
   D. 张某依法向税务局缴纳个人所得税

32. 根据《民法典·总则编》及相关规定，下列哪些关于法人的说法是正确的？
   A. 法人应当依法成立

B. 法人应当有自己的名称、组织机构

C. 法人应当有自己的住所、财产或者经费

D. 法人以其全部财产独立承担民事责任

33. 根据《民事诉讼法》及相关规定，下列哪些说法是正确的？

A. 人民法院审理民事案件，应当保障和便利当事人行使诉讼权利，对当事人在适用法律上一律平等

B. 人民法院应当对不通晓当地民族通用的语言、文字的诉讼参与人提供翻译

C. 当事人有权在法律规定的范围内处分自己的民事权利和诉讼权利

D. 人民检察院有权对民事诉讼实行法律监督

34. 根据《民法典·总则编》及相关规定，下列哪些民事法律行为无效？

A. 赵某因欠钱某赌债向其出具欠条

B. 孙某不能完全辨认自己的行为，其签订了一份接受捐赠的合同

C. 某国有公司经理李某与周某恶意串通，将公司财产以明显低价卖给周某

D. 11岁的小学生武某花10元钱在超市购买了铅笔和橡皮

35. 根据《著作权法》及相关规定，下列哪些说法是正确的？

A. 作品，是指文学、艺术和科学领域内具有独创性并能以一定形式表现的智力成果

B. 文字作品，是指小说、诗词、散文、论文等以文字形式表现的作品

C. 图形作品，是指为施工、生产绘制的工程设计图、产品设计图，以及反映地理现象、说明事物原理或者结构的地图、示意图等作品

D. 模型作品，是指为展示、试验或者观测等用途，根据物体的形状和结构，按照一定比例制成的立体作品

36. 赵某邀请画家钱某为其创作一幅山水画，并约定须由钱某亲自创作完成。钱某事务繁忙，于是请其朋友孙某代为完成画作，但并未告知赵某。根据《民法典·总则编》及相关规定，下列哪些说法是正确的？

A. 钱某因故无法在规定期限内完成作品，可以转委托他人

B. 钱某系为赵某着想，可以转委托他人完成作品

C. 根据赵某与钱某的约定，该画作应当由钱某亲自完成，不能转委托他人

D. 钱某应按照合同亲自完成画作，其请朋友孙某代为完成画作的行为无效

37. 根据《商标法》及相关规定，下列哪些说法是正确的？

A. 申请注册的商标应当具有创造性

B. 申请注册的商标应当有显著特征，便于识别

C. 申请注册的商标不得与他人在先取得的合法权利相冲突

D. 申请注册的商标应当具有新颖性

38. 根据《民法典·总则编》及相关规定，下列哪些属于民事责任的承担方式？
   A. 恢复原状　　　B. 赔偿损失　　　C. 消除危险　　　D. 继续履行

39. 根据《民法典·总则编》及相关规定，关于民事权利能力和民事行为能力，下列哪些说法是正确的？
   A. 自然人从出生时起到死亡时止，具有民事权利能力，依法享有民事权利，承担民事义务
   B. 自然人的民事权利能力一律平等
   C. 限制民事行为能力人可以独立实施纯获利益的民事法律行为或者与其年龄、智力相适应的民事法律行为
   D. 无民事行为能力人由其法定代理人代理实施民事法律行为

40. 甲公司向乙公司发出要约，欲购买其生产的电视机。要约发出后，甲公司欲撤回或撤销该要约。根据《民法典·合同编》及相关规定，下列说法正确的是哪些？
   A. 撤回要约的通知在要约到达乙公司之前到达乙公司
   B. 撤回要约的通知与要约同时到达乙公司
   C. 撤销要约的通知应当在乙公司发出承诺通知之前到达乙公司
   D. 撤销要约的通知应当在乙公司发出承诺通知的同时到达乙公司

41. 根据《行政复议法》及相关规定，关于行政复议申请人，下列哪些说法是正确的？
   A. 行政复议机构认为申请人以外的公民与被审查的具体行政行为有利害关系的，可以通知其作为第三人参加行政复议
   B. 第三人不参加行政复议，不影响行政复议案件的审理
   C. 第三人不参加行政复议，该行政复议终止
   D. 同申请行政复议的具体行政行为有利害关系的其他公民，可以作为第三人参加行政复议

42. 某房地产公司与消费者签订的合同是该房地产公司为了重复使用而预先拟定的合同书，订立合同时并未与消费者协商相关条款。该合同书中规定，如果因为商品房质量原因给消费者造成损害的，该房地产公司概不负责。且该责任条款并没有采取合理的方式提请消费者注意。根据《民法典·合同编》及相关规定，下列哪些说法是正确的？
   A. 该责任条款是格式条款
   B. 该责任条款无效
   C. 该责任条款有效
   D. 如果商品房因为质量原因给消费者造成损害，该房地产公司不负责任

43. 甲知道乙有转让餐馆的意图，甲并不想购买该餐馆，但为了阻止乙将餐馆卖给竞争对手丙，却假意与乙进行了长时间的谈判，当丙购买了另一家餐馆后，甲中断了与乙的谈判，导致乙只能以比丙出价更低的价格将餐馆予以转让。根据《民法典·合同编》及相关规定，下列关于甲的说法正确的是哪些？

    A. 甲的行为属于假借订立合同，恶意进行磋商

    B. 甲的行为属于故意隐瞒与订立合同有关的重要事实

    C. 甲的行为属于故意提供虚假情况

    D. 甲的行为造成乙的损失，应当承担赔偿责任

44. 根据《保护工业产权巴黎公约》及相关规定，对在巴黎联盟任何成员国领土内举办的官方国际展览会展出商品中的下列哪些工业产权保护对象，其他成员国应按其本国法律给予临时保护？

    A. 发明   B. 实用新型

    C. 工业品外观设计   D. 商标

45. 根据《反不正当竞争法》及相关规定，经营者的下列哪些行为属于《反不正当竞争法》规定的混淆行为？

    A. 擅自使用与他人有一定影响的商品名称

    B. 擅自使用他人有一定影响的艺名

    C. 擅自使用他人有一定影响的网站名称

    D. 擅自使用他人有一定影响的笔名

46. 根据《民法典·合同编》及相关规定，有下列哪些情形的，合同的权利义务终止？

    A. 债务相互抵销   B. 债务人依法将标的物提存

    C. 债权人免除债务   D. 债权债务同归于一人

47. 根据《著作权法》及相关规定，下列哪些说法是正确的？

    A. 中国公民的作品，不论是否发表，依法享有著作权

    B. 外国人的作品无论是否首先在中国境内出版的，都依法享有著作权

    C. 无国籍人的作品无论是否首先在中国境内出版的，都依法享有著作权

    D. 外国人、无国籍人的作品根据其作者所属国或者经常居住地国同中国签订的协议或者共同参加的国际条约享有的著作权，受《著作权法》保护

48. 甲公司委托乙高校为其开发一种技术，并签订了一份技术开发合同，但双方没有约定技术成果的归属。乙高校按约定交付了符合要求的技术成果，并就该技术成果申请专利。根据《民法典·合同编》及相关规定，下列哪些说法是正确的？

    A. 甲公司享有就该技术成果申请专利的权利

B. 乙高校享有就该技术成果申请专利的权利

C. 如果乙高校就该技术成果取得专利权，甲公司可以免费实施该专利

D. 如果乙高校就该技术成果取得专利权并欲转让该专利权的，乙高校必须转让给甲公司

49. 根据《民法典·合同编》及相关规定，下列关于技术转让、许可合同的哪些说法是正确的？

A. 技术秘密转让合同应当采用书面形式或者口头形式

B. 技术转让合同可以约定实施专利或者使用技术秘密的范围，但是不得限制技术竞争和技术发展

C. 技术转让合同的受让人应当按照约定的范围和期限，对让与人提供的技术中尚未公开的秘密部分，承担保密义务

D. 专利权有效期限届满的，专利权人不得就该专利与他人订立专利实施许可合同

50. 根据《民法典·总则编》及相关规定，下列哪些情形下法定代理终止？

A. 被代理人取得或者恢复完全民事行为能力

B. 代理人丧失民事行为能力

C. 代理人或者被代理人死亡

D. 被代理人失踪

51. 根据《民事诉讼法》及相关规定，因侵权行为提起的民事诉讼，下列哪些人民法院有管辖权？

A. 侵权行为地人民法院
B. 侵权行为实施地人民法院
C. 侵权结果发生地人民法院
D. 被告住所地人民法院

52. 根据《著作权法》及相关规定，下列关于著作权集体管理组织的哪些说法是正确的？

A. 著作权人可以授权著作权集体管理组织行使著作权

B. 著作权集体管理组织被授权后，可以以自己的名义为著作权人主张权利

C. 著作权集体管理组织被授权后，可以作为当事人进行涉及著作权的诉讼、仲裁、调解活动

D. 著作权集体管理组织是营利法人

53. 根据《民事诉讼法》及相关规定，审判人员存在下列哪些情形，当事人有权申请或者要求他们回避？

A. 是本案当事人的近亲属的

B. 审判人员按照规定会见当事人的

C. 与本案当事人有其他关系，可能影响对案件公正审理的

D. 与本案有利害关系的

54. 根据《与贸易有关的知识产权协定》及相关规定，如果成员的法律允许未经权利持有人许可即可由政府使用，或者由政府许可第三方使用专利，则这种使用应当遵守下列哪些规定？

　　A. 这种使用应当是独占性的

　　B. 这种使用的许可应当主要是为了供应授予许可的成员的本国市场

　　C. 这种使用，除与享有这种使用的企业或商誉一起转让外，是不可转让的

　　D. 应根据每一案的情况，考虑许可的经济价值，向权利持有人支付足够的报酬

55. 根据《民事诉讼法》及相关规定，下列哪些属于有关社会团体推荐公民担任诉讼代理人应当符合的条件？

　　A. 社会团体属于依法登记设立或者依法免予登记设立的非营利性法人组织

　　B. 被推荐的公民是该社会团体的负责人或者与该社会团体有合法劳动人事关系的工作人员

　　C. 代理事务属于该社会团体章程载明的业务范围

　　D. 专利代理师经所在专利代理机构推荐，可以在专利纠纷案件中担任诉讼代理人

56. 根据《行政复议法》及相关规定，下列有关行政复议调解的哪些说法是正确的？

　　A. 法人对行政机关行使法律规定的自由裁量权作出的具体行政行为不服申请行政复议的，行政复议机关可以按照自愿、合法的原则进行调解

　　B. 对于当事人之间的行政赔偿或者行政补偿纠纷，行政复议机关可以按照自愿、合法的原则进行调解

　　C. 调解书应当载明行政复议请求、事实、理由和调解结果，并加盖行政复议机关印章

　　D. 行政复议调解书经双方当事人签字，即具有法律效力

57. 根据《民事诉讼法》及相关规定，下列关于民事诉讼第二审程序的哪些说法是正确的？

　　A. 第二审人民法院审理上诉案件，可以进行调解

　　B. 第二审人民法院审理上诉案件，不得进行调解

　　C. 第二审人民法院的判决、裁定，是终审的判决、裁定

　　D. 第二审人民法院审理上诉案件，可以在本院进行，也可以到案件发生地或者原审人民法院所在地进行

58. 根据《民事诉讼法》及相关规定，下列哪些情形下中止诉讼？

　　A. 一方当事人丧失诉讼行为能力，尚未确定法定代理人的

　　B. 作为一方当事人的法人或者其他组织终止，尚未确定权利义务承受人的

　　C. 一方当事人因不可抗拒的事由，不能参加诉讼的

　　D. 本案必须以另一案的审理结果为依据，而另一案尚未审结的

59. 根据《民法典·合同编》及相关规定，有下列哪些情形，要约失效？
    A. 要约被拒绝
    B. 要约被依法撤销
    C. 承诺期限届满，受要约人未作出承诺
    D. 受要约人对要约的内容作出非实质性变更

60. 根据《行政复议法》及相关规定，下列哪些情形可以申请行政复议？
    A. 孙某对某行政机关对其作出的吊销许可证决定不服的
    B. 公务员周某不服其所在行政机关对其作出的记大过处分决定的
    C. 钱某对某行政机关对其作出的冻结财产决定不服的
    D. 李某对某行政机关对其作出的没收违法所得决定不服的

61. 根据《民法典·总则编》及相关规定，下列有关法人的哪些说法是正确的？
    A. 法人的民事权利能力与民事行为能力同时产生、同时消灭
    B. 法人以其主要办事机构所在地为住所
    C. 法人合并的，其权利和义务由合并后的法人享有和承担
    D. 清算期间法人存续，但是不得从事与清算无关的活动

62. 根据《著作权法》及相关规定，下列关于电视剧作品的说法哪些是正确的？
    A. 电视剧作品的著作权由导演享有
    B. 电视剧作品的编剧享有署名权
    C. 电视剧作品中的剧本作者有权单独行使其著作权
    D. 电视剧作品中的音乐作者有权单独行使其著作权

63. 根据《行政复议法》及相关规定，下列关于行政复议受理机关的哪些说法是正确的？
    A. 对县教育局的具体行政行为不服的，可以向上一级主管部门申请行政复议
    B. 对县税务局的具体行政行为不服的，可以向该县人民政府申请行政复议
    C. 对实行垂直领导的金融行政机关的具体行政行为不服的，应当向本级人民政府申请行政复议
    D. 对实行垂直领导的金融行政机关的具体行政行为不服的，应当向上一级主管部门申请行政复议

64. 根据《商标法》及相关规定，下列关于注册商标有效期的哪些说法是正确的？
    A. 商品注册商标的有效期为20年，期满可以续展
    B. 服务注册商标的有效期为10年，期满可以续展
    C. 注册商标的每次续展注册有效期为10年
    D. 注册商标续展注册最多不得超过10次

65. 根据《行政复议法》及相关规定，下列关于行政复议的审理哪些说法是正确的？
   A. 行政复议原则上采取书面审查
   B. 行政复议原则上采取开庭的方式审查
   C. 行政复议机关认为有必要时，可以听取申请人、被申请人和第三人的意见
   D. 在行政复议过程中，被申请人可以自行向申请人和其他有关组织或者个人收集证据

66. 根据《行政诉讼法》及相关规定，下列哪些说法是正确的？
   A. 对当场不能判定是否符合起诉条件的，应当拒收起诉状
   B. 被告未经法庭许可中途退庭的，人民法院可以缺席判决
   C. 原告在人民法院对行政案件宣告判决前申请撤诉的，人民法院应当裁定准许
   D. 人民法院审理行政案件，不适用调解

67. 根据《行政诉讼法》及相关规定，公民、法人或者其他组织对下列哪些事项可以提起行政诉讼？
   A. 行政机关对行政机关工作人员的奖惩、任免等决定
   B. 对财产的查封、扣押、冻结等行政强制措施不服的
   C. 对责令停产停业的行政处罚不服的
   D. 国防、外交等国家行为

68. 根据《民事诉讼法》及相关规定，在民事诉讼中，下列哪些人员可以被委托为诉讼代理人？
   A. 当事人的近亲属
   B. 当事人所在社区、单位推荐的公民
   C. 有关社会团体推荐的公民
   D. 律师、基层法律服务工作者

69. 根据《行政诉讼法》及相关规定，下列关于行政诉讼被告的哪些说法是正确的？
   A. 经复议的行政案件，复议机关决定维持原行政行为的，作出原行政行为的行政机关是被告
   B. 经复议的行政案件，复议机关改变原行政行为的，复议机关是被告
   C. 复议机关在法定期限内未作出复议决定，公民、法人或者其他组织起诉原行政行为的，作出原行政行为的行政机关是被告
   D. 起诉复议机关不作为的，复议机关是被告

70. 根据《行政诉讼法》及相关规定，人民法院不受理公民、法人或者其他组织对下列哪些事项提起的行政诉讼？
   A. 公安、国家安全等机关依照刑事诉讼法的明确授权实施的行为
   B. 调解行为以及法律规定的仲裁行为
   C. 行政指导行为

D. 驳回当事人对行政行为提起申诉的重复处理行为

71. 根据《行政诉讼法》及其相关规定，下列哪些可以作为行政诉讼证据？
   A. 电子数据　　B. 证人证言　　C. 鉴定意见　　D. 现场笔录

72. 孙某创作了一幅山水油画，以5万元的价格卖给赵某并交付了画作。根据《著作权法》及相关规定，下列哪些说法是正确的？
   A. 赵某取得该幅油画的所有权
   B. 赵某无权将该幅油画放在美术馆展出
   C. 赵某有权修改该幅油画
   D. 赵某无权在该幅油画上署名

73. 某县环保局以孙某破坏环境为由对其作出行政处罚决定，孙某不服，向县人民政府申请行政复议。根据《行政复议法》及相关规定，关于行政复议期间该行政处罚决定的执行，下列哪些说法是正确的？
   A. 该行政处罚决定应当停止执行
   B. 该县环保局认为需要具体行政停止执行的，可以停止执行该行政处罚决定
   C. 该县人民政府认为需要停止执行的，可以停止执行该行政处罚决定
   D. 孙某申请停止执行，该县人民政府认为其要求合理决定停止执行的，可以停止执行该行政处罚决定

74. 根据《著作权法》及相关规定，下列哪些属于我国《著作权法》保护的客体？
   A. 口述作品　　B. 杂技艺术作品　　C. 建筑作品　　D. 通用表格

75. 根据《著作权法》及相关规定，下列哪些行为侵犯了著作权或与著作权有关的权利？
   A. 没有参加创作，为谋取个人名利，在他人作品上署名的
   B. 歪曲、篡改他人作品的
   C. 未经合作作者许可，将与他人合作创作的作品当作自己单独创作的作品发表的
   D. 使用他人作品，应当支付报酬而未支付的

76. 根据《著作权法》及相关规定，作者的下列哪些权利的保护期不受限制？
   A. 署名权
   B. 修改权
   C. 保护作品完整权
   D. 发表权

77. 根据《民法典·总则编》及相关规定，关于宣告失踪的下列哪些说法是正确的？
   A. 自然人下落不明满三年的，利害关系人可以向人民法院申请宣告该自然人为失踪人
   B. 宣告失踪不是宣告死亡的必经程序
   C. 失踪人的财产由其配偶、成年子女、父母或者其他愿意担任财产代管人的人代管
   D. 失踪人所欠税款、债务和应付的其他费用，由财产代管人从失踪人的财产中支付

78. 根据《著作权法》及相关规定，下列哪些属于表演者对其表演享有的权利？
   A. 许可他人从现场直播和公开传送其现场表演，并获得报酬
   B. 许可他人录音录像，并获得报酬
   C. 许可他人复制、发行、出租录有其表演的录音录像制品，并获得报酬
   D. 许可他人公开表演作品，以及用各种手段公开播送作品的表演，并获得报酬

79. 甲公司将其注册商标以普通许可的方式许可给乙公司使用，并向商标局办理了备案手续。根据《商标法》及相关规定，下列哪些说法是正确的？
   A. 甲公司应当监督乙公司使用该商标的商品质量
   B. 乙公司应当在使用该商标的商品上标明自己的名称和产地
   C. 在该注册商标专用权被侵害时，乙公司可以单独向人民法院提起诉讼
   D. 在该注册商标专用权被侵害时，乙公司只有在甲公司不起诉的情况下才可以自行向人民法院提起诉讼

80. 根据《著作权法》及相关规定，下列哪些属于侵犯著作权承担的民事责任？
   A. 停止侵害　　B. 消除影响　　C. 赔礼道歉　　D. 赔偿损失

81. 甲公司与乙公司签订了买卖合同。根据《民事诉讼法》及相关规定，在不违反级别管辖和专属管辖规定的情况下，就发生合同纠纷时的管辖，下列哪些约定符合规定？
   A. 双方书面约定由合同履行地人民法院管辖
   B. 双方口头约定由合同履行地人民法院管辖
   C. 双方书面约定由标的物所在地人民法院管辖
   D. 双方口头约定由标的物所在地人民法院管辖

82. 根据《商标法》及相关规定，哪些属于不得作为商标注册的三维标志？
   A. 使商品具有实质性价值的形状　　B. 仅由商品自身的性质产生的形状
   C. 为获得技术效果而需有的商品形状　　D. 仅有本商品的通用名称

83. 某县税务局对陈某作出了一项行政处罚决定。陈某不服，遂向该县人民政府申请行政复议，但该县人民政府未在法定期限内作出复议决定。陈某欲向人民法院提起行政诉讼。根据《行政诉讼法》及相关规定，下列哪些说法是正确的？
   A. 陈某因对该行政处罚决定不服提起诉讼的，应当以该县税务局为被告
   B. 陈某因对该行政处罚决定不服提起诉讼的，应当以该县人民政府为被告
   C. 陈某因对该县人民政府不作为不服提起诉讼的，应当以该县人民政府为被告
   D. 陈某因对该县人民政府不作为不服提起诉讼的，应当以该县人民政府和县税务局作为共同被告

84. 根据《商标法》及相关规定，下列哪些说法是正确的？
   A. 商标注册申请人可以通过一份申请就多个类别的商品申请注册同一商标
   B. 商标注册申请人不得通过一份申请就多个类别的商品申请注册同一商标
   C. 商标注册申请等文件可以以数据电文方式提出
   D. 商标注册申请等文件可以以书面方式提出

85. 根据《商标法》及相关规定，注册商标作下列哪些变更应当办理变更手续，但不需要重新提交商标注册申请？
   A. 删减指定的商品
   B. 变更注册人的名义
   C. 变更注册人的地址
   D. 改变注册商标标志

86. 根据《植物新品种保护条例》及相关规定，下列哪些说法是正确的？
   A. 申请品种权的植物新品种不仅包括经过人工培育的植物品种，还包括对于发现的野生植物加以开发的植物品种
   B. 植物品种保护名录由审批机关确定和公布
   C. 仅以数字组成的名称不得用于品种命名
   D. 授予品种权的植物新品种应当同时具备新颖性、特异性、一致性和创造性

87. 根据《商标法》及相关规定，注册商标有下列哪些情形的，任何单位或者个人可以向商标局申请撤销该商标？
   A. 商标注册人在使用注册商标过程中自行改变注册人名义
   B. 商标注册人在使用注册商标过程中自行改变地址
   C. 注册商标成为其核定使用的商品的通用名称
   D. 没有正当理由连续三年不使用

88. 根据《民法典·总则编》及相关规定，下列哪些属于法人所享有的人格权？
   A. 名称权   B. 名誉权   C. 荣誉权   D. 隐私权

89. 根据《商标法》及相关规定，下列关于注册商标转让的哪些说法是正确的？
   A. 转让人和受让人应当签订转让协议
   B. 转让人或受让人向商标局提出申请
   C. 受让人应当保证使用该注册商标的商品质量
   D. 对容易导致混淆或者有其他不良影响的转让，商标局不予核准

90. 根据《商标法》及相关规定，下列哪些行为属于侵犯注册商标专用权的行为？
   A. 销售侵犯注册商标专用权的商品的
   B. 伪造、擅自制造他人注册商标标识

C. 销售伪造、擅自制造的注册商标标识的
D. 未经商标注册人同意,更换其注册商标并将该更换商标的商品又投入市场的

91. 根据《民法典·总则编》及相关规定,下列哪些说法是正确的?
  A. 无效的民事法律行为自始没有法律约束力
  B. 被撤销的民事法律行为自始没有法律约束力
  C. 无效的民事法律行为自人民法院宣告之日起无效
  D. 被撤销的民事法律行为自人民法院撤销之日起无效

92. 根据《集成电路布图设计保护条例》及相关规定,下列哪些说法是正确的?
  A. 受保护的集成电路布图设计应当是创作者自己的智力劳动成果,并且在其创作时该布图设计在布图设计创作者和集成电路制造者中不是公认的常规设计
  B. 受保护的由常规设计组成的布图设计,其组合作为整体应当符合规定的条件
  C. 对集成电路布图设计的保护延及思想、处理过程、操作方法或者数学概念等
  D. 集成电路布图设计专有权自创作完成之日起产生

93. 根据《植物新品种保护条例》及相关规定,下列关于品种权保护期限的说法哪些是正确的?
  A. 品种权的保护期限自授权之日起算
  B. 品种权的保护期限自申请之日起算
  C. 观赏树木品种权的保护期限为 20 年
  D. 藤本植物品种权的保护期限为 15 年

94. 根据《植物新品种保护条例》及相关规定,下列哪些行为可以不经品种权人许可,不向其支付使用费?
  A. 利用授权品种进行育种及其他科研活动
  B. 农民自繁自用授权品种的繁殖材料
  C. 为商业目的销售该授权品种的繁殖材料
  D. 为商业目的生产该授权品种的繁殖材料

95. 根据《计算机软件保护条例》及相关规定,软件著作权人可以向国务院著作权行政管理部门认定的软件登记机构办理登记。关于软件登记,下列哪些说法是正确的?
  A. 软件登记机构发放的登记证明文件是登记事项的初步证明
  B. 软件著作权自软件开发完成之日起产生
  C. 自然人的软件著作权,保护期为自然人终生及其死亡后 50 年,截止于自然人死亡后第 50 年的 12 月 31 日
  D. 办理软件登记无须缴纳费用

96. 根据《保护工业产权巴黎公约》及相关规定,下列哪些属于工业产权的保护对象?
  A. 专利
  B. 实用新型

C. 工业品外观设计　　　　　　　　D. 著作权

97. 根据《植物新品种保护条例》及相关规定，在没有合同约定的情况下，下列哪些说法是正确的？

A. 利用本单位的物质条件所完成的职务育种，植物新品种的申请权属于该单位

B. 非职务育种，植物新品种的申请权属于完成育种的个人

C. 委托育种或者合作育种，品种权的归属由当事人在合同中约定

D. 委托育种或者合作育种，没有约定品种权的归属的，品种权属于受委托完成或者共同完成育种的单位或者个人

98. 根据《保护工业产权巴黎公约》及相关规定，下列哪些说法是正确的？

A. 与正规的国家申请相当的任何申请，应被承认为产生优先权

B. 任何人希望利用以前提出的一项申请的优先权的，需要作出声明，说明提出该申请的日期和受理该申请的国家

C. 依靠以专利申请为基础的优先权而在一个国家提出实用新型的申请是许可的

D. 依靠以实用新型申请为基础的优先权而在一个国家提出工业品外观设计申请的，优先权的期间应与对工业品外观设计规定的优先权期间一样

99. 根据《民法典·合同编》及相关规定，有下列哪些情形的，当事人可以解除合同？

A. 因不可抗力致使不能实现合同目的

B. 在履行期限届满前，当事人一方明确表示不履行主要债务

C. 当事人一方迟延履行主要债务，经催告后在合理期限内仍未履行

D. 当事人协商一致，可以解除合同

100. 根据《与贸易有关的知识产权协定》及相关规定，下列哪些属于针对侵权行为规定的民事救济措施？

A. 责令返还利润

B. 责令停止侵权

C. 责令支付法律预先规定的损害赔偿金

D. 责令侵权人向权利持有人支付适当的律师费用

参考答案

1. B	2. A	3. D	4. B	5. B
6. C	7. A	8. C	9. B	10. D
11. C	12. A	13. A	14. D	15. B
16. D	17. B	18. B	19. C	20. B
21. B	22. A	23. C	24. C	25. A
26. D	27. D	28. D	29. A	30. D
31. BC	32. ABCD	33. ABCD	34. AC	35. ABCD
36. CD	37. BC	38. ABCD	39. ABCD	40. ABC
41. ABD	42. AB	43. AD	44. ABCD	45. ABCD
46. ABCD	47. AD	48. BC	49. BCD	50. ABC
51. ABCD	52. ABC	53. ACD	54. BCD	55. ABC
56. ABCD	57. ACD	58. ABCD	59. ABC	60. ACD
61. ABCD	62. BCD	63. ABD	64. BC	65. AC
66. BD	67. BC	68. ABCD	69. BCD	70. ABCD
71. ABCD	72. AD	73. BCD	74. ABC	75. ABCD
76. ABC	77. BCD	78. ABC	79. AB	80. ABCD
81. AC	82. ABCD	83. AC	84. ACD	85. BC
86. ABC	87. CD	88. ABC	89. ACD	90. ABCD
91. AB	92. AB	93. AC	94. AB	95. ABC
96. ABC	97. BCD	98. ABCD	99. ABCD	100. ABCD

参考答案及解析

1.【考点】法定代表人职务侵权行为的责任承担

【解析】根据《民法典·总则编》第六十二条的规定，法定代表人因执行职务造成他人损害的，由法人承担民事责任。法人承担民事责任后，依照法律或者法人章程的规定，可以向有过错的法定代表人追偿。因此，选项A、C、D错误，选项B正确。

【答案】B

2.【考点】著作权的客体

【解析】根据《著作权法》第五条的规定，该法不适用于：

（一）法律、法规，国家机关的决议、决定、命令和其他具有立法、行政、司法性质的文件，及其官方正式译文；

（二）单纯事实消息；

（三）历法、通用数表、通用表格和公式。

因此，选项A不属于我国《著作权法》保护的客体，符合题意，选项B、C、D不符合题意。

【答案】A

3.【考点】近亲属

【解析】根据《民法典·婚姻家庭编》第一千零四十五条第二款的规定，配偶、父母、子女、兄弟姐妹、祖父母、外祖父母、孙子女、外孙子女为近亲属。因此，选项A、B、C属于近亲属，不符合题意，选项D符合题意。

【答案】D

4.【考点】可作为商标使用的标志

【解析】根据《商标法》第十条的规定，下列标志不得作为商标使用：

（一）同中华人民共和国的国家名称、国旗、国徽、国歌、军旗、军徽、军歌、勋章等相同或者近似的，以及同中央国家机关的名称、标志、所在地特定地点的名称或者标志性建筑物的名称、图形相同的；

（二）同外国的国家名称、国旗、国徽、军旗等相同或者近似的，但经该国政府同意的除外；

（三）同政府间国际组织的名称、旗帜、徽记等相同或者近似的，但经该组织同意或者不易误导公众的除外；

（四）与表明实施控制、予以保证的官方标志、检验印记相同或者近似的，但经授权的除外；

（五）同"红十字"、"红新月"的名称、标志相同或者近似的；

（六）带有民族歧视性的；

（七）带有欺骗性，容易使公众对商品的质量等特点或者产地产生误认的；

（八）有害于社会主义道德风尚或者有其他不良影响的。

县级以上行政区划的地名或者公众知晓的外国地名，不得作为商标。但是，地名具有其他含义或者作为集体商标、证明商标组成部分的除外；已经注册的使用地名的商标继续有效。

因此，选项A、C、D错误。选项B正确。

【答案】B

5.【考点】合同的调整范围

【解析】根据《民法典·合同编》第四百六十四条的规定，合同是民事主体之间设立、变更、终止民事法律关系的协议。婚姻、收养、监护等有关身份关系的协议，适用有关该身份关系的法律规定；没有规定的，可以根据其性质参照适用该编规定。因此，选项A、C、D错误，选项B正确。

【答案】B

6.【考点】著作权人享有的人身权利

【解析】根据《著作权法》第十条的规定，著作权包括下列人身权和财产权：

（一）发表权，即决定作品是否公之于众的权利；

（二）署名权，即表明作者身份，在作品上署名的权利；

（三）修改权，即修改或者授权他人修改作品的权利；

（四）保护作品完整权，即保护作品不受歪曲、篡改的权利；

……

（七）出租权，即有偿许可他人临时使用视听作品、计算机软件的原件或者复制件的权利，计算机软件不是出租的主要标的的除外；

（八）展览权，即公开陈列美术作品、摄影作品的原件或者复制件的权利；

（九）表演权，即公开表演作品，以及用各种手段公开播送作品的表演的权利；

……。

著作权人可以许可他人行使前款第（五）项至第（十七）项规定的权利，并依照约定或者该法有关规定获得报酬。

著作权人可以全部或者部分转让该条第一款第（五）项至第（十七）项规定的权利，并依照约定或者该法有关规定获得报酬。

由此可知，该规定中第（一）项至第（四）项为著作权中的人身权。因此，选项A、B、D错误，选项C正确。

【答案】C

7.【考点】诉讼参加人

【解析】根据《行政诉讼法》第二十六条的规定，公民、法人或者其他组织直接向人民法院提起诉讼的，作出行政行为的行政机关是被告。经复议的案件，复议机关决定维持原行政行为的，作出原行政行为的行政机关和复议机关是共同被告；复议机关改变原行政行为的，复议机关是被告。复议机关在法定期限内未作出复议决定，公民、法人或者其他组织起诉原行政行为的，作出原行政行为的行政机关是被告；起诉复议机关不作为的，复议机关是被告。两个以上行政机关作出同一行政行为的，共同作出行政行为的行政机关是共同被告。行政机关委托的组织所作的行政行为，委托的行政机关是被告。行政机关被撤销或者职权变更的，继续行使其职权的行政机关是被告。本题中，县人民政府改变了具体行政行为，因此，选项A正确，选项B、C、D错误。

【答案】A

8.【考点】调解书

【解析】根据《民事诉讼法》第一百条规定，调解达成协议，人民法院应当制作调解书。调解书应当写明诉讼请求、案件的事实和调解结果。调解书由审判人员、书记员署名，加盖人民法院印章，送达双方当事人。调解书经双方当事人签收后，即具有法律效力。因此，选项C的说法是不正确的，符合题意，选项A、B、D的说法是正确的，不符合题意。

【答案】C

9.【考点】民事法律行为的效力

【解析】根据《民法典·合同编》第五百零八条的规定，该编对合同的效力没有规定的，适用该法第一编第六章的有关规定。根据《民法典·总则编》第一百四十八条的规定，一方以欺诈手段，使对方在违背真实意思的情况下实施的民事法律行为，受欺诈方有权请求人民法院或者仲裁机构予以撤销。因此，选项A、C、D错误，选项B正确。

【答案】B

10.【考点】可以提起上诉的裁定

【解析】根据《民事诉讼法》第一百五十七条的规定，裁定适用于下列范围：（一）不予受理；（二）对管辖权有异议的；（三）驳回起诉；（四）保全和先予执行；（五）准许或者不准许撤诉；（六）中止或者终结诉讼；（七）补正判决书中的笔误；（八）中止或者终结执行；

(九)撤销或者不予执行仲裁裁决;(十)不予执行公证机关赋予强制执行效力的债权文书;(十一)其他需要裁定解决的事项。对前款第(一)项至第(三)项裁定,可以上诉。裁定书应当写明裁定结果和作出该裁定的理由。裁定书由审判人员、书记员署名,加盖人民法院印章。口头裁定的,记入笔录。因此,选项A、B、C错误,选项D正确。

【答案】D

11.【考点】合作作品著作权的行使

【解析】根据《著作权法》第十四条第二款的规定,合作作品的著作权由合作作者通过协商一致行使;不能协商一致,又无正当理由的,任何一方不得阻止他方行使除转让、许可他人专有使用、出质以外的其他权利,但是所得收益应当合理分配给所有合作作者。因此,选项C正确,选项A、B、D错误。

【答案】C

12.【考点】行政复议申请的提出

【解析】根据《行政复议法》第九条的规定,公民、法人或者其他组织认为具体行政行为侵犯其合法权益的,可以自知道该具体行政行为之日起六十日内提出行政复议申请;但是法律规定的申请期限超过六十日的除外。因不可抗力或者其他正当理由耽误法定申请期限的,申请期限自障碍消除之日起继续计算。根据《行政复议法》第十一条的规定,申请人申请行政复议,可以书面申请,也可以口头申请;口头申请的,行政复议机关应当当场记录申请人的基本情况、行政复议请求、申请行政复议的主要事实、理由和时间。因此,选项A正确,选项B、C、D错误。

【答案】A

13.【考点】布图设计专有权的保护

【解析】根据《集成电路布图设计保护条例》第三十一条的规定,未经布图设计权利人许可,使用其布图设计,即侵犯其布图设计专有权,引起纠纷的,由当事人协商解决;不愿协商或者协商不成的,布图设计权利人或者利害关系人可以向人民法院起诉,也可以请求国务院知识产权行政部门处理。国务院知识产权行政部门处理时,认定侵权行为成立的,可以责令侵权人立即停止侵权行为,没收、销毁侵权产品或者物品。当事人不服的,可以自收到处理通知之日起15日内依照《中华人民共和国行政诉讼法》向人民法院起诉;侵权人期满不起诉又不停止侵权行为的,国务院知识产权行政部门可以请求人民法院强制执行。应当事人的请求,国务院知识产权行政部门可以就侵犯布图设计专有权的赔偿数额进行调解;调解不成的,当事人可以依照《中华人民共和国民事诉讼法》向人民法院起诉。

因此,选项A的说法不正确,符合题意,选项B、C、D的说法正确,不符合题意。

【答案】A

14.【考点】被告

【解析】根据《行政诉讼法》第二十六条第六款的规定，行政机关被撤销或者职权变更的，继续行使其职权的行政机关是被告。因此，选项A、B、C错误，选项D正确。

【答案】D

15.【考点】起诉期限

【解析】根据《行政诉讼法》第四十六条的规定，公民、法人或者其他组织直接向人民法院提起诉讼的，应当自知道或者应当知道作出行政行为之日起六个月内提出。法律另有规定的除外。因不动产提起诉讼的案件自行政行为作出之日起超过二十年，其他案件自行政行为作出之日起超过五年提起诉讼的，人民法院不予受理。因此，选项A、C、D错误，选项B正确。

【答案】B

16.【考点】行政复议和诉讼的关系

【解析】根据《行政复议法》第十六条第二款的规定，公民、法人或者其他组织向人民法院提起行政诉讼，人民法院已经依法受理的，不得申请行政复议。根据《行政复议法实施条例》第四十八条第一款第（二）项的规定，受理行政复议申请后，发现该行政复议申请不符合行政复议法和该条例规定的受理条件的，行政复议机关应当决定驳回行政复议申请。本题中，该行政复议机关应驳回该行政复议申请。因此，选项A、B、C错误，选项D正确。

【答案】D

17.【考点】行政诉讼第三人

【解析】根据《行政诉讼法》第二十六条第四款的规定，两个以上行政机关作出同一行政行为的，共同作出行政行为的行政机关是共同被告。根据《最高人民法院关于适用〈中华人民共和国行政诉讼法〉的解释》第二十六条的规定，原告所起诉的被告不适格，人民法院应当告知原告变更被告；原告不同意变更的，裁定驳回起诉。应当追加被告而原告不同意追加的，人民法院应当通知其以第三人的身份参加诉讼，但行政复议机关作共同被告的除外。因此，选项B正确，选项A、C、D错误。

【答案】B

18.【考点】注册商标的使用

【解析】根据《商标法》第四十九条第二款的规定，注册商标成为其核定使用的商品的通用名称或者没有正当理由连续三年不使用的，任何单位或者个人可以向商标局申请撤销该注册商标。商标局应当自收到申请之日起九个月内做出决定。有特殊情况需要延长的，经国务院工商行政管理部门批准，可以延长三个月。因此，选项B正确，选项A、C、D错误。

【答案】B

19.【考点】债务抵销

【解析】根据《民法典·合同编》第五百六十九条的规定，当事人互负债务，标的物种类、品质不相同的，经协商一致，也可以抵销。因此，选项A、B、D错误，选项C正确。

【答案】C

20.【考点】出租权

【解析】根据《著作权法》第十条第一款的规定，著作权包括下列人身权和财产权：……（七）出租权，即有偿许可他人临时使用视听作品、计算机软件的原件或者复制件的权利，计算机软件不是出租的主要标的的除外；……。因此，选项A、C、D错误，选项B正确。

【答案】B

21.【考点】行政诉讼管辖

【解析】根据《行政诉讼法》第二十一条的规定，两个以上人民法院都有管辖权的案件，原告可以选择其中一个人民法院提起诉讼。原告向两个以上有管辖权的人民法院提起诉讼的，由最先立案的人民法院管辖。选项B正确，选项A、C、D错误。

【答案】B

22.【考点】著作权的限制与例外

【解析】根据《著作权法》第二十四条的规定，在下列情况下使用作品，可以不经著作权人许可，不向其支付报酬，但应当指明作者姓名或者名称、作品名称，并且不得影响该作品的正常使用，也不得不合理地损害著作权人的合法权益：

（一）为个人学习、研究或者欣赏，使用他人已经发表的作品；

（二）为介绍、评论某一作品或者说明某一问题，在作品中适当引用他人已经发表的作品；

（三）为报道新闻，在报纸、期刊、广播电台、电视台等媒体中不可避免地再现或者引用已经发表的作品；

（四）报纸、期刊、广播电台、电视台等媒体刊登或者播放其他报纸、期刊、广播电台、电视台等媒体已经发表的关于政治、经济、宗教问题的时事性文章，但著作权人声明不许刊登、播放的除外；

（五）报纸、期刊、广播电台、电视台等媒体刊登或者播放在公众集会上发表的讲话，但作者声明不许刊登、播放的除外；

（六）为学校课堂教学或者科学研究，翻译、改编、汇编、播放或者少量复制已经发表的作品，供教学或者科研人员使用，但不得出版发行；

（七）国家机关为执行公务在合理范围内使用已经发表的作品；

（八）图书馆、档案馆、纪念馆、博物馆、美术馆、文化馆等为陈列或者保存版本的需要，复制本馆收藏的作品；

（九）免费表演已经发表的作品，该表演未向公众收取费用，也未向表演者支付报酬，且不以营利为目的；

（十）对设置或者陈列在公共场所的艺术作品进行临摹、绘画、摄影、录像；

（十一）将中国公民、法人或者非法人组织已经发表的以国家通用语言文字创作的作品翻译成少数民族语言文字作品在国内出版发行；

（十二）以阅读障碍者能够感知的无障碍方式向其提供已经发表的作品；

（十三）法律、行政法规规定的其他情形。

前款规定适用于对与著作权有关的权利的限制。

因此，选项A正确，选项B、C、D错误。

【答案】A

23.【考点】广播权

【解析】根据《著作权法》第十条第一款的规定，著作权包括下列人身权和财产权：（一）发表权，即决定作品是否公之于众的权利；……（八）展览权，即公开陈列美术作品、摄影作品的原件或者复制件的权利；……（十）放映权，即通过放映机、幻灯机等技术设备公开再现美术、摄影、视听作品等的权利；（十一）广播权，即以有线或者无线方式公开传播或者转播作品，以及通过扩音器或者其他传送符号、声音、图像的类似工具向公众传播广播的作品的权利，但不包括该款第十二项规定的权利；（十二）信息网络传播权，即以有线或者无线方式向公众提供、使公众可以在选定的时间和地点获得作品的权利；……。因此，选项C正确，选项A、B、D错误。

【答案】C

24.【考点】民事权利能力 民事行为能力

【解析】根据《民法典·总则编》第一百四十五条第一款规定，限制民事行为能力人实施的纯获利益的民事法律行为或者与其年龄、智力、精神健康状况相适应的民事法律行为有效；实施的其他民事法律行为经法定代理人同意或者追认后有效。因此，选项A、B、D错误，选项C正确。

【答案】C

25.【考点】商标异议

【解析】根据《商标法》第三十三条的规定，对初步审定公告的商标，自公告之日起三个月内，在先权利人、利害关系人认为违反该法第十三条第二款和第三款、第十五条、第十六条第一款、第三十条、第三十一条、第三十二条规定的，或者任何人认为违反该法第四条、第十条、第十一条、第十二条、第十九条第四款规定的，可以向商标局提出异议。公告期满无异议的，予以核准注册，发给商标注册证，并予公告。根据《商标法》第十一条的规定，下列标志不得作为商标注册：（一）仅有本商品的通用名称、图形、型号的；（二）仅直接表示商品的质量、主要原料、功能、用途、重量、数量及其他特点的；（三）其他缺乏显著特征的。前款所列标志经过使用取得显著特征，并便于识别的，可以作为商标注册。由此可知，对初步审定公告的商标，任何人认为违反《商标法》第十一条规定的，可以向商标局提出异议。因此，选项A正确，选项B、C错误。

根据《商标法》第四十四条第一款的规定，已经注册的商标，违反该法第四条、第十条、第十一条、第十二条、第十九条第四款规定的，或者是以欺骗手段或者其他不正当手段取得注册的，由商标局宣告该注册商标无效；其他单位或者个人可以请求商标评审委员会宣告该注册商标无效。因此，选项D错误。

【答案】A

26.【考点】工商行政管理部门职权

【解析】根据《商标法》第六十二条第一款的规定，县级以上工商行政管理部门根据已经取得的违法嫌疑证据或者举报，对涉嫌侵犯他人注册商标专用权的行为进行查处时，可以行使下列职权：（一）询问有关当事人，调查与侵犯他人注册商标专用权有关的情况；（二）查阅、复制当事人与侵权活动有关的合同、发票、账簿以及其他有关资料；（三）对当事人涉嫌从事侵犯他人注册商标专用权活动的场所实施现场检查；（四）检查与侵权活动有关的物品；对有证据证明是侵犯他人注册商标专用权的物品，可以查封或者扣押。因此，选项A、B、C错误，选项D正确。

【答案】D

27.【考点】商标

【解析】根据《与贸易有关的知识产权协定》第十七条的规定，各成员对商标所授予的权利可以规定有限的例外，诸如说明性词语的合理使用，但是以这些例外考虑了商标所有人和第三方的合法利益为限。因此，选项A的说法正确，不符合题意。

根据《与贸易有关的知识产权协定》第十六条的规定：（1）注册商标的所有人应享有专有权，以制止所有第三方未得所有人同意而在贸易中将与注册商标相同或近似的标记使用于与该商标所注册的商品或服务相同或类似的商品或服务，而这种使用大概有造成混淆的可能。在使用相同的标记于相同的商品或服务的情形，应当推定有混淆的可能。上述权利不应损害任何现有的在先权利，也不应影响各成员在使用的基础上授予权利的可能性。

（2）《保护工业产权巴黎公约》（1967年）第六条之二应当比照适用于服务。在确定一项商标是否驰名时，各成员应考虑有关部门公众对该商标的知晓程度，包括该商标因宣传结果而在有关成员为公众所知晓的程度。因此，选项B、C的说法正确，不符合题意。

根据《与贸易有关的知识产权协定》第二十一条的规定，各成员可以确定商标授予许可和转让的条件。这应理解为，商标的强制许可是不允许的，并且注册商标所有人有权将商标连同或不连同商标所属的企业一起转让。因此，选项D的说法不正确，符合题意。

【答案】D

28.【考点】宣告注册商标无效

【解析】根据《商标法》第四十五条第一款的规定，已经注册的商标，违反该法第十三条第二款和第三款、第十五条、第十六条第一款、第三十条、第三十一条、第三十二条规定的，自商标注册之日起五年内，在先权利人或者利害关系人可以请求商标评审委员会宣告该注册商标无效。对恶意注册的，驰名商标所有人不受五年的时间限制。根据《商标法》第十五条第一款的规定，未经授权，代理人或者代表人以自己的名义将被代理人或者被代表人的商标进行注册，被代理人或者被代表人提出异议的，不予注册并禁止使用。因此，选项A、B、C错误，选项D正确。

【答案】D

29.【考点】注册商标的期限

【解析】根据《商标法》第三十九条的规定，注册商标的有效期为十年，自核准注册之日起计算。因此，选项A正确。选项B、C、D错误。

【答案】A

30.【考点】国民待遇原则

【解析】根据《与贸易有关的知识产权协定》第四条"最惠国待遇"的规定，关于知识产权的保护，任何成员对任何其他国家的国民给予的任何利益、优惠、特权或者豁免，应立即无条件地给予所有其他成员的国民。因此，选项A、B、C错误，选项D正确。

【答案】D

31.【考点】民法调整范围

【解析】根据《民法典·总则编》第二条的规定，民法调整平等主体的自然人、法人和非法人组织之间的人身关系和财产关系。本题选项A和D均属于行政机关与行政相对人之间的行政法律关系，不属于民法调整范围。选项B和C属于平等民事主体之间的财产关系，属于民法调整范围。因此，选项A、D错误，选项B、C正确。

【答案】B、C

32.【考点】法人成立的条件

【解析】根据《民法典·总则编》第五十八条的规定，法人应当依法成立。法人应当有自己的名称、组织机构、住所、财产或者经费。法人成立的具体条件和程序，依照法律、行政法规的规定。设立法人，法律、行政法规规定须经有关机关批准的，依照其规定。根据《民法典·总则编》第六十条的规定，法人以其全部财产独立承担民事责任。因此，选项A、B、C、D正确。

【答案】A、B、C、D

33.【考点】《民事诉讼法》的基本原则

【解析】根据《民事诉讼法》第八条的规定，民事诉讼当事人有平等的诉讼权利。人民法院审理民事案件，应当保障和便利当事人行使诉讼权利，对当事人在适用法律上一律平等。根据《民事诉讼法》第十三条的规定，民事诉讼应当遵循诚信原则。当事人有权在法律规定的范围内处分自己的民事权利和诉讼权利。

根据《民事诉讼法》第十一条的规定，各民族公民都有用本民族语言、文字进行民事诉讼的权利。在少数民族聚居或者多民族共同居住的地区，人民法院应当用当地民族通用的语言、文字进行审理和发布法律文书。人民法院应当对不通晓当地民族通用的语言、文字的诉讼参与人提供翻译。根据《民事诉讼法》第十四条的规定，人民检察院有权对民事诉讼实行法律监督。

因此，选项A、B、C、D正确。

【答案】A、B、C、D

34.【考点】民事法律行为无效

【解析】根据《民法典·总则编》第一百五十三条的规定，违反法律、行政法规的强制性规定的民事法律行为无效，但是该强制性规定不导致该民事法律行为无效的除外。违背公序良俗的民事法律行为无效。根据《民法典·总则编》第一百五十四条的规定，行为人与相对人恶意串通，损害他人合法权益的民事法律行为无效。因此，选项A、C符合题意。

根据《民法典·总则编》第二十二条的规定，不能完全辨认自己行为的成年人为限制民事行为能力人，实施民事法律行为由其法定代理人代理或者经其法定代理人同意、追认；但是，可以独立实施纯获利益的民事法律行为或者与其智力、精神健康状况相适应的民事法律行为。根据《民法典·总则编》第十九条的规定，八周岁以上的未成年人为限制民事行为能力人，实施民事法律行为由其法定代理人代理或者经其法定代理人同意、追认；但是，可以独立实施纯获利益的民事法律行为或者与其年龄、智力相适应的民事法律行为。根据《民法典·总则编》第一百四十五条第一款的规定，限制民事行为能力人实施的纯获利益的民事法律行为或者与其年龄、智力、精神健康状况相适应的民事法律行为有效；实施的其他民事法律行为经法定代理人同意或者追认后有效。因此，选项B、D不符合题意。

【答案】A、C

35.【考点】作品

【解析】根据《著作权法》第三条的规定，该法所称的作品，是指文学、艺术和科学领域内具有独创性并能以一定形式表现的智力成果，……。因此，选项A正确。

根据《著作权法实施条例》第四条第（一）项的规定，文字作品，是指小说、诗词、散文、论文等以文字形式表现的作品。因此，选项B正确。

根据《著作权法实施条例》第四条第（十二）项的规定，图形作品，是指为施工、生产绘制的工程设计图、产品设计图,以及反映地理现象、说明事物原理或者结构的地图、示意图等作品。因此,选项C正确。

根据《著作权法实施条例》第四条第(十三)项的规定,模型作品,是指为展示、试验或者观测等用途,根据物体的形状和结构,按照一定比例制成的立体作品。因此,选项D正确。

【答案】A、B、C、D

36.【考点】转委托

【解析】根据《民法典·总则编》第一百六十一条第二款规定,依照法律规定、当事人约定或者民事法律行为的性质,应当由本人亲自实施的民事法律行为,不得代理。根据《民法典·总则编》第一百六十九条的规定,代理人需要转委托第三人代理的,应当取得被代理人的同意或者追认。转委托代理经被代理人同意或者追认的,被代理人可以就代理事务直接指示转委托的第三人,代理人仅就第三人的选任以及对第三人的指示承担责任。转委托代理未经被代理人同意或者追认的,代理人应当对转委托的第三人的行为承担责任,但是在紧急情况下代理人为了维护被代理人的利益需要转委托第三人代理的除外。因此,选项A、B错误,选项C、D正确。

【答案】C、D

37.【考点】申请注册商标的条件

【解析】根据《商标法》第九条的规定,申请注册的商标,应当有显著特征,便于识别,并不得与他人在先取得的合法权利相冲突。商标注册人有权标明"注册商标"或者注册标记。因此,选项A、D错误,选项B、C正确。

【答案】B、C

38.【考点】民事责任

【解析】根据《民法典·总则编》第一百七十九条第一款的规定,承担民事责任的方式主要有:(一)停止侵害;(二)排除妨碍;(三)消除危险;(四)返还财产;(五)恢复原状;(六)修理、重作、更换;(七)继续履行;(八)赔偿损失;(九)支付违约金;(十)消除影响、恢复名誉;(十一)赔礼道歉。因此,选项A、B、C、D正确。

【答案】A、B、C、D

39.【考点】民事权利能力、民事行为能力

【解析】根据《民法典·总则编》第十三条的规定,自然人从出生时起到死亡时止,具有民事权利能力,依法享有民事权利,承担民事义务。因此,选项A正确。

根据《民法典·总则编》第十四条的规定,自然人的民事权利能力一律平等。因此,选项B正确。

根据《民法典·总则编》第十九条的规定,八周岁以上的未成年人为限制民事行为能力

人，实施民事法律行为由其法定代理人代理或者经其法定代理人同意、追认；但是，可以独立实施纯获利益的民事法律行为或者与其年龄、智力相适应的民事法律行为。因此，选项C正确。

根据《民法典·总则编》第二十条的规定，不满八周岁的未成年人为无民事行为能力人，由其法定代理人代理实施民事法律行为。因此，选项D正确。

【答案】A、B、C、D

40.【考点】要约撤回

【解析】根据《民法典·合同编》第四百七十五条的规定，要约可以撤回。要约的撤回适用该法第一百四十一条的规定。根据《民法典·总则编》第一百四十一条的规定，行为人可以撤回意思表示。撤回意思表示的通知应当在意思表示到达相对人前或者与意思表示同时到达相对人。因此，选项A、B正确。

根据《民法典·合同编》第四百七十六条的规定，要约可以撤销，但是有下列情形之一的除外：（一）要约人以确定承诺期限或者其他形式明示要约不可撤销；（二）受要约人有理由认为要约是不可撤销的，并已经为履行合同做了合理准备工作。根据《民法典·合同编》第四百七十七条的规定，撤销要约的意思表示以对话方式作出的，该意思表示的内容应当在受要约人作出承诺之前为受要约人所知道；撤销要约的意思表示以非对话方式作出的，应当在受要约人作出承诺之前到达受要约人。因此，选项C正确，选项D错误。

【答案】A、B、C

41.【考点】行政复议的第三人

【解析】根据《行政复议法实施条例》第九条第一款的规定，行政复议期间，行政复议机构认为申请人以外的公民、法人或者其他组织与被审查的具体行政行为有利害关系的，可以通知其作为第三人参加行政复议。因此，选项A正确。

根据《行政复议法实施条例》第九条第三款的规定，第三人不参加行政复议，不影响行政复议案件的审理。因此，选项B正确，选项C错误。

根据《行政复议法》第十条第三款的规定，同申请行政复议的具体行政行为有利害关系的其他公民、法人或者其他组织，可以作为第三人参加行政复议。因此，选项D正确。

【答案】A、B、D

42.【考点】格式条款

【解析】根据《民法典·合同编》第四百九十六条的规定，格式条款是当事人为了重复使用而预先拟定，并在订立合同时未与对方协商的条款。采用格式条款订立合同的，提供格式条款的一方应当遵循公平原则确定当事人之间的权利和义务，并采取合理的方式提示对方注意免除或者减轻其责任等与对方有重大利害关系的条款，按照对方的要求，对该条款予以说明。提供格式条款的一方未履行提示或者说明义务，致使对方没有注意或者理解与其有重大利害关系的条款的,对方可以主张该条款不成为合同的内容。因此,选项A正确。

根据《民法典·合同编》第四百九十七条的规定,有下列情形之一的,该格式条款无效:(一)具有该法第一编第六章第三节和该法第五百零六条规定的无效情形;(二)提供格式条款一方不合理地免除或者减轻其责任、加重对方责任、限制对方主要权利;(三)提供格式条款一方排除对方主要权利。因此,选项B正确,选项C、D错误。

【答案】A、B

43.【考点】损害赔偿责任

【解析】根据《民法典·合同编》第五百条的规定,当事人在订立合同过程中有下列情形之一,造成对方损失的,应当承担赔偿责任:(一)假借订立合同,恶意进行磋商;(二)故意隐瞒与订立合同有关的重要事实或者提供虚假情况;(三)有其他违背诚信原则的行为。本题中,甲没有与乙订立合同的目的,与对方进行谈判协商只是个借口,目的是损害对方的利益。因此,选项A、D正确,选项B、C错误。

【答案】A、D

44.【考点】临时保护

【解析】根据《保护工业产权巴黎公约》第十一条(1)的规定,本联盟国家应按其本国法律对在本联盟任何国家领土内举办的官方的或经官方承认的国际展览会展出的商品中可以取得专利的发明、实用新型、工业品外观设计和商标,给予临时保护。因此,选项A、B、C、D正确。

【答案】A、B、C、D

45.【考点】不正当竞争行为

【解析】根据《反不正当竞争法》第六条规定,经营者不得实施下列混淆行为,引人误认为是他人商品或者与他人存在特定联系:(一)擅自使用与他人有一定影响的商品名称、包装、装潢等相同或者近似的标识;(二)擅自使用他人有一定影响的企业名称(包括简称、字号等)、社会组织名称(包括简称等)、姓名(包括笔名、艺名、译名等);(三)擅自使用他人有一定影响的域名主体部分、网站名称、网页等;(四)其他足以引人误认为是他人商品或者与他人存在特定联系的混淆行为。因此,选项A、B、C、D正确。

【答案】A、B、C、D

46.【考点】合同的权利义务终止

【解析】根据《民法典·合同编》第五百五十七条的规定,有下列情形之一的,债权债务终止:(一)债务已经履行;(二)债务相互抵销;(三)债务人依法将标的物提存;(四)债权人免除债务;(五)债权债务同归于一人;(六)法律规定或者当事人约定终止的其他情形。合同解除的,该合同的权利义务关系终止。因此,选项A、B、C、D正确。

【答案】A、B、C、D

47. 【考点】著作权主体

【解析】根据《著作权法》第二条的规定，中国公民、法人或者非法人组织的作品，不论是否发表，依照该法享有著作权。外国人、无国籍人的作品根据其作者所属国或者经常居住地国同中国签订的协议或者共同参加的国际条约享有的著作权，受该法保护。外国人、无国籍人的作品首先在中国境内出版的，依照该法享有著作权。未与中国签订协议或共同参加国际条约的国家的作者以及无国籍人的作品首次在中国参加的国际条约的成员国出版的，或者在成员国和非成员国同时出版的，受该法保护。因此，选项A、D正确，选项B、C错误。

【答案】A、D

48. 【考点】委托开发完成的发明创造

【解析】根据《民法典·合同编》第八百五十九条的规定，委托开发完成的发明创造，除法律另有规定或者当事人另有约定的以外，申请专利的权利属于研究开发人。研究开发人取得专利权的，委托人可以依法实施该专利。研究开发人转让专利申请权的，委托人享有以同等条件优先受让的权利。因此，选项A、D错误，选项B、C正确。

【答案】B、C

49. 【考点】技术转让、许可合同

【解析】根据《民法典·合同编》第八百六十三条的规定，技术转让合同包括专利权转让、专利申请权转让、技术秘密转让等合同。技术许可合同包括专利实施许可、技术秘密使用许可等合同。技术转让合同和技术许可合同应当采用书面形式。因此，选项A错误。

根据《民法典·合同编》第八百六十四条的规定，技术转让合同和技术许可合同可以约定实施专利或者使用技术秘密的范围，但是不得限制技术竞争和技术发展。因此，选项B正确。

根据《民法典·合同编》第八百七十一条的规定，技术转让合同的受让人和技术许可合同的被许可人应当按照约定的范围和期限，对让与人、许可人提供的技术中尚未公开的秘密部分，承担保密义务。因此，选项C正确。

根据《民法典·合同编》第八百六十五条的规定，专利实施许可合同仅在该专利权的存续期限内有效。专利权有效期限届满或者专利权被宣告无效的，专利权人不得就该专利与他人订立专利实施许可合同。因此，选项D正确。

【答案】B、C、D

50. 【考点】代理

【解析】根据《民法典·总则编》第一百七十五条的规定，有下列情形之一的，法定代理终止：(一)被代理人取得或者恢复完全民事行为能力；(二)代理人丧失民事行为能力；(三)代理人或者被代理人死亡；(四)法律规定的其他情形。因此，选项A、B、C均属于法定代理终止的情形，均属于正确答案，选项D错误。

【答案】A、B、C

51. 【考点】管辖权

【解析】根据《民事诉讼法》第二十九条的规定，因侵权行为提起的诉讼，由侵权行为地或者被告住所地人民法院管辖。根据《最高人民法院关于适用〈中华人民共和国民事诉讼法〉的解释》第二十四条的规定，《民事诉讼法》第二十九条规定的侵权行为地，包括侵权行为实施地、侵权结果发生地。因此，选项A、B、C、D正确。

【答案】A、B、C、D

52. 【考点】著作权集体管理组织

【解析】根据《著作权法》第八条第一款的规定，著作权人和与著作权有关的权利人可以授权著作权集体管理组织行使著作权或者与著作权有关的权利。依法设立的著作权集体管理组织是非营利法人，被授权后可以以自己的名义为著作权人和与著作权有关的权利人主张权利，并可以作为当事人进行涉及著作权或者与著作权有关的权利的诉讼、仲裁、调解活动。因此，选项A、B、C正确，选项D错误。

【答案】A、B、C

53. 【考点】回避

【解析】根据《民事诉讼法》第四十七条的规定，审判人员有下列情形之一的，应当自行回避，当事人有权用口头或者书面方式申请他们回避：(一)是本案当事人或者当事人、诉讼代理人近亲属的；(二)与本案有利害关系的；(三)与本案当事人、诉讼代理人有其他关系，可能影响对案件公正审理的。审判人员接受当事人、诉讼代理人请客送礼，或者违反规定会见当事人、诉讼代理人的，当事人有权要求他们回避。审判人员有前款规定的行为的，应当依法追究法律责任。前三款规定，适用于书记员、翻译人员、鉴定人、勘验人。因此，选项A、C、D正确，选项B错误。

【答案】A、C、D

54. 【考点】专利强制许可

【解析】根据《与贸易有关的知识产权协定》第三十一条的规定，如果任何成员的法律允许未经权利持有人的许可而对专利的客体作其他的使用，包括政府使用或经政府授权的第三方使用，则应尊重下列规定：

(a) 这种使用的许可应根据个案情况予以考虑；

(b) 这种使用，只有在使用前，意图使用之人已经努力按合理的商业条款和条件请求权利持有人给予许可，而在合理的期间内未能成功的，才能允许。在国家处于紧急状态或有其他极端紧急的情形，或者在公共的非商业性使用的情形，成员可以放弃这一要求。然而，在国家处于紧急状态或有其他极端紧急的情形，只要合理可行，仍应尽快通知权利持有人。在公共的非商业性使用的情形，如果政府或订约人未经专利检索即知悉或有明显的理由知悉政府或代表政府使用或将使用某有效专利，则应迅速通知权利持有人；

(c) 这种使用的范围和期间应受许可使用的目的的限制，在半导体技术的情形，则只能限于为公共的非商业性使用，或者用于经司法或行政程序确定为反竞争做法的补救；

(d) 这种使用应当是非独占性的；

(e) 这种使用，除与享有这种使用的企业或商誉一起转让外，是不可转让的；

(f) 这种使用的许可应当主要是为了供应授予许可的成员的本国市场；

……

(h) 应当根据每一案的情况，并考虑许可的经济价值，向权利持有人支付足够的报酬；

……。

因此，选项A错误，选项B、C、D正确。

【答案】B、C、D

55. 【考点】诉讼代理人

【解析】《最高人民法院关于适用〈中华人民共和国民事诉讼法〉的解释》第八十七条第一款规定，根据《民事诉讼法》第六十一条第二款第三项规定，有关社会团体推荐公民担任诉讼代理人的，应当符合下列条件：（一）社会团体属于依法登记设立或者依法免予登记设立的非营利性法人组织；（二）被代理人属于该社会团体的成员，或者当事人一方住所地位于该社会团体的活动地域；（三）代理事务属于该社会团体章程载明的业务范围；（四）被推荐的公民是该社会团体的负责人或者与该社会团体有合法劳动人事关系的工作人员。本题中，专利代理师经中华全国专利代理师协会推荐，可以在专利纠纷案件中担任诉讼代理人。因此，选项A、B、C正确，选项D错误。

【答案】A、B、C

56. 【考点】行政复议程序中的调解

【解析】根据《行政复议法实施条例》第五十条第一款的规定，有下列情形之一的，行政复议机关可以按照自愿、合法的原则进行调解：（一）公民、法人或者其他组织对行政机关行使法律、法规规定的自由裁量权作出的具体行政行为不服申请行政复议的；（二）当事人之间的行政赔偿或者行政补偿纠纷。因此，选项A、B正确。

根据《行政复议法实施条例》第五十条第二款的规定，当事人经调解达成协议的，行政复议机关应当制作行政复议调解书。调解书应当载明行政复议请求、事实、理由和调解结果，并加盖行政复议机关印章。行政复议调解书经双方当事人签字，即具有法律效力。因此，选项C、D正确。

【答案】A、B、C、D

57.【考点】第二审程序

【解析】根据《民事诉讼法》第一百七十九条的规定，第二审人民法院审理上诉案件，可以进行调解。调解达成协议，应当制作调解书，由审判人员、书记员署名，加盖人民法院印章。调解书送达后，原审人民法院的判决即视为撤销。因此，选项A正确，选项B错误。

根据《民事诉讼法》第一百八十二条的规定，第二审人民法院的判决、裁定，是终审的判决、裁定。因此，选项C正确。

根据《民事诉讼法》第一百七十六条的规定，第二审人民法院对上诉案件，应当开庭审理。经过阅卷、调查和询问当事人，对没有提出新的事实、证据或者理由，人民法院认为不需要开庭审理的，可以不开庭审理。第二审人民法院审理上诉案件，可以在该院进行，也可以到案件发生地或者原审人民法院所在地进行。因此，选项D正确。

【答案】A、C、D

58.【考点】诉讼中止

【解析】根据《民事诉讼法》第一百五十三条的规定，有下列情形之一的，中止诉讼：（一）一方当事人死亡，需要等待继承人表明是否参加诉讼的；（二）一方当事人丧失诉讼行为能力，尚未确定法定代理人的；（三）作为一方当事人的法人或者其他组织终止，尚未确定权利义务承受人的；（四）一方当事人因不可抗拒的事由，不能参加诉讼的；（五）本案必须以另一案的审理结果为依据，而另一案尚未审结的；（六）其他应当中止诉讼的情形。中止诉讼的原因消除后，恢复诉讼。因此，选项A、B、C、D正确。

【答案】A、B、C、D

59.【考点】要约失效

【解析】根据《民法典·合同编》第四百七十八条的规定，有下列情形之一的，要约失效：（一）要约被拒绝；（二）要约被依法撤销；（三）承诺期限届满，受要约人未作出承诺；（四）受要约人对要约的内容作出实质性变更。因此，选项A、B、C正确，选项D错误。

【答案】A、B、C

60.【考点】申请行政复议的情形

【解析】根据《行政复议法》第六条的规定，有下列情形之一的，公民、法人或者其他组织可以依照该法申请行政复议：其中（一）对行政机关作出的警告、罚款、没收违法所得、没收非法财物、责令停产停业、暂扣或者吊销许可证、暂扣或者吊销执照、行政拘留等行政处罚决定不服的；（二）对行政机关作出的限制人身自由或者查封、扣押、冻结财产等行政强制措施决定不服的；……。

根据《行政复议法》第八条的规定，不服行政机关作出的行政处分或者其他人事处理决定的，依照有关法律、行政法规的规定提出申诉。不服行政机关对民事纠纷作出的调解或者其他处理，依法申请仲裁或者向人民法院提起诉讼。

因此，选项 A、C、D 正确，选项 B 错误。

【答案】A、C、D

61.【考点】法人

【解析】根据《民法典·总则编》第五十九条规定，法人的民事权利能力和民事行为能力，从法人成立时产生，到法人终止时消灭。因此，选项 A 正确。

根据《民法典·总则编》第六十三条规定，法人以其主要办事机构所在地为住所。依法需要办理法人登记的，应当将主要办事机构所在地登记为住所。因此，选项 B 正确。

根据《民法典·总则编》第六十七条规定，法人合并的，其权利和义务由合并后的法人享有和承担。法人分立的，其权利和义务由分立后的法人享有连带债权，承担连带债务，但是债权人和债务人另有约定的除外。因此，选项 C 正确。

根据《民法典·总则编》第七十二条第一款规定，清算期间法人存续，但是不得从事与清算无关的活动。因此，选项 D 正确。

【答案】A、B、C、D

62.【考点】视听作品著作权归属

【解析】根据《著作权法》第十七条的规定，视听作品中的电影作品、电视剧作品的著作权由制作者享有，但编剧、导演、摄影、作词、作曲等作者享有署名权，并有权按照与制作者签订的合同获得报酬。前款规定以外的视听作品的著作权归属由当事人约定；没有约定或者约定不明确的，由制作者享有，但作者享有署名权和获得报酬的权利。视听作品中的剧本、音乐等可以单独使用的作品的作者有权单独行使其著作权。因此，选项 A 错误，选项 B、C、D 正确。

【答案】B、C、D

63.【考点】行政复议受理机关

【解析】根据《行政复议法》第十二条的规定，对县级以上地方各级人民政府工作部门的具体行政行为不服的，由申请人选择，可以向该部门的本级人民政府申请行政复议，也可以向上一级主管部门申请行政复议。对海关、金融、国税、外汇管理等实行垂直领导的行政机关和国家安全机关的具体行政行为不服的，向上一级主管部门申请行政复议。因此，选项 A、B、D 正确，选项 C 错误。

【答案】A、B、D

64.【考点】注册商标的有效期

【解析】根据《商标法》第三十九条的规定，注册商标的有效期为十年，自核准注册之日起计算。根据《商标法》第四十条的规定，注册商标有效期满，需要继续使用的，商标注册人应当在期满前十二个月内按照规定办理续展手续；在此期间未能办理的，可以给予六个月的宽展期。每次续展注册的有效期为十年，自该商标上一届有效期满次日起计算。期满未办理续展手续的，注销其注册商标。商标局应当对续展注册的商标予以公告。因此，选项A、D错误，选项B、C正确。

【答案】B、C

65.【考点】行政复议的审理

【解析】根据《行政复议法》第二十二条的规定，行政复议原则上采取书面审查的办法，但是申请人提出要求或者行政复议机关负责法制工作的机构认为有必要时，可以向有关组织和人员调查情况，听取申请人、被申请人和第三人的意见。因此，选项A、C正确，选项B错误。

根据《行政复议法》第二十四条的规定，在行政复议过程中，被申请人不得自行向申请人和其他有关组织或者个人收集证据。因此，选项D错误。

【答案】A、C

66.【考点】行政诉讼的审理和判决

【解析】根据《行政诉讼法》第五十一条第二款的规定，对当场不能判定是否符合该法规定的起诉条件的，应当接收起诉状，出具注明收到日期的书面凭证，并在七日内决定是否立案。不符合起诉条件的，作出不予立案的裁定。裁定书应当载明不予立案的理由。原告对裁定不服的，可以提起上诉。因此，选项A错误。

根据《行政诉讼法》第五十八条的规定，经人民法院传票传唤，原告无正当理由拒不到庭，或者未经法庭许可中途退庭的，可以按照撤诉处理；被告无正当理由拒不到庭，或者未经法庭许可中途退庭的，可以缺席判决。因此，选项B正确。

根据《行政诉讼法》第六十二条的规定，人民法院对行政案件宣告判决或者裁定前，原告申请撤诉的，或者被告改变其所作的行政行为，原告同意并申请撤诉的，是否准许，由人民法院裁定。因此，选项C错误。

根据《行政诉讼法》第六十条的规定，人民法院审理行政案件，不适用调解。但是，行政赔偿、补偿以及行政机关行使法律、法规规定的自由裁量权的案件可以调解。调解应当遵循自愿、合法原则，不得损害国家利益、社会公共利益和他人合法权益。因此，选项D正确。

【答案】B、D

67.【考点】行政诉讼受案范围

【解析】根据《行政诉讼法》第十二条第一款的规定，人民法院受理公民、法人或者其他组织提起的下列诉讼：（一）对行政拘留、暂扣或者吊销许可证和执照、责令停产停业、没收违法所得、没收非法财物、罚款、警告等行政处罚不服的;(二)对限制人身自由或者对财产的查封、扣押、冻结等行政强制措施和行政强制执行不服的;……除前款规定外,人民法院受理法律、法规规定可以提起诉讼的其他行政案件。

根据《行政诉讼法》第十三条的规定,人民法院不受理公民、法人或者其他组织对下列事项提起的诉讼:(一)国防、外交等国家行为;(二)行政法规、规章或者行政机关制定、发布的具有普遍约束力的决定、命令;(三)行政机关对行政机关工作人员的奖惩、任免等决定;(四)法律规定由行政机关最终裁决的行政行为。

因此,选项A、D错误,选项B、C正确。

【答案】B、C

68.【考点】民事诉讼代理人

【解析】根据《民事诉讼法》第六十一条的规定,当事人、法定代理人可以委托一至二人作为诉讼代理人。下列人员可以被委托为诉讼代理人:

(一)律师、基层法律服务工作者;

(二)当事人的近亲属或者工作人员;

(三)当事人所在社区、单位以及有关社会团体推荐的公民。

因此,选项A、B、C、D正确。

【答案】A、B、C、D

69.【考点】行政诉讼被告

【解析】根据《行政诉讼法》第二十六条的规定,公民、法人或者其他组织直接向人民法院提起诉讼的,作出行政行为的行政机关是被告。经复议的案件,复议机关决定维持原行政行为的,作出原行政行为的行政机关和复议机关是共同被告;复议机关改变原行政行为的,复议机关是被告。复议机关在法定期限内未作出复议决定,公民、法人或者其他组织起诉原行政行为的,作出原行政行为的行政机关是被告;起诉复议机关不作为的,复议机关是被告。两个以上行政机关作出同一行政行为的,共同作出行政行为的行政机关是共同被告。行政机关委托的组织所作的行政行为,委托的行政机关是被告。行政机关被撤销或者职权变更的,继续行使其职权的行政机关是被告。因此,选项A错误,选项B、C、D正确。

【答案】B、C、D

70.【考点】行政诉讼不予受理的范围

【解析】根据《最高人民法院关于适用〈中华人民共和国行政诉讼法〉的解释》第一条第二款的规定,下列行为不属于人民法院行政诉讼的受案范围:(一)公安、国家安全等机关依照《刑事诉讼法》的明确授权实施的行为;(二)调解行为以及法律规定的仲裁行为;(三)行政指导行为;(四)驳回当事人对行政行为提起申诉的重复处理行为;(五)行政机关作出的不产生外部法律效力的行为;……。因此,选项A、B、C、D正确。

【答案】A、B、C、D

71.【考点】行政诉讼证据

【解析】根据《行政诉讼法》第三十三条的规定，证据包括：（一）书证；（二）物证；（三）视听资料；（四）电子数据；（五）证人证言；（六）当事人的陈述；（七）鉴定意见；（八）勘验笔录、现场笔录。以上证据经法庭审查属实，才能作为认定案件事实的根据。因此，选项A、B、C、D正确。

【答案】A、B、C、D

72.【考点】原件所有权转移的作品著作权归属

【解析】根据《民法典·物权编》第二百二十四条的规定，动产物权的设立和转让，自交付时发生效力，但是法律另有规定的除外。因此，选项A正确。

根据《著作权法》第二十条的规定，作品原件所有权的转移，不改变作品著作权的归属，但美术、摄影作品原件的展览权由原件所有人享有。作者将未发表的美术、摄影作品的原件所有权转让给他人，受让人展览该原件不构成对作者发表权的侵犯。因此，选项D正确，选项B、C错误。

【答案】A、D

73.【考点】具体行政行为在行政复议期间的执行力

【解析】根据《行政复议法》第二十一条的规定，行政复议期间具体行政行为不停止执行；但是，有下列情形之一的，可以停止执行：

（一）被申请人认为需要停止执行的；

（二）行政复议机关认为需要停止执行的；

（三）申请人申请停止执行，行政复议机关认为其要求合理，决定停止执行的；

（四）法律规定停止执行的。

因此，选项A错误，选项B、C、D正确。

【答案】B、C、D

74.【考点】《著作权法》保护的客体

【解析】根据《著作权法》第三条的规定，该法所称的作品，是指文学、艺术和科学领域内具有独创性并能以一定形式表现的智力成果，包括：（一）文字作品；（二）口述作品；（三）音乐、戏剧、曲艺、舞蹈、杂技艺术作品；（四）美术、建筑作品；（五）摄影作品；（六）视听作品；（七）工程设计图、产品设计图、地图、示意图等图形作品和模型作品；（八）计算机软件；（九）符合作品特征的其他智力成果。

根据《著作权法》第五条的规定，该法不适用于：（一）法律、法规，国家机关的决议、决定、命令和其他具有立法、行政、司法性质的文件，及其官方正式译文；（二）单纯事实消息；（三）历法、通用数表、通用表格和公式。

因此，选项 A、B、C 正确，选项 D 错误。

【答案】A、B、C

75.【考点】侵犯著作权或与著作权有关的权利的行为

【解析】根据《著作权法》第五十二条的规定，有下列侵权行为的，应当根据情况，承担停止侵害、消除影响、赔礼道歉、赔偿损失等民事责任：

（一）未经著作权人许可，发表其作品的；

（二）未经合作作者许可，将与他人合作创作的作品当作自己单独创作的作品发表的；

（三）没有参加创作，为谋取个人名利，在他人作品上署名的；

（四）歪曲、篡改他人作品的；

（五）剽窃他人作品的；

（六）未经著作权人许可，以展览、摄制视听作品的方法使用作品，或者以改编、翻译、注释等方式使用作品的，该法另有规定的除外；

（七）使用他人作品，应当支付报酬而未支付的；

（八）未经视听作品、计算机软件、录音录像制品的著作权人、表演者或者录音录像制作者许可，出租其作品或者录音录像制品的原件或者复制件的，该法另有规定的除外；

（九）未经出版者许可，使用其出版的图书、期刊的版式设计的；

（十）未经表演者许可，从现场直播或者公开传送其现场表演，或者录制其表演的；

（十一）其他侵犯著作权以及与著作权有关的权利的行为。

因此，选项 A、B、C、D 正确。

【答案】A、B、C、D

76.【考点】作品保护期

【解析】根据《著作权法》第二十二条的规定，作者的署名权、修改权、保护作品完整权的保护期不受限制。根据《著作权法》第二十三条的规定，自然人的作品，其发表权、该法第十条第一款第（五）项至第（十七）项规定的权利的保护期为作者终生及其死亡后五十年，截止于作者死亡后第五十年的 12 月 31 日；如果是合作作品，截止于最后死亡的作者死亡后第五十年的 12 月 31 日。法人或者非法人组织的作品、著作权（署名权除外）由法人或者非法人组织享有的职务作品，其发表权的保护期为五十年，截止于作品创作完成后第五十年的 12 月 31 日……。因此，选项 A、B、C 正确，选项 D 错误。

【答案】A、B、C

77.【考点】宣告失踪

【解析】根据《民法典·总则编》第四十条第一款的规定，自然人下落不明满二年的，利害关系人可以向人民法院申请宣告该自然人为失踪人。因此，选项 A 错误。

根据《民法典·总则编》第四十六条第一款的规定，自然人有下列情形之一的，利害关系人可以向人民法院申请宣告该自然人死亡：（一）下落不明满四年；（二）因意外事件，下落不明满二年。由此可知，在宣告死亡的条件中，并不以已经宣告失踪为必要条件。因此，选项B正确。

根据《民法典·总则编》第四十二条第一款的规定，失踪人的财产由其配偶、成年子女、父母或者其他愿意担任财产代管人的人代管。因此，选项C正确。

根据《民法典·总则编》第四十三条第二款的规定，失踪人所欠税款、债务和应付的其他费用，由财产代管人从失踪人的财产中支付。因此，选项D正确。

【答案】B、C、D

78.【考点】表演者的权利

【解析】根据《著作权法》第三十九条的规定，表演者对其表演享有下列权利：（一）表明表演者身份；（二）保护表演形象不受歪曲；（三）许可他人从现场直播和公开传送其现场表演，并获得报酬；（四）许可他人录音录像，并获得报酬；（五）许可他人复制、发行、出租录有其表演的录音录像制品，并获得报酬；（六）许可他人通过信息网络向公众传播其表演，并获得报酬。被许可人以前款第（三）项至第（六）项规定的方式使用作品，还应当取得著作权人许可，并支付报酬。根据《著作权法》第十条第一款的规定，著作权包括下列人身权和财产权：……（九）表演权，即<u>公开表演作品</u>，以及用各种手段公开播送作品的表演的权利；……。因此，选项A、B、C正确，选项D错误。

【答案】A、B、C

79.【考点】注册商标的许可

【解析】根据《商标法》第四十三条的规定，商标注册人可以通过签订商标使用许可合同，许可他人使用其注册商标。许可人应当监督被许可人使用其注册商标的商品质量。被许可人应当保证使用该注册商标的商品质量。经许可使用他人注册商标的，必须在使用该注册商标的商品上标明被许可人的名称和商品产地。许可他人使用其注册商标的，许可人应当将其商标使用许可报商标局备案，由商标局公告。商标使用许可未经备案不得对抗善意第三人。因此，选项A、B正确。

根据《最高人民法院关于审理商标民事纠纷案件适用法律若干问题的解释》第四条第二款的规定，在发生注册商标专用权被侵害时，独占使用许可合同的被许可人可以向人民法院提起诉讼；排他使用许可合同的被许可人可以和商标注册人共同起诉，也可以在商标注册人不起诉的情况下，自行提起诉讼；普通使用许可合同的被许可人经商标注册人明确授权，可以提起诉讼。因此，选项C、D错误。

【答案】A、B

80.【考点】民事责任

【解析】根据《著作权法》第五十二条的规定，有下列侵权行为的，应当根据情况，承担停止侵害、消除影响、赔礼道歉、赔偿损失等民事责任：……。因此，选项A、B、C、D正确。

【答案】A、B、C、D

81.【考点】民事诉讼中的协议管辖

【解析】根据《民事诉讼法》第三十五条的规定，合同或者其他财产权益纠纷的当事人可以书面协议选择被告住所地、合同履行地、合同签订地、原告住所地、标的物所在地等与争议有实际联系的地点的人民法院管辖，但不得违反该法对级别管辖和专属管辖的规定。因此，选项A、C正确，选项B、D错误。

【答案】A、C

82.【考点】三维标志

【解析】根据《商标法》第十二条的规定，以三维标志申请注册商标的，仅由商品自身的性质产生的形状、为获得技术效果而需有的商品形状或者使商品具有实质性价值的形状，不得注册。因此，选项A、B、C符合题意。

根据《商标法》第十一条的规定，下列标志不得作为商标注册：（一）仅有本商品的通用名称、图形、型号的；（二）仅直接表示商品的质量、主要原料、功能、用途、重量、数量及其他特点的；（三）其他缺乏显著特征的。前款所列标志经过使用取得显著特征，并便于识别的，可以作为商标注册。因此，选项D符合题意。

【答案】A、B、C、D

83.【考点】行政诉讼的被告

【解析】根据《行政诉讼法》第二十六条的规定，公民、法人或者其他组织直接向人民法院提起诉讼的，作出行政行为的行政机关是被告。……复议机关在法定期限内未作出复议决定，公民、法人或者其他组织起诉原行政行为的，作出原行政行为的行政机关是被告；起诉复议机关不作为的，复议机关是被告……。因此，选项A、C正确，选项B、D错误。

【答案】A、C

84.【考点】商标注册申请的提出

【解析】根据《商标法》第二十二条的规定，商标注册申请人应当按规定的商品分类表填报使用商标的商品类别和商品名称，提出注册申请。商标注册申请人可以通过一份申请就多个类别的商品申请注册同一商标。商标注册申请等有关文件，可以以书面方式或者数据电文方式提出。因此，选项A、C、D正确，选项B错误。

【答案】A、C、D

85.【考点】注册商标变更

【解析】根据《商标法》第四十一条的规定，注册商标需要变更注册人的名义、地址或者其他注册事项的，应当提出变更申请。根据《商标法实施条例》第十七条的规定，申请人变更其名义、地址、代理人、文件接收人或者删减指定的商品的，应当向商标局办理变更手续。申请人转让其商标注册申请的，应当向商标局办理转让手续。由此可知，申请删减商品仅限于商标注册申请过程中的商标，而商标一经核准注册，需要放弃在部分指定商品上的专用权的，应办理注销申请。因此，选项A错误，选项B、C正确。

根据《商标法》第二十四条的规定，注册商标需要改变其标志的，应当重新提出注册申请。因此，选项D错误。

【答案】B、C

86.【考点】植物新品种授权条件

【解析】根据《植物新品种保护条例》第二条的规定，该条例所称植物新品种，是指经过人工培育的或者对发现的野生植物加以开发，具备新颖性、特异性、一致性和稳定性并有适当命名的植物品种。因此，申请品种权的植物新品种不仅包括经过人工培育的植物品种，还包括对于发现的野生植物加以开发的植物品种。因此，选项A的说法正确。而且根据该条规定，授予品种权的植物新品种应当同时具备新颖性、特异性、一致性和稳定性。因此，选项D的说法错误。

根据《植物新品种保护条例》第十三条的规定，申请品种权的植物新品种应当属于国家植物品种保护名录中列举的植物的属或者种。植物品种保护名录由审批机关确定和公布。因此，选项B正确。

根据《植物新品种保护条例》第十八条的规定，授予品种权的植物新品种应当具备适当的名称，并与相同或者相近的植物属或者种中已知品种的名称相区别。该名称经注册登记后即为该植物新品种的通用名称。下列名称不得用于品种命名：（一）仅以数字组成的；（二）违反社会公德的；（三）对植物新品种的特征、特性或者育种者的身份等容易引起误解的。因此，选项C的说法正确。

【答案】A、B、C

87.【考点】商标撤销

【解析】根据《商标法》第四十九条的规定，商标注册人在使用注册商标的过程中，自行改变注册商标、注册人名义、地址或者其他注册事项的，由地方工商行政管理部门责令限期改正；期满不改正的，由商标局撤销其注册商标。注册商标成为其核定使用的商品的通用名称或者没有正当理由连续三年不使用的，任何单位或者个人可以向商标局申请撤销该注册商标。商标局应当自收到申请之日起九个月内做出决定。有特殊情况需要延长的，经国务院工商行政管理部门批准，可以延长三个月。因此，选项A、B错误，选项C、D正确。

【答案】C、D

88.【考点】法人人格权

【解析】根据《民法典·总则编》第一百一十条的规定，自然人享有生命权、身体权、健康权、姓名权、肖像权、名誉权、荣誉权、隐私权、婚姻自主权等权利。法人、非法人组织享有名称权、名誉权和荣誉权。因此，选项A、B、C正确，选项D错误。

【答案】A、B、C

89.【考点】注册商标转让

【解析】根据《商标法》第四十二条的规定，转让注册商标的，转让人和受让人应当签订转让协议，并共同向商标局提出申请。受让人应当保证使用该注册商标的商品质量。转让注册商标的，商标注册人对其在同一种商品上注册的近似的商标，或者在类似商品上注册的相同或者近似的商标，应当一并转让。对容易导致混淆或者有其他不良影响的转让，商标局不予核准，书面通知申请人并说明理由。转让注册商标经核准后，予以公告。受让人自公告之日起享有商标专用权。因此，选项A、C、D正确，选项B错误。

【答案】A、C、D

90.【考点】商标侵权

【解析】根据《商标法》第五十七条的规定，有下列行为之一的，均属侵犯注册商标专用权：（一）未经商标注册人的许可，在同一种商品上使用与其注册商标相同的商标的；（二）未经商标注册人的许可，在同一种商品上使用与其注册商标近似的商标，或者在类似商品上使用与其注册商标相同或者近似的商标，容易导致混淆的；（三）销售侵犯注册商标专用权的商品的；（四）伪造、擅自制造他人注册商标标识或者销售伪造、擅自制造的注册商标标识的；（五）未经商标注册人同意，更换其注册商标并将该更换商标的商品又投入市场的；（六）故意为侵犯他人商标专用权行为提供便利条件，帮助他人实施侵犯商标专用权行为的；（七）给他人的注册商标专用权造成其他损害的。因此，选项A、B、C、D符合题意。

【答案】A、B、C、D

91.【考点】无效的或者被撤销的民事法律行为

【解析】根据《民法典·总则编》第一百五十五条规定，无效的或者被撤销的民事法律行为自始没有法律约束力。因此，选项A、B正确，选项C、D错误。

【答案】A、B

92.【考点】集成电路布图设计的保护

【解析】根据《集成电路布图设计保护条例》第四条的规定，受保护的布图设计应当具有独创性，即该布图设计是创作者自己的智力劳动成果，并且在其创作时该布图设计在布图设计创作者和集成电路制造者中不是公认的常规设计。受保护的由常规设计组成的布图设计,其组合作为整体应当符合前款规定的条件。因此,选项 A、B 的说法正确。

根据《集成电路布图设计保护条例》第五条的规定,该条例对布图设计的保护,不延及思想、处理过程、操作方法或者数学概念等。因此,选项 C 的说法错误。

根据《集成电路布图设计保护条例》第八条第一款的规定,布图设计专有权经国务院知识产权行政部门登记产生。并非自创作完成之日起产生。因此,选项 D 的说法错误。

需要注意的是:根据《著作权法实施条例》第六条的规定,著作权自作品创作完成之日起产生。根据《计算机软件保护条例》第十四条第一款的规定,软件著作权自软件开发完成之日起产生。

【答案】A、B

93.【考点】植物新品种权保护期限

【解析】根据《植物新品种保护条例》第三十四条的规定,品种权的保护期限,自授权之日起,藤本植物、林木、果树和观赏树木为 20 年,其他植物为 15 年。因此,选项 A、C 正确,选项 B、D 错误。

【答案】A、C

94.【考点】育种、科研活动和农民自繁自用

【解析】根据《植物新品种保护条例》第十条的规定,在下列情况下使用授权品种的,可以不经品种权人许可,不向其支付使用费,但是不得侵犯品种权人依照该条例享有的其他权利:(一)利用授权品种进行育种及其他科研活动;(二)农民自繁自用授权品种的繁殖材料。因此,选项 A、B 正确。

根据《植物新品种保护条例》第六条的规定,完成育种的单位或者个人对其授权品种,享有排他的独占权。任何单位或者个人未经品种权所有人(以下称品种权人)许可,不得为商业目的生产或者销售该授权品种的繁殖材料,不得为商业目的将该授权品种的繁殖材料重复使用于生产另一品种的繁殖材料;但是,该条例另有规定的除外。因此,选项 C、D 错误。

【答案】A、B

95.【考点】软件著作权登记

【解析】根据《计算机软件保护条例》第七条的规定,软件著作权人可以向国务院著作权行政管理部门认定的软件登记机构办理登记。软件登记机构发放的登记证明文件是登记事项的初步证明。办理软件登记应当缴纳费用。软件登记的收费标准由国务院著作权行政管理部门会同国务院价格主管部门规定。因此,选项 A 正确,选项 D 错误。

根据《计算机软件保护条例》第十四条第一款的规定,软件著作权自软件开发完成之日起产生。因此,选项 B 正确。

根据《计算机软件保护条例》第十四条第二款的规定,自然人的软件著作权,保护期为自然人终生及其死亡后 50 年,截止于自然人死亡后第 50 年的 12 月 31 日;软件是合作开发

的，截止于最后死亡的自然人死亡后第50年的12月31日。因此，选项C正确。

【答案】A、B、C

96.【考点】工业产权

【解析】根据《保护工业产权巴黎公约》第一条（2）的规定，工业产权的保护对象有专利、实用新型、工业品外观设计、商标、服务标记、厂商名称、货源标记或原产地名称，和制止不正当竞争。因此，选项A、B、C正确，选项D错误。

【答案】A、B、C

97.【考点】品种权的归属

【解析】根据《植物新品种保护条例》第七条第一款的规定，执行本单位的任务或者主要是利用本单位的物质条件所完成的职务育种，植物新品种的申请权属于该单位；非职务育种，植物新品种的申请权属于完成育种的个人。申请被批准后，品种权属于申请人。因此，选项A的说法错误，选项B的说法正确。

根据《植物新品种保护条例》第七条第二款的规定，委托育种或者合作育种，品种权的归属由当事人在合同中约定；没有合同约定的，品种权属于受委托完成或者共同完成育种的单位或者个人。因此，选项C、D的说法正确。

【答案】B、C、D

98.【考点】优先权

【解析】根据《保护工业产权巴黎公约》第四条的规定，A.（1）已经在本联盟的一个国家正式提出专利、实用新型注册、外观设计注册或商标注册的申请的任何人，或其权利继受人，为了在其他国家提出申请，在以下规定的期间内应享有优先权。（2）依照本联盟任何国家的本国立法，或依照本联盟各国之间缔结的双边或多边条约，与正规的国家申请相当的任何申请，应被承认为产生优先权。……D.（1）任何人希望利用以前提出的一项申请的优先权的，需要作出声明，说明提出该申请的日期和受理该申请的国家。每一国家应确定必须作出该项声明的最后日期。（2）这些事项应在主管机关的出版物中，特别是应在专利和有关专利的说明书中予以载明。（3）本联盟国家可以要求作出优先权声明的任何人提交以前提出的申请（说明书、附图等）的副本。该副本应经原受理申请的机关证实无误，不需要任何认证，并且无论如何可以在提出后一申请后三个月内随时提交，不需缴纳费用。本联盟国家可以要求该副本附有上述机关出具的载明申请日的证明书和译文。E.（1）依靠以实用新型申请为基础的优先权而在一个国家提出工业品外观设计申请的，优先权的期间应与工业品外观设计规定的优先权期间一样。（2）而且，依靠以专利申请为基础的优先权而在一个国家提出实用新型的申请是许可的，反之亦一样……。因此，选项A、B、C、D正确。

【答案】A、B、C、D

99.【考点】合同解除

【解析】根据《民法典·合同编》第五百六十三条第一款的规定,有下列情形之一的,当事人可以解除合同:(一)因不可抗力致使不能实现合同目的;(二)在履行期限届满前,当事人一方明确表示或者以自己的行为表明不履行主要债务;(三)当事人一方迟延履行主要债务,经催告后在合理期限内仍未履行;(四)当事人一方迟延履行债务或者有其他违约行为致使不能实现合同目的;(五)法律规定的其他情形。因此,选项A、B、C正确。

根据《民法典·合同编》第五百六十二条的规定,当事人协商一致,可以解除合同。当事人可以约定一方解除合同的事由。解除合同的事由发生时,解除权人可以解除合同。因此,选项D正确。

【答案】A、B、C、D

100.【考点】民事救济

【解析】根据《与贸易有关的知识产权协定》第四十四条第一款的规定,司法机关应有权命令当事人停止侵权,除其他外,有权在海关放行后立即制止包含侵犯知识产权的进口商品进入其管辖范围内的商业渠道。各成员对任何人在知悉或有合理的根据应知从事这些客体的交易会导致侵犯知识产权之前所获得或订购的受保护客体,没有义务授予司法机关这样的权力。因此,选项B正确。

根据《与贸易有关的知识产权协定》第四十五条的规定:

(1)如果侵权人明知或有合理的根据应知其从事了侵权活动,司法机关应有权责令侵权人向权利持有人支付足以补偿权利持有人由于侵权人侵犯其知识产权而所受损失的损害赔偿金。

(2)司法机关还应有权责令侵权人向权利持有人支付费用,其中可以包括适当的律师费用。在适当的情形,即使侵权人并非明知或有合理的根据应知其从事了侵权活动,各成员仍可以授权司法机关责令返还利润,和/或支付法律预先规定的损害赔偿金。因此,选项A、C、D正确。

【答案】A、B、C、D

专利代理师资格考试模拟试题

（第三套）

相关法律知识试卷

答题须知：
1. 本试卷共有100题，每题1分，总分100分。
2. 本试卷要求应试者在机考试卷上选择答案。
3. 本试卷所有试题的正确答案均以现行的法律、法规、规章、相关司法解释和国际条约为准。

一、单项选择题（每题所设选项中只有一个正确答案，多选、错选或不选均不得分。本部分含1~30题，每题1分，共30分。）

1. 根据《民法典·总则编》及相关规定，当被监护人的人身权利、财产权利以及其他合法权益处于无人保护状态时，由临时监护人保护被监护人的合法权益，下列哪些主体不属于临时监护人？
   A. 民政部门　　　　　　B. 人民法院
   C. 村民委员会　　　　　D. 居民委员会

2. 根据《民法典·总则编》及相关规定，民事活动应当遵循的以下原则中，被称为民法的"帝王条款"的是哪项原则？
   A. 平等原则　　B. 自愿原则　　C. 公平原则　　D. 诚信原则

3. 张某的房屋由于受到大雨冲刷随时有倒塌可能，危及邻居孙某的人身、财产安全，但张某不采取措施。根据《民法典·总则编》及相关规定，孙某可以向张某提出承担民事责任的方式是下列哪种？

    A. 停止侵害   B. 排除妨碍   C. 消除危险   D. 恢复原状

4. 根据《民法典·总则编》及相关规定，自然人从（　　）时起到死亡时止，具有民事权利能力，依法享有民事权利，承担民事义务。

    A. 出生   B. 户籍登记   C. 8 周岁   D. 18 周岁

5. 7 岁的何某喜爱弹钢琴，钢琴大师郎某与之签订了一份赠与合同，赠给何某一架价值 5 万元的钢琴，何某接受。根据《民法典·总则编》及相关规定，该行为属于下列何种行为？

    A. 需要经法定代理人同意、追认   B. 不必经法定代理人同意、追认

    C. 可撤销民事法律行为   D. 无效民事法律行为

6. 张某户籍所在地是西安，其在兰州读书四年，毕业后在太原工作两年后，工作单位派其常驻上海开展业务，张某在上海买房并居住一年。根据《民法典·总则编》及相关规定，张某的住所应当是？

    A. 西安   B. 兰州   C. 太原   D. 上海

7. 张三创作歌曲《备考路上》，李四在商业场合进行了演唱，王五将李四的演唱制成唱片，甲酒店将唱片买回后在酒店大厅作为背景音乐播放，乙广播电台在《考试加油》栏目中进行播放。根据《著作权法》及相关规定，以下说法正确的是哪项？

    A. 李四演唱该歌曲需要经过张三的同意并付费

    B. 王五把李四的演唱制成唱片，不需要经过张三的同意并付费

    C. 甲酒店在酒店大厅将该歌曲作为背景音乐播放，不需要经过张三的同意并付费

    D. 乙广播电台的播放行为需要经过张三的同意并付费

8. 为纪念《国家知识产权战略纲要》颁布实施十周年，张三于 2018 年 6 月开始构思《砥砺奋进的十年》一书，并于 2018 年 8 月定稿，2018 年 10 月出版，2018 年 12 月版权登记。根据《著作权法》及相关规定，张三从何时起取得《砥砺奋进的十年》一书的著作权？

    A. 2018 年 6 月   B. 2018 年 8 月

    C. 2018 年 10 月   D. 2018 年 12 月

9. 甲电视台摄制电视剧《漂泊在外》，编剧乙根据张某撰写的人物传记《漂泊在外》创作了剧本，演员李某在剧中扮演主角。根据《著作权法》及相关规定，该电视剧的著作权归谁享有？

    A. 编剧乙   B. 甲电视台

    C. 李某   D. 张某

10. 叶教授由所在单位某大学安排，承接了某省科技厅软科学研究计划项目，在工作期间完成一篇学术论文《海洋生态文明绩效指标体系与评估技术研究》。根据《著作权法》及相关规定，下列关于该学术论文的著作权说法正确的是？

   A. 著作权由叶教授享有

   B. 著作权由某大学享有

   C. 叶教授享有署名权，著作权的其他权利由某大学享有

   D. 叶教授享有署名权，著作权的其他权利由某省科技厅享有

11. 甲厂以招标方法向社会公开征集企业形象标识设计。最后，甲厂职工乙的设计稿被选用作为企业形象标识。根据《著作权法》及相关规定，职工乙设计的标识属于？

   A. 受工厂委托而创作的委托作品

   B. 职工乙为完成工厂的工作任务而创作的职务作品

   C. 由甲厂主持并代表甲厂意志创作的法人作品

   D. 由甲厂和职工乙合作创作的合作作品

12. 甲公司在报纸上向社会征集广告语，声明被采用的应征者将获得奖金5000元，且未提及著作权事宜。乙设计的独特广告语应征后被选中，获得5000元奖金。根据《著作权法》及相关规定，下列哪一选项是正确的？

   A. 广告语属于商务用语，不受《著作权法》保护

   B. 甲公司享有广告语的著作权

   C. 乙享有广告语的著作权

   D. 乙享有广告语的署名权，甲公司享有著作权的其他权利

13. 画家刘某创作了《卷起千堆雪》，并将该画售给画店老板李某。根据《著作权法》及相关规定，下列说法正确的是？

   A. 刘某对该画享有著作权，因而可以随意展览该画

   B. 李某对该画享有所有权，因而可允许杂志社将该画作为封面使用

   C. 展览该画构成对刘某发表权的侵犯，因而李某不可以展览该画

   D. 展览该画不构成对刘某发表权的侵犯，因而李某可以展览此画

14. 根据《著作权法》及相关规定，以下使用作品的行为，属于可以不经过著作权人的许可且不必支付报酬的是哪项？

   A. 为介绍某一作品，在作品中适当引用他人尚未发表的作品

   B. 国家机关为执行公务在合理范围内使用已经发表的作品

   C. 将已经发表的我国少数民族文字作品翻译为汉语言文字作品出版发行

   D. 免费表演已经发表的作品，该表演未向公众收取费用，仅仅向表演者支付报酬

15. 甲大型超市从乙蔬菜基地购买一车白菜，两者约定由乙蔬菜基地将白菜运输到甲大型超市，乙蔬菜基地委托丙运输公司运输白菜，丙运输公司安排本公司的丁运货司机驾驶货车。运输过程中，丁运货司机为避让戊行人而发生交通事故，导致未能按时将货物送达。甲大型超市因未能及时收到货物而发生损失。根据《民法典·合同编》及相关规定，甲大型超市应当向谁要求承担损失？
    A. 乙 B. 丙 C. 丁 D. 戊

16. 甲、乙二人订立一高粱购销合同，但对高粱质量未约定，合同订立后，买方乙要求重新协商高粱质量，甲未同意。根据《民法典·合同编》及相关规定，本合同的效力如何？
    A. 本合同无效
    B. 本合同可撤销
    C. 本合同有效，甲提供任意质量的高粱即可
    D. 本合同有效，甲、乙二人可按合同有关条款或交易习惯确定高粱质量要求

17. 乙企业于8月30日收到甲商场发出的采购100台某型号洗衣机的要约，并于9月10日向甲商场寄出承诺信函，9月18日信函寄至甲商场的传达室，9月19日甲商场总经理知悉了该信函内容。根据《民法典·合同编》及相关规定，该承诺何时生效？
    A. 8月30日 B. 9月10日
    C. 9月18日 D. 9月19日

18. 甲公司向乙公司发出传真，要求以7000元/台的价格购买10台某型号电脑，并要求乙公司在五天内送货上门。根据《民法典·合同编》及相关规定，甲公司向乙公司发出传真的行为属于？
    A. 要约 B. 承诺 C. 邀请 D. 要约邀请

19. 甲、乙双方互负债务，没有先后履行顺序，一方在对方履行之前有权拒绝其履行要求，一方在对方履行债务不符合约定时，有权拒绝其相应的履行要求。根据《民法典·合同编》及相关规定，该理论称作什么权利？
    A. 先履行抗辩权   B. 现有技术抗辩权
    C. 同时履行抗辩权   D. 不安抗辩权

20. 委托开发合同当事人在合同中没有约定风险责任的承担，在合同履行过程中，因出现无法克服的技术困难，导致研究开发失败或者部分失败，而双方又无法达成补充协议的，根据《民法典·合同编》及相关规定，下列关于风险责任的说法正确的是？
    A. 由委托方承担   B. 由受托方承担
    C. 双方当事人合理分担   D. 双方当事人平均分担

21. 甲诉乙赔偿胜诉，双方当事人签收人民法院的判决书后，发现其中将赔偿数额20万元误写成20元。根据《民事诉讼法》及相关规定，下列说法正确的是？
    A. 应当通过审判监督程序，重新制作判决书
    B. 直接作出改正原判决的新判决书并送达双方当事人
    C. 作出裁定书予以补正
    D. 报请上级法院批准后作出裁定予以补正

22. 某运营商开发的一款移动应用程序（App）过度索取大量用户信息，某消费者保护协会以侵犯公民个人信息为由提起公益诉讼，人民法院受理了该案。根据《民事诉讼法》及相关规定，下列说法正确的是？
    A. 该案应当由侵权行为地或者被告住所地中级人民法院管辖
    B. 该案原告不得申请撤诉
    C. 该案当事人不可以和解，法院也不可以调解
    D. 因该案已受理，使用该App的用户以前述理由提起诉讼，人民法院不予受理

23. 人民法院和诉讼参加人在审理民事案件和参与民事诉讼活动中，应当本着诚实和善意进行，防止当事人滥用诉讼权利，保证诉讼的顺利进行，促进诉讼公正和效率。根据《民事诉讼法》及相关规定，上述内容是对哪一原则的描述？
    A. 审理原则 B. 平等原则
    C. 调解原则 D. 诚信原则

24. 宋某驾车与郝某发生碰撞，郝某用智能手机对现场进行了拍照，两人就赔偿问题协商未果，郝某提起诉讼，要求宋某赔偿损失，并向人民法院提交了一张光盘，其内存有作为证据的现场照片，宋某应诉，并提交了行车记录仪的存储卡，其内存有作为证据的影像资料。根据《民事诉讼法》及相关规定，下列说法正确的是？
    A. 郝某提交的证书属于电子数据；宋某提交的证据属于视听资料
    B. 郝某提交的证书属于视听资料；宋某提交的证据属于视听资料
    C. 郝某提交的证书属于电子数据；宋某提交的证据属于电子数据
    D. 郝某提交的证书属于视听资料；宋某提交的证据属于电子数据

25. 某区生态环境局以某服装厂违规排放污水为由，作出罚款10万元的行政处罚决定，该服装厂不服，向该区人民政府申请行政复议。根据《行政复议法》及相关规定，下列哪一说法是正确的？
    A. 申请行政复议期限为60日
    B. 该服装厂不得以电子邮件形式提出复议申请
    C. 行政复议机关不能进行调解
    D. 该服装厂如果在行政复议决定作出前撤回行政复议申请，则行政复议中止

26. 某区环保局因某制药厂违规排放污水，给予其罚款 10 万元的处罚。制药厂不服，向复议机关申请行政复议，复议机关作出维持处罚的复议决定书。根据《行政复议法》及相关规定，下列说法正确的是？

  A. 复议机构应当为某区政府
  B. 如果行政复议期间案件涉及法律适用问题，需要有权机关作出解释，行政复议终止
  C. 行政复议决定书一经送达，即发生法律效力
  D. 制药厂对复议决定不服向人民法院起诉，应由复议机关所在地的人民法院管辖

27. 根据《反垄断法》的规定，国务院某部门对一电子商务公司作出罚款 50 万元的行政处罚。该公司不服，向行政复议机关申请行政复议。根据《行政复议法》及相关规定，下列说法正确的是？

  A. 行政复议期间，行政复议机关不应审查具体行政行为的适当性
  B. 该公司可以书面申请行政复议，也可以口头申请行政复议
  C. 该公司撤回行政复议申请的，一律不得再以同一事实和理由提出行政复议申请
  D. 该公司申请行政复议时，可以向行政复议机关提出对《反垄断法》规定的审查申请

28. 某县政府依孙某申请作出行政复议决定，撤销某县公安局没收孙某车辆的行政行为，并责令在 30 日内返还车辆，但某县公安局拒绝返还车辆。根据《行政复议法》及相关规定，孙某可以采取下列哪一项措施？

  A. 申请人民法院强制执行
  B. 对某县公安局的行为申请行政复议
  C. 向人民法院提起行政诉讼
  D. 请求某县政府责令某县公安局返还车辆

29. 某县公安局民警张某在执行公务中被李某打伤，该公安局认定李某的行为构成妨碍公务，据此对李某处以 500 元罚款。张某认为该处罚决定太轻。根据《行政复议法》及相关规定，下列说法正确的是？

  A. 对李某受到的处罚决定，张某既不能申请行政复议，也不能提起行政诉讼
  B. 对李某受到的处罚决定，张某不能申请行政复议，但可以提起行政诉讼
  C. 对李某受到的处罚决定，张某可以申请行政复议，但不能提起行政诉讼
  D. 对李某受到的处罚决定，张某应当先申请复议，对行政复议决定不服可提起行政诉讼

30. 甲于 2021 年 4 月 10 日开始使用"天黑黑"商标，乙于同年 5 月 20 日开始使用相同的商标。甲、乙均于 2022 年 2 月 15 日向商标局寄出注册"天黑黑"商标的申请文件，但甲的申请文件于 2 月 22 日寄至商标局，乙的申请文件于 2 月 20 日寄至商标局。根据《商标法》及相关规定，商标局应初步审定公告谁的申请？

  A. 甲、乙同时公告，因两者同一天寄出申请材料

B. 公告乙的申请，因乙申请在先
C. 公告甲的申请，因甲使用在先
D. 甲、乙以抽签方式确定申请人

二、多项选择题（每题所设选项中至少有两个正确答案，多选、少选、错选或不选均不得分。本部分含31～100题，每题1分，共70分。）

31. 根据《民法典·总则编》的规定，当对监护人的确定有争议时，关于指定监护人的说法正确的是？
    A. 当事人不服居民委员会指定的监护人，可以向人民法院申请指定监护人
    B. 当事人不服民政部门指定的监护人，不可以向人民法院申请指定监护人
    C. 当事人可以直接向人民法院申请指定监护人
    D. 当事人不可以直接向人民法院申请指定监护人

32. 根据《民法典·总则编》及相关规定，下列哪项法律关系属于民法调整的范围？
    A. 张某与李某之间订立的蔬菜买卖合同关系
    B. 王某与赵某之间的收养关系
    C. 税务机关与孙某之间的税款征收关系
    D. 税务机关与周某之间订立的办公用品买卖合同关系

33. 根据《民法典·总则编》及相关规定，民法调整平等主体的自然人、法人和非法人组织之间的人身关系和财产关系。下列属于人身关系的是哪些？
    A. 赡养关系
    B. 婚姻关系
    C. 物权关系
    D. 债权关系

34. 根据《民法典·总则编》及相关规定，下列属于无效民事法律行为的是哪些？
    A. 行为人与相对人以虚假的意思表示实施的民事法律行为
    B. 违背公序良俗的民事法律行为
    C. 行为人与相对人恶意串通，损害他人合法权益的民事法律行为
    D. 无民事行为能力人实施的民事法律行为

35. 根据《民法典·总则编》及相关规定，下列属于可撤销民事法律行为的是哪些？
    A. 基于重大误解实施的民事法律行为
    B. 以欺诈手段，使对方在违背真实意思的情况下实施的民事法律行为
    C. 第三人实施欺诈行为，使一方在违背真实意思的情况下实施的民事法律行为，对方知道或者应当知道该欺诈行为的
    D. 一方或者第三人以胁迫手段，使对方在违背真实意思的情况下实施的民事法律行为

36. 根据《民法典·总则编》及相关规定，下列属于监护关系终止的情形有哪些？
    A. 被监护人取得或者恢复完全民事行为能力
    B. 监护人丧失监护能力
    C. 监护人实施严重损害被监护人身心健康的行为
    D. 被监护人或者监护人死亡

37. 根据《民法典·总则编》及相关规定，监护人存在下列哪些情形时，人民法院根据有关个人或者组织的申请，撤销其监护人资格？
    A. 实施严重损害被监护人身心健康的行为
    B. 丧失监护能力
    C. 怠于履行监护职责，导致被监护人处于危困状态
    D. 无法履行监护职责且拒绝将监护职责部分或者全部委托给他人，导致被监护人处于危困状态

38. 张某在其微博上写了一篇短篇小说《那年三天三夜的雨》，某话剧团未经张某许可，也未向张某支付报酬，将该作品改编成《那年三天三夜的雪》的情景喜剧，并进行演出。根据《著作权法》及相关规定，该话剧团侵犯张某的哪些权利？
    A. 发表权   B. 表演权   C. 改编权   D. 修改权

39. 某作家创作了一部武侠小说。根据《著作权法》及相关规定，下列哪些属于该作家享有的著作权内容？
    A. 署名权   B. 复制权
    C. 出租权   D. 表演者权

40. 根据《著作权法》及相关规定，下列自然人创作的作品中，哪些作品的发表权、《著作权法》第十条第一款第（五）项至第（十七）项规定的权利的保护期为作者终生及其死亡后五十年，截止于作者死亡后第五十年的12月31日。
    A. 文字作品   B. 口述作品
    C. 摄影作品   D. 视听作品

41. 王某对"潼关肉夹馍""逍遥镇胡辣汤"商标维权事件颇有感慨，于是写下一篇杂感和一篇学术论文，并于2021年11月1日分别将两篇作品向某报社和某法学期刊寄出。根据《著作权法》及相关规定，下列说法正确的是？
    A. 王某到2021年11月16日仍未收到报社决定刊登的通知的，可以将同一作品向其他报社投稿
    B. 王某到2021年11月16日仍未收到期刊决定刊登的通知的，可以将同一作品向其他期刊社投稿

C. 作品刊登后，除著作权人声明不得转载、摘编的外，其他报刊可以转载或者作为文摘、资料刊登，但应当按照规定向著作权人支付报酬

D. 作品刊登后，除报社或期刊社声明不得转载、摘编的外，其他报刊可以转载或者作为文摘、资料刊登，但应当按照规定向著作权人支付报酬

42. 甲电影公司委托乙创作电影剧本，但未约定该剧本著作权的归属，甲电影公司据此拍摄电影，并制有电影DVD。丙擅自出租电影DVD和剧本；丁擅自将电影中的对话用方言配音，形成该电影的方言版。根据《著作权法》及相关规定，下列哪些说法是正确的？

　　A. 甲、乙享有剧本和电影的著作权　　B. 丙侵犯了剧本著作权人的出租权
　　C. 丙侵犯了电影著作权人的出租权　　D. 丁侵犯了电影著作权人的改编权

43. 甲、乙两人共同完成一幅绘画作品《卷起千堆雪》，甲提议将该画展览后出售，乙不同意展览和出售，甲最终将该画进行展览，丙看到该画后非常喜欢，甲未经乙的同意将该画卖给丙，丙将该画拍照，发布在自己微博上。根据《著作权法》及相关规定，以下说法正确的有哪些？

　　A. 乙不同意展览该画，因而甲无权展览该画
　　B. 乙不同意出售该画，因而甲无权出售该画
　　C. 丙将该画拍照并发布在微博上，侵犯了甲、乙的发表权
　　D. 丙将该画拍照并发布在微博上，侵犯了甲、乙的信息网络传播权

44. 某高校举办篮球赛，甲电视台经过授权，对篮球赛进行了现场直播，包括啦啦队精彩的表演。乙电视台未经许可截取电视信号进行同步转播。根据《著作权法》及相关规定，关于乙电视台的行为，下列表述正确的是哪些？

　　A. 侵犯了该高校对篮球比赛的著作权　　B. 侵犯了篮球运动员的表演权
　　C. 侵犯了啦啦队的表演者权　　D. 侵犯了甲电视台的广播组织权

45. 刘教授出版了一本图书《专利侵权案例精选》，该图书收集了与专利侵权有关的判决书，且内容选择和编排具有独创性。根据《著作权法》及相关规定，下列说法正确的是？

　　A. 与专利侵权有关的判决书不适用《著作权法》，因而该图书不受《著作权法》保护
　　B. 与专利侵权有关的判决书不适用《著作权法》，但是该图书仍受《著作权法》保护
　　C. 该图书内容选择和编排具有独创性，构成汇编作品，刘教授享有该图书的著作权
　　D. 该图书内容选择和编排具有独创性，构成演绎作品，刘教授享有该图书的著作权

46. 根据《民法典·合同编》及相关规定，下列说法正确的是？

　　A. 赠与合同是无偿合同　　B. 买卖合同是有偿合同
　　C. 技术合同是典型合同　　D. 借用合同是非典型合同

47. 根据《民法典·合同编》及相关规定，下列哪些协议不适用《民法典·合同编》？
   A. 离婚协议
   B. 收养协议
   C. 租赁协议
   D. 监护协议

48. 甲公司于9月18日向乙公司发出一要约，该要约于9月22日到达乙公司。甲公司在发出要约后不久反悔，决定撤回要约。根据《民法典·合同编》及相关规定，撤回要约的通知符合下面哪些情况，要约不发生效力？
   A. 早于9月22日到达乙方
   B. 晚于9月22日到达乙方
   C. 于9月22日到达乙方
   D. 于9月18日到达乙方

49. 根据《民法典·合同编》及相关规定，下列哪些属于对要约内容的实质性变更？
   A. 合同标的的变更
   B. 履行地点的变更
   C. 履行期限的变更
   D. 违约责任的变更

50. 甲公司与乙公司签订一份买卖合同，约定甲公司先交货，乙公司验收完毕后再付款。根据《民法典·合同编》及相关规定，有确切证据证明在何种情形下，甲公司可中止履行？
   A. 乙公司经营状况严重恶化
   B. 乙公司转移财产，以逃避债务
   C. 乙公司抽逃资金，以逃避债务
   D. 乙公司丧失商业信誉

51. 根据《民法典·合同编》及相关规定，下列关于解除合同的说法正确的是？
   A. 当事人可以约定一方解除合同的事由，解除合同的事由发生时，解除权人可以解除合同
   B. 因不可抗力致使不能实现合同目的，当事人可以解除合同
   C. 以持续履行的债务为内容的不定期合同，当事人可以随时解除合同，但是应当在合理期限之前通知对方
   D. 委托人或者受托人可以随时解除委托合同

52. 何某因技术开发合同纠纷向人民法院起诉，要求被告孙某履行合同并承担违约责任。人民法院由审判员甲和陪审员乙、丙组成合议庭。何某得知陪审员乙是被告的校友，便要求其回避，但该回避申请被拒绝，何某对此不服，申请复议。根据《民事诉讼法》及相关规定，下列说法正确的是？
   A. 陪审员乙的回避，应当由审判委员会决定
   B. 刘某最晚在法庭辩论终结前提出申请回避
   C. 陪审员乙在人民法院作出是否回避的决定前，不停止参与该案的工作
   D. 陪审员乙在人民法院做作出复议决定前，不停止参与该案的工作

53. 甲公司诉乙公司委托合同纠纷案，甲公司不服一审判决提起上诉。在第二审程序中，甲公司与乙公司达成协议，双方同意撤回起诉。根据《民事诉讼法》及相关规定，下列说法正确的是？

　　A. 在第二审程序中，甲公司申请撤回起诉，经其他当事人同意，人民法院一律不准

　　B. 在第二审程序中，甲公司申请撤回起诉，经其他当事人同意，人民法院可以准许

　　C. 甲公司在第二审程序中撤回起诉后重复起诉的，人民法院应当受理

　　D. 甲公司在第二审程序中撤回起诉后重复起诉的，人民法院不予受理

54. 甲科技公司起诉乙代理公司请求支付代理费，第一审人民法院判决甲科技公司胜诉，乙代理公司不服提起上诉。在第二审程序中，经第二审人民法院调解达成协议，并制作调解书。根据《民事诉讼法》及相关规定，下列说法正确的是？

　　A. 乙代理公司应当在判决书送达之日起十五日内向上一级人民法院提起上诉

　　B. 第二审人民法院审理上诉案件，只能在本院进行，不可以到原审人民法院所在地进行

　　C. 第二审人民法院制作的调解书由审判人员、书记员署名，并加盖人民法院印章

　　D. 第二审人民法院制作的调解书送达双方当事人后，第一审人民法院的判决即视为撤销

55. 不同的审判程序，审判组织的组成往往是不同的。根据《民事诉讼法》及相关规定，下列关于审判组织的说法正确的是？

　　A. 适用简易程序审理的民事案件，由审判员一人独任审理

　　B. 人民法院审理第二审民事案件，由审判员、陪审员或者仅有审判员组成合议庭

　　C. 发回重审的案件，原审人民法院应当按照第一审程序另行组成合议庭

　　D. 审理再审案件，按照第二审程序另行组成合议庭

56. 根据《民事诉讼法》及相关规定，关于人民法院制作的调解书，下列说法正确的是？

　　A. 经人民法院调解，维持收养关系的案件，人民法院可以不制作调解书

　　B. 当事人对已发生法律效力的调解书，提出证据证明调解违反自愿原则，可以申请再审

　　C. 当事人对已经发生法律效力的解除婚姻关系的判决、调解书，不得申请再审

　　D. 按照审判监督程序决定再审的追索抚恤金案件，一律裁定中止原调解书的执行

57. 根据《民事诉讼法》及相关规定，下列说法正确的是？

　　A. 民事诉讼活动通过信息网络平台在线进行的，与线下诉讼活动具有同等法律效力

　　B. 通过电子方式送达的判决书，受送达人提出需要纸质文书的，人民法院应当提供

　　C. 基层人民法院审理的基本事实清楚、权利义务关系明确的第一审民事案件，可以由审判员一人适用普通程序独任审理

　　D. 采用电子方式送达的，以送达信息到达受送达人特定系统的日期为送达日期

58. 甲以乙侵犯其专利为由提起诉讼，并且甲申请由丙作为具有专门知识的人出庭对专业技术问题予以说明。另外，乙申请证人丁出庭。根据《民事诉讼法》及相关规定，下列说法正确的是？

　　A．经法庭准许，乙可以对出庭的丙进行询问

　　B．丙在法庭上就专业问题提出的意见是法定证据

　　C．丙出庭的费用，由甲先行垫付，之后再由败诉一方当事人负担

　　D．丁出庭的费用，由乙先行垫付，之后再由败诉一方当事人负担

59. 根据《民事诉讼法》及相关规定，关于涉外民事诉讼的表述，下列说法正确的是？

　　A．对享有外交特权与豁免的外国人、外国组织或者国际组织提起的民事诉讼，应当依照中华人民共和国有关法律和中华人民共和国缔结或者参加的国际条约的规定办理

　　B．人民法院审理涉外民事案件，应当使用中华人民共和国通用的语言、文字，当事人要求提供翻译的，可以提供，费用由当事人承担

　　C．外国人、无国籍人、外国企业和组织在人民法院起诉、应诉，需要委托律师代理诉讼的，必须委托中华人民共和国的律师

　　D．因在中华人民共和国履行中外合资经营企业合同、中外合作经营企业合同、中外合作勘探开发自然资源合同发生纠纷提起的诉讼，由中华人民共和国人民法院管辖

60. 某区政府决定征收某小区房屋，该小区50户不服，向行政复议机关申请行政复议。根据《行政复议法》及相关规定，下列说法正确的是？

　　A．申请行政复议的期限为90日

　　B．居民应推选1至5名代表参加行政复议

　　C．市政府为复议机关

　　D．如果行政复议机关要求行政复议申请人补正申请材料，应在收到行政复议申请之日起5日内书面通知申请人

61. 根据《行政复议法》及相关规定，关于行政复议，下列说法正确的是？

　　A．行政复议机关收到行政复议申请后，应当在五日内进行审查，此处"五日"是指工作日，不含节假日

　　B．行政复议期间被申请人改变原具体行政行为的，行政复议的审理终止

　　C．行政复议期间行政复议机关发现被申请人的相关行政行为违法，可以制作行政复议意见书

　　D．行政复议机关审查申请行政复议的具体行政行为是否合法与适当，拟订行政复议决定

62. 根据《行政复议法》及相关规定，关于行政复议第三人，下列说法正确的是？

　　A．行政复议期间，申请人以外的公民、法人或者其他组织与被审查的具体行政行为有利害关系的，可以向行政复议机构申请作为第三人参加行政复议

B. 第三人不参加行政复议,不影响行政复议案件的审理

C. 行政复议机关应当为第三人查阅有关材料提供必要条件

D. 第三人委托代理人的,应当向行政复议机构提交授权委托书

63. 根据《行政复议法》及相关规定,有下列哪些情形时,行政复议机关可以按照自愿、合法的原则进行调解?

  A. 申请人对行政机关行使自由裁量权作出的具体行政行为不服申请行政复议

  B. 当事人之间的行政赔偿纠纷

  C. 当事人之间的行政补偿纠纷

  D. 被申请人重新作出具体行政行为

64. 张某不服市政府对其作出的行政决定,向省政府申请行政复议,市政府在法定期限内提交了书面答复,但没有提交当初作出行政行为的证据、依据和其他有关材料。审理时市政府提交了作出行政行为的法律和事实依据。根据《行政复议法》及相关规定,下列说法错误的是?

  A. 省政府应接受市政府开庭时提交的证据材料

  B. 省政府应中止案件的审理

  C. 省政府应撤销市政府的具体行政行为

  D. 省政府应维持市政府的具体行政行为

65. 甲市某药厂以过期原料生产出售药品。甲市市场监督管理局根据相关规定,决定没收药品并处罚款10万元。该药厂不服向甲市政府申请复议,甲市政府根据相关规定,决定维持处罚决定。该药厂提起行政诉讼,根据《行政诉讼法》及相关规定,下列说法正确的是?

  A. 被告为甲市市场监督管理局 B. 被告为甲市政府和市场监督管理局

  C. 该药厂的起诉期限为3个月 D. 基层人民法院对该案有管辖权

66. 根据《行政诉讼法》及相关规定,行政机关所实施的下列行为中,哪些不属于人民法院行政诉讼的受案范围?

  A. 公安交管局在某路段悬挂"危险路段,谨慎驾驶"的横幅

  B. 县公安局依照《刑事诉讼法》对张某进行拘留

  C. 区政府没有依法向孙某支付抚恤金

  D. 打架斗殴的双方经公安派出所调解达成的协议

67. 某区公安局以张某哄抢一货车上的财物为由,对张某处以5万元罚款的处罚。张某向市公安局申请行政复议,市公安局维持了原处罚决定。张某向人民法院起诉。根据《行政诉讼法》及相关规定,下列哪些说法是正确的?

  A. 如果张某起诉区公安局且不愿追加市公安局为被告,人民法院应当追加市公安局为第三人

B. 如果张某起诉市公安局且不愿追加区公安局为被告，人民法院应当将市公安局列为共同被告

C. 该案可由区公安局所在地的人民法院管辖

D. 该案可由市公安局所在地的人民法院管辖

68. 张某针对李某的一项专利提出无效宣告请求，国家知识产权局依法宣告该专利全部无效，并于2021年9月30日向李某送达决定书。2021年10月10日李某因交通意外死亡。李某妻子不服该决定，向人民法院提起行政诉讼。根据《行政诉讼法》及相关规定，下列说法正确的是?

A. 李某妻子可以自己的名义提起行政诉讼

B. 人民法院应当通知张某作为第三人参加诉讼

C. 人民法院应当通知张某作为被告参加诉讼

D. 原告的起诉期限为两个月

69. 胡某申请领取抚恤金，遭到民政局拒绝。胡某将其诉至人民法院，要求判令民政局履行法定职责，同时申请人民法院先予执行。根据《行政诉讼法》及相关规定，下列说法正确的是?

A. 胡某的先予执行申请，属于先予执行范围

B. 胡某的先予执行申请，不属于先予执行范围

C. 如果人民法院作出先予执行裁定，民政局不服的，可以申请复议

D. 如果人民法院作出先予执行裁定，复议期间不停止裁定的执行

70. 某县环保局依据《环保法》对违法排污企业作出罚款处罚决定，该企业不服。根据《行政诉讼法》及相关规定，下列说法正确的是?

A. 如果该企业申请行政复议，可以自知道具体行政行为之日起六十日内提出行政复议申请

B. 如果该企业直接提起诉讼，应当自知道或者应当知道作出行政行为之日起六个月内提出

C. 如果该企业先申请行政复议，但不服行政复议决定，可以在收到复议决定书之日起十五日内向人民法院提起诉讼

D. 如果该企业提起诉讼，应当向人民法院递交起诉状，或者口头起诉，由人民法院记入笔录

71. 根据《行政诉讼法》及相关规定，在行政诉讼中法庭从哪些方面对证据的合法性进行审查?

A. 证据是否符合法定形式

B. 证据的取得是否符合法律、法规、司法解释和规章的要求

C. 证据形成的原因

D. 发现证据时的客观环境

72. 根据《行政诉讼法》及相关规定，在行政诉讼中法庭从哪些方面对证据的真实性进行审查？
   A. 证据是否为原件、原物，复制件、复制品与原件、原物是否相符
   B. 提供证据的人或者证人与当事人是否具有利害关系
   C. 证据是否符合法定形式
   D. 证据的取得是否符合法律、法规、司法解释和规章的要求

73. 孙某因出售盗版光碟被市公安局处以罚款5万元的行政处罚，孙某不服，向省公安厅申请行政复议，后者维持了上述决定。孙某提起行政诉讼。根据《行政诉讼法》及相关规定，下列说法正确的是？
   A. 省公安厅为该案的被告
   B. 省公安厅和市公安局为该案的共同被告
   C. 市公安局所在地的法院对该案有管辖权
   D. 省公安厅所在地的法院对该案有管辖权

74. 某市环保局发现一中外合资制药公司违规排放污水，决定对该公司处以20万元罚款。中方投资者接受处罚，但外方投资者不服，于是向人民法院提起行政诉讼。根据《行政诉讼法》及相关规定，下列说法错误的是？
   A. 外方投资者只能以合资公司的名义起诉
   B. 外方投资者可以自己的名义起诉
   C. 人民法院受理外方投资者起诉后，应追加未起诉的中方投资者为共同原告
   D. 外方投资者只能以保护自己的权益为由提起诉讼

75. 赵某在西安某景区附近开设了"赵三烧"烧饼店，在当地颇有名气，外地游客孙某吃过后赞不绝口。当发现赵某尚未注册商标时，孙某就餐饮服务注册了"赵三烧"商标。根据《商标法》及相关规定，下列说法正确的是？
   A. 赵某如果在外地开设新店，可以使用"赵三烧"标识
   B. 孙某起诉赵某侵犯其权利，赵某不需要承担赔偿责任
   C. 孙某申请商标注册行为侵犯赵某的在先权利，自商标注册之日起五年内，赵某可请求宣告该注册商标无效
   D. 孙某申请商标注册行为侵犯赵某的在先权利，自商标注册之日起三年内，赵某可请求宣告该注册商标无效

76. 甲商标代理机构发现乙加湿器公司长期制造销售"吞云吐雾"牌加湿器，并有一定影响，但一直未注册商标，该机构与乙加湿器公司法务总监韩某沟通后，得知该公司计划来年进行商标注册。后韩某辞职创建丙加湿器公司。根据《商标法》及相关规定，下列说法错误的是？
   A. 如果乙公司委托注册"吞云吐雾"商标，甲商标代理机构不得接受委托

B. 如果丙公司委托注册"吞云吐雾"商标,甲商标代理机构不得接受委托
C. 甲商标代理机构可以在加湿器类产品自行注册"吞云吐雾"商标,用于转让给乙公司
D. 甲商标代理机构可以在加湿器类产品自行注册"吞云吐雾"商标,用于转让给丙公司

77. 钢墨公司在其制造和出售的钢笔和墨水瓶上注册了"钢墨"商标。根据《商标法》及相关规定,未经该公司许可,下列情形属于商标侵权行为的是?

A. 甲在店铺招牌中标有"钢墨钢笔专营"字样,只销售钢墨公司制造的钢笔
B. 乙制造"钢墨"商标标识,销售给仿制"钢墨"钢笔的小作坊
C. 丙将自制墨水和购买的"钢墨"钢笔组成套装销售,并标有"本套装使用'钢墨'钢笔"
D. 丁回收墨水用尽的"钢墨"墨水瓶,灌注自制墨水后销售

78. 甲公司在台灯产品上注册了"闪闪亮"商标,乙公司未经许可在自己生产的台灯上也使用"闪闪亮"商标,丙公司不知道乙公司使用该商标不合法,与乙公司签订书面合同,以合理价格大量购买"闪闪亮"台灯后售出,获利100万元以上。根据《商标法》及相关规定,下列说法正确的是?

A. 丙公司不得再销售"闪闪亮"台灯
B. 丙公司可以再销售"闪闪亮"台灯
C. 丙公司应当向甲公司赔偿100万元
D. 丙公司无需向甲公司赔偿100万元

79. 胡某开有一家针灸店,使用"一针舒"作为未注册商标长期使用,享有较高声誉。胡某通过签订书面合同许可其朋友何某使用"一针舒"商标从事针灸业务。何某认为该商标不错,于是以自己的名义向国家知识产权局商标局递交"一针舒"的商标注册申请。根据《商标法》及相关规定,下列说法正确的是?

A. 该商标使用许可合同自双方签字之日起生效
B. 该商标许可人应当将其商标使用许可报商标局备案
C. 该商标公告异议期内,胡某可以向商标局提出异议
D. 该商标被核准注册后,胡某可以自注册之日起5年内请求宣告该注册商标无效

80. 甲公司注册了商标"滴答滴",用于闹钟等商品上。根据《商标法》及相关规定,下列说法正确的是?

A. 甲公司要将该商标改成"嘀嗒嘀",应向商标局提出变更申请
B. 乙公司在闹钟上擅自使用"滴答滴"为商标,甲公司有权禁止
C. 甲公司无正当理由连续三年不使用该商标,该商标可能被撤销
D. 甲公司签订该商标转让合同后,应单独向商标局提出转让申请

81. 某药企在其生产的人用药品上使用"包治百病"商标,但未进行注册。根据《商标法》及相关规定,下列说法错误的是?
   A. 该药企使用该商标违法,因人用药品商标必须注册
   B. 该商标夸大宣传并具有欺骗性,不得使用
   C. 该商标可以使用,但不得注册
   D. 该商标通过使用获得显著性后,可以注册

82. 根据《商标法》及相关规定,下列关于日期的说法正确的是?
   A. 商标注册的申请日期以商标局收到申请文件的日期为准
   B. 商标注册的申请日期以申请人寄出申请文件的日期为准
   C. 商标异议人邮寄异议申请材料,以异议人寄出的邮戳日为准
   D. 商标异议人邮寄异议申请材料,以商标局收到的邮戳日为准

83. 根据《商标法》及相关规定,商标局工作人员有下列哪些情形,当事人或者利害关系人可以要求其回避?
   A. 商标局工作人员是当事人
   B. 商标局工作人员是当事人的近亲属
   C. 商标局工作人员是代理人的近亲属
   D. 商标局工作人员与申请商标注册有利害关系

84. 根据《商标法》及相关规定,下列关于期限的说法正确的是?
   A. 注册商标的有效期为十年,自申请注册之日起计算
   B. 注册商标的有效期为十年,自核准注册之日起计算
   C. 注册商标有效期满,需要继续使用的,商标注册人应当在期满前十二个月内按照规定办理续展手续
   D. 注册商标有效期满,需要继续使用的,商标注册人应当在期满前十八个月内按照规定办理续展手续

85. 根据《反不正当竞争法》及相关规定,经营者不得采用财物或者其他手段贿赂下列哪些单位或者个人,以谋取交易机会或者竞争优势?
   A. 交易相对方的工作人员
   B. 受交易相对方委托办理相关事务的单位或者个人
   C. 利用影响力影响交易的单位或者个人
   D. 利用职权影响交易的单位或个人

86. 根据《反不正当竞争法》及相关规定,经营者进行有奖销售不得存在下列哪些情形?
   A. 所设奖的种类、兑奖条件、奖金金额或者奖品等有奖销售信息不明确,影响兑奖

B. 采用谎称有奖的欺骗方式进行有奖销售

C. 采用故意让内定人员中奖的欺骗方式进行有奖销售

D. 抽奖式的有奖销售，最高奖的金额超过三万元

87. 根据《反不正当竞争法》及相关规定，经营者具有下列哪些行为，欺骗、误导相关公众，可以认定为"引人误解的商业宣传"？

A. 对商品作片面的宣传或者对比的

B. 将科学上已有定论的观点当作定论的事实用于商品宣传的

C. 以歧义性语言进行商品宣传的

D. 提供不真实的商品相关信息欺骗、误导相关公众的

88. 根据《植物新品种保护条例》及相关规定，执行本单位的任务或者主要是利用本单位的物质条件所完成的职务育种，植物新品种的申请权属于该单位，其中所称执行本单位任务所完成的职务育种是指下列哪些情形？

A. 在本职工作中完成的育种

B. 履行本单位交付的本职工作之外的任务所完成的育种

C. 退休后，3年内完成的与其在原单位承担的工作有关的育种

D. 退休后，1年内完成的与其在原单位分配的任务有关的育种

89. 根据《植物新品种保护条例》及相关规定，下列关于期限的说法正确的是？

A. 审批机关应当自受理品种权申请之日起6个月内完成初步审查

B. 对审批机关驳回品种权申请的决定不服的，申请人可以自收到通知之日起3个月内，向植物新品种复审委员会请求复审

C. 申请人对植物新品种复审委员会维持驳回品种权申请的决定不服的，可以自接到通知之日起3个月内向人民法院提起诉讼

D. 当事人对植物新品种复审委员会宣告品种权无效的决定不服的，可以自收到通知之日起3个月内向人民法院提起诉讼。

90. 根据《植物新品种保护条例》及相关规定，品种保护办公室对品种权申请的下列哪些内容进行初步审查？

A. 是否属于植物品种保护名录列举的植物属或者种的范围

B. 是否符合稳定性的规定

C. 植物新品种的命名是否适当

D. 选择的近似品种是否适当

91. 根据《集成电路布图设计保护条例》及相关规定，申请布图设计登记，应当提交哪些材料？

A. 布图设计登记申请表

B. 布图设计的复制件或者图样

C. 布图设计已投入商业利用的，提交含有该布图设计的集成电路样品

D. 布图设计已投入商业利用的，提交含有该布图设计的集成电路或者含有该集成电路的物品

92. 根据《集成电路布图设计保护条例》及相关规定，下列哪些行为可以不经布图设计权利人许可，不向其支付报酬？

A. 为个人目的而复制受保护的布图设计的

B. 单纯为评价、分析、研究、教学等目的而复制受保护的布图设计的

C. 对自己独立创作的与他人相同的布图设计进行复制或者将其投入商业利用的

D. 受保护的布图设计，由布图设计权利人或者经其许可投放市场后，他人再次商业利用的

93. 根据《集成电路布图设计保护条例》及相关规定，下列哪些说法是正确的？

A. 布图设计专有权的保护期为20年，自布图设计登记申请之日或者在世界任何地方首次投入商业利用之日起计算，以较前日期为准

B. 复审请求人在专利复审委员会作出决定前撤回其复审请求的，复审程序终止

C. 由法人主持，依据法人的意志而创作，并由法人承担责任的布图设计，其法定代表人是创作者

D. 布图设计权利人将其专有权转让或者许可他人使用其布图设计的，当事人应当订立书面合同

94. 根据《知识产权海关保护条例》及相关规定，知识产权权利人可以将其知识产权向海关总署申请备案，申请备案的，应当提交申请书。申请书应当包括下列哪些内容？

A. 知识产权权利人的名称或者姓名、注册地或者国籍等

B. 知识产权的名称、内容及其相关信息

C. 知识产权权利人合法行使知识产权的货物的名称、产地、进出境地海关、进出口商、主要特征、价格等

D. 已知的侵犯知识产权货物的制造商、进出口商、进出境地海关、主要特征、价格等

95. 根据《知识产权海关保护条例》及相关规定，有下列哪些情形，海关应当放行被扣留的侵权嫌疑货物？

A. 涉嫌侵犯专利权货物的收货人在向海关提供与货物等值的担保金后，请求海关放行其货物的

B. 涉嫌侵犯专利权货物的发货人在向海关提供与货物等值的担保金后，请求海关放行其货物的

C. 海关认为收货人或者发货人有充分的证据证明其货物未侵犯知识产权权利人的知识产

权的

D. 在海关认定被扣留的侵权嫌疑货物为侵权货物之前，知识产权权利人撤回扣留侵权嫌疑货物的申请的

96. 根据《保护工业产权巴黎公约》及相关规定，下列哪些属于工业产权的保护对象？
   A. 工业品外观设计　　　　　　　　B. 服务标记
   C. 原产地名称　　　　　　　　　　D. 制止不正当竞争

97. 根据《保护工业产权巴黎公约》及相关规定，下列哪些申请的申请人可以享有优先权？
   A. 外观设计申请　　　　　　　　　B. 商标注册申请
   C. 实用新型申请　　　　　　　　　D. 版权登记申请

98. 根据《与贸易有关的知识产权协定》及相关规定，至少就哪些方面而言，成员应授予作者及其权利继受人以许可或者禁止将其享有版权作品的原件或者复制品向公众商业性出租的权利？
   A. 计算机程序　　　　　　　　　　B. 美术作品
   C. 电影作品　　　　　　　　　　　D. 摄影作品

99. 根据《与贸易有关的知识产权协定》及相关规定，下列关于外观设计的说法正确的是？
   A. 各成员可以规定，外观设计的保护不应延及主要根据技术或功能考虑而创作的外观设计
   B. 外观设计如果与已知的外观设计或已知的外观设计特征的组合没有显著的区别，即为无新颖性或无原创性
   C. 受保护的外观设计的所有人，应有权制止第三方未得所有人同意而为商业目的制造、许诺销售、销售或进口载有或体现有受保护的外观设计的复制品或实质上是复制品的物品
   D. 外观设计可享有的保护期间至少为 10 年

100. 根据《与贸易有关的知识产权协定》及相关规定，下列关于专利的说法正确的是？
   A. 可获得的保护期间，自申请提交之日起计算 20 年期间届满以前不应终止
   B. 各成员可以将医治人或动物的诊断、治疗和手术方法排除在可享专利的条件以外
   C. 如果专利的客体是产品，制止第三方未得所有人的同意而进行下列的行为：制造、使用、许诺销售、销售或为这些目的而进口该产品
   D. 如果专利的客体是方法，制止第三方未得所有人的同意而使用该方法的行为，和下列行为：使用、许诺销售、销售或为这些目的而进口至少是依照该方法直接所获得的产品

参考答案

1. B	2. D	3. C	4. A	5. D
6. D	7. A	8. B	9. B	10. A
11. A	12. C	13. D	14. B	15. A
16. D	17. C	18. A	19. C	20. C
21. C	22. A	23. D	24. C	25. A
26. C	27. B	28. D	29. A	30. B
31. AC	32. ABD	33. AB	34. ABCD	35. ABCD
36. ABD	37. ACD	38. BC	39. AB	40. ABC
41. AC	42. CD	43. BD	44. CD	45. BC
46. ABCD	47. ABD	48. ACD	49. ABCD	50. ABCD
51. ABCD	52. BD	53. BD	54. ACD	55. AC
56. ABC	57. ABCD	58. ABD	59. ABCD	60. BCD
61. ACD	62. ABCD	63. ABC	64. ABD	65. BD
66. ABD	67. BCD	68. AB	69. ACD	70. ABCD
71. AB	72. AB	73. BCD	74. ACD	75. BC
76. ACD	77. BD	78. AD	79. ACD	80. BC
81. ACD	82. AC	83. ABCD	84. BC	85. ABCD
86. ABC	87. AC	88. ABC	89. ABD	90. ACD
91. ABC	92. ABCD	93. BD	94. ABCD	95. ABCD
96. ABCD	97. ABC	98. AC	99. ABD	100. ABCD

参考答案及解析

1. 【考点】临时监护人
【解析】根据《民法典·总则编》第三十一条第三款的规定,依据该条第一款规定指定监护人前,被监护人的人身权利、财产权利以及其他合法权益处于无人保护状态的,由被监护人住所地的居民委员会、村民委员会、法律规定的有关组织或者民政部门担任临时监护人。因此,选项A、C、D不符合题意,选项B符合题意。
【答案】B

2. 【考点】民法的基本原则
【解析】根据《民法典·总则编》第四条的规定,民事主体在民事活动中的法律地位一律平等。根据《民法典·总则编》第五条的规定,民事主体从事民事活动,应当遵循自愿原则,按照自己的意思设立、变更、终止民事法律关系。根据《民法典·总则编》第六条的规定,民事主体从事民事活动,应当遵循公平原则,合理确定各方的权利和义务。根据《民法典·总则编》第七条的规定,民事主体从事民事活动,应当遵循诚信原则,秉持诚实,恪守承诺。其中,诚信原则要求民事主体从事民事活动时,应当秉持诚实、善意,信守自己的承诺,被称为"帝王条款"。因此,选项A、B、C错误,选项D正确。
【答案】D

3. 【考点】承担民事责任的方式 消除危险
【解析】根据《民法典·总则编》第一百七十九条第一款的规定,承担民事责任的方式主要有:(一)停止侵害;(二)排除妨碍;(三)消除危险;(四)返还财产;(五)恢复原状;……。其中,"消除危险"是指行为人的行为对他人人身、财产权益造成现实威胁,他人有权要求行为人采取有效措施消除这种现实威胁。因此,选项A、B、D错误,选项C正确。
【答案】C

4. 【考点】民事权利能力
【解析】根据《民法典·总则编》第十三条的规定,自然人从出生时起到死亡时止,具有民事权利能力,依法享有民事权利,承担民事义务。因此,选项A正确,选项B、C、D

错误。

【答案】A

5.【考点】民事行为能力

【解析】根据《民法典·总则编》第二十条的规定，不满八周岁的未成年人为无民事行为能力人，由其法定代理人代理实施民事法律行为。根据《民法典·总则编》第一百四十四条的规定，无民事行为能力人实施的民事法律行为无效。因此，选项A、B、C错误，选项D正确。

【答案】D

6.【考点】住所

【解析】根据《民法典·总则编》第二十五条的规定，自然人以户籍登记或者其他有效身份登记记载的居所为住所；经常居所与住所不一致的，经常居所视为住所。因此，选项A、B、C错误，选项D正确。

【答案】D

7.【考点】表演权 表演者权 播放者的义务

【解析】根据《著作权法》第三十八条的规定，使用他人作品演出，表演者应当取得著作权人许可，并支付报酬……。因此，选项A正确。根据《著作权法》第四十二条第一款的规定，录音录像制作者使用他人作品制作录音录像制品，应当取得著作权人许可，并支付报酬。因此，选项B错误。

根据《著作权法》第十条的规定，著作权包括下列人身权和财产权：……（九）表演权，即公开表演作品，以及用各种手段公开播送作品的表演的权利（机械表演）；……。本题中，将该歌曲作为背景音乐播放属于机械表演。因此，选项C错误。根据《著作权法》第四十六条第二款的规定，广播电台、电视台播放已经发表的录音制品，可以不经著作权人许可，但应当按照规定支付报酬。因此，选项D错误。

【答案】A

8.【考点】著作权的产生

【解析】根据《著作权法实施条例》第六条的规定，著作权自作品创作完成之日起产生。因此，选项A、C、D错误，选项B正确。

【答案】B

9.【考点】视听作品的著作权

【解析】根据《著作权法》第十七条第一款的规定，视听作品中的电影作品、电视剧作品的著作权由制作者享有，但编剧、导演、摄影、作词、作曲等作者享有署名权，并有权按照与制作者签订的合同获得报酬。因此，选项A、C、D错误，选项B正确。
【答案】B

10.【考点】职务作品
【解析】根据《著作权法》第十八条的规定，自然人为完成法人或者非法人组织工作任务所创作的作品是职务作品，除该条第二款的规定以外，著作权由作者享有，但法人或者非法人组织有权在其业务范围内优先使用。作品完成两年内，未经单位同意，作者不得许可第三人以与单位使用的相同方式使用该作品。有下列情形之一的职务作品，作者享有署名权，著作权的其他权利由法人或者非法人组织享有，法人或者非法人组织可以给予作者奖励：（一）主要是利用法人或者非法人组织的物质技术条件创作，并由法人或者非法人组织承担责任的工程设计图、产品设计图、地图、示意图、计算机软件等职务作品；（二）报社、期刊社、通讯社、广播电台、电视台的工作人员创作的职务作品；（三）法律、行政法规规定或者合同约定著作权由法人或者非法人组织享有的职务作品。因此，选项A正确，选项B、C、D错误。
【答案】A

11.【考点】委托作品
【解析】根据《著作权法》第十九条的规定，受委托创作的作品，著作权的归属由委托人和受托人通过合同约定。合同未作明确约定或者没有订立合同的，著作权属于受托人。委托作品是指基于他人委托而创作的作品，本题中职工乙设计的稿件被选作企业形象的标识，属于接受甲厂的委托而创作的作品，故属于委托作品。因此，选项A正确，选项B、C、D错误。

关于职务作品、法人作品和合作作品的相关规定如下：根据《著作权法》第十八条第一款的规定，自然人为完成法人或者非法人组织工作任务所创作的作品是职务作品，除该条第二款的规定以外，著作权由作者享有，但法人或者非法人组织有权在其业务范围内优先使用。作品完成两年内，未经单位同意，作者不得许可第三人以与单位使用的相同方式使用该作品。

根据《著作权法》第十一条第三款的规定，由法人或者非法人组织主持，代表法人或者非法人组织意志创作，并由法人或者非法人组织承担责任的作品，法人或者非法人组织视为作者。

根据《著作权法》第十四条第一款规定，两人以上合作创作的作品，著作权由合作作者共同享有。没有参加创作的人，不能成为合作作者。
【答案】A

12.【考点】文字作品 委托作品 职务作品
【解析】根据《著作权法》第三条的规定，该法所称的作品，是指文学、艺术和科学领域内具有独创性并能以一定形式表现的智力成果,包括:(一)文字作品;……。因此,选项 A 错误。根据《著作权法》第十九条的规定,受委托创作的作品,著作权的归属由委托人和受托人通过合同约定。合同未作明确约定或者没有订立合同的,著作权属于受托人。因此,选项 B 错误,选项 C 正确。

根据《著作权法》第十八条的规定,自然人为完成法人或者非法人组织工作任务所创作的作品是职务作品,除该条第二款的规定以外,著作权由作者享有,但法人或者非法人组织有权在其业务范围内优先使用。作品完成两年内,未经单位同意,作者不得许可第三人以与单位使用的相同方式使用该作品。有下列情形之一的职务作品,作者享有署名权,著作权的其他权利由法人或者非法人组织享有,法人或者非法人组织可以给予作者奖励:(一)主要是利用法人或者非法人组织的物质技术条件创作,并由法人或者非法人组织承担责任的工程设计图、产品设计图、地图、示意图、计算机软件等职务作品;(二)报社、期刊社、通讯社、广播电台、电视台的工作人员创作的职务作品;(三)法律、行政法规规定或者合同约定著作权由法人或者非法人组织享有的职务作品。本题不属于职务作品的情况,因此,选项 D 错误。

【答案】C

13.【考点】著作权的人身权和财产权

【解析】根据《著作权法》第二十条的规定,作品原件所有权的转移,不改变作品著作权的归属,但美术、摄影作品原件的展览权由原件所有人享有。作者将未发表的美术、摄影作品的原件所有权转让给他人,受让人展览该原件不构成对作者发表权的侵犯。因此,选项 A、B、C 错误,选项 D 正确。

【答案】D

14.【考点】合理使用

【解析】根据《著作权法》第二十四条第一款的规定,在下列情况下使用作品,可以不经著作权人许可,不向其支付报酬,但应当指明作者姓名或者名称、作品名称,并且不得影响该作品的正常使用,也不得不合理地损害著作权人的合法权益:……(二)为介绍、评论某一作品或者说明某一问题,在作品中适当引用他人已经发表的作品;……(七)国家机关为执行公务在合理范围内使用已经发表的作品;……(九)免费表演已经发表的作品,该表演未向公众收取费用,也未向表演者支付报酬且不以营利为目的;……(十一)将中国公民、法人或者非法人组织已经发表的以国家通用语言文字创作的作品翻译成少数民族语言文字作品在国内出版发行;……。因此,选项 B 正确,选项 A、C、D 错误。

【答案】B

15.【考点】第三人原因造成违约时违约责任承担

【解析】根据《民法典·合同编》第五百九十三条的规定,当事人一方因第三人的原因造成违约的,应当依法向对方承担违约责任。当事人一方和第三人之间的纠纷,依照法律规定或者按照约定处理。因此,选项A正确,选项B、C、D错误。

【答案】A

16.【考点】合同没有约定或者约定不明的补救措施

【解析】根据《民法典·合同编》第五百零二条第一款的规定,依法成立的合同,自成立时生效,但是法律另有规定或者当事人另有约定的除外。根据《民法典·合同编》第五百一十条的规定,合同生效后,当事人就质量、价款或者报酬、履行地点等内容没有约定或者约定不明确的,可以协议补充;不能达成补充协议的,按照合同相关条款或者交易习惯确定。因此,选项A、B、C错误,选项D正确。

【答案】D

17.【考点】承诺生效

【解析】根据《民法典·合同编》第四百八十四条第一款的规定,以通知方式作出的承诺,生效的时间适用该法第一百三十七条的规定。根据《民法典·总则编》第一百三十七条第二款的规定,以非对话方式作出的意思表示,到达相对人时生效。以非对话方式作出的采用数据电文形式的意思表示,相对人指定特定系统接收数据电文的,该数据电文进入该特定系统时生效;未指定特定系统的,相对人知道或者应当知道该数据电文进入其系统时生效。当事人对采用数据电文形式的意思表示的生效时间另有约定的,按照其约定。这里"到达相对人"并不意味着相对人必须亲自收到,只要进入相对人通常的地址、住所或者能够控制的地方(如信箱)即可视为生效。因此,选项A、B、D错误,选项C正确。

【答案】C

18.【考点】要约

【解析】根据《民法典·合同编》第四百七十二条的规定,要约是希望与他人订立合同的意思表示,该意思表示应当符合下列条件:(一)内容具体确定;(二)表明经受要约人承诺,要约人即受该意思表示约束。因此,选项A正确,选项B、C、D错误。

【答案】A

19.【考点】同时履行抗辩权

【解析】根据《民法典·合同编》第五百二十五条的规定,当事人互负债务,没有先后履行顺序的,应当同时履行。一方在对方履行之前有权拒绝其履行请求。一方在对方履行债务不符合约定时,有权拒绝其相应的履行请求。因此,选项A、B、D错误,选项C正确。

【答案】C

20. 【考点】技术开发合同风险

【解析】根据《民法典·合同编》第八百五十八条第一款的规定，技术开发合同履行过程中，因出现无法克服的技术困难，致使研究开发失败或者部分失败的，该风险由当事人约定；没有约定或者约定不明确，依据该法第五百一十条的规定仍不能确定的，风险由当事人合理分担。根据《民法典·合同编》第五百一十条的规定，合同生效后，当事人就质量、价款或者报酬、履行地点等内容没有约定或者约定不明确的，可以协议补充；不能达成补充协议的，按照合同相关条款或者交易习惯确定。因此，选项A、B、D错误，选项C正确。

【答案】C

21. 【考点】裁定 补正判决书中的笔误

【解析】根据《民事诉讼法》第一百五十七条第一款的规定，裁定适用于下列范围：……（七）补正判决书中的笔误；……。因此，选项A、B、D错误，选项C正确。

【答案】C

22. 【考点】公益诉讼

【解析】根据《最高人民法院关于适用〈中华人民共和国民事诉讼法〉的解释》第二百八十三条第一款的规定，公益诉讼案件由侵权行为地或者被告住所地中级人民法院管辖，但法律、司法解释另有规定的除外。因此，选项A正确。

根据《最高人民法院关于适用〈中华人民共和国民事诉讼法〉的解释》第二百八十八条的规定，公益诉讼案件的原告在法庭辩论终结后申请撤诉的，人民法院不予准许。因此，选项B错误。

根据《最高人民法院关于适用〈中华人民共和国民事诉讼法〉的解释》第二百八十七条第一款的规定，对公益诉讼案件，当事人可以和解，人民法院可以调解。因此，选项C错误。

根据《最高人民法院关于适用〈中华人民共和国民事诉讼法〉的解释》第二百八十六条的规定，人民法院受理公益诉讼案件，不影响同一侵权行为的受害人根据《民事诉讼法》第一百二十二条规定提起诉讼。因此，选项D错误。

【答案】A

23. 【考点】民事诉讼基本原则

【解析】根据《民事诉讼法》第七条的规定，人民法院审理民事案件，必须以事实为根据，以法律为准绳。因此，选项A错误。根据《民事诉讼法》第八条的规定，民事诉讼当事人有平等的诉讼权利。人民法院审理民事案件，应当保障和便利当事人行使诉讼权利，对当事人在适用法律上一律平等。因此，选项B错误。

根据《民事诉讼法》第九条的规定，人民法院审理民事案件，应当根据自愿和合法的原则进行调解；调解不成的，应当及时判决。因此，选项C错误。根据《民事诉讼法》第十三条的规定，民事诉讼应当遵循诚信原则。当事人有权在法律规定的范围内处分自己的民事权利和诉讼权利。因此，选项D正确。

【答案】D

24.【考点】证据的种类

【解析】根据《民事诉讼法》第六十六条第一款的规定，证据包括：（一）当事人的陈述；（二）书证；（三）物证；（四）视听资料；（五）电子数据；（六）证人证言；（七）鉴定意见；（八）勘验笔录。

根据《最高人民法院关于适用〈中华人民共和国民事诉讼法〉的解释》第一百一十六条的规定，视听资料包括录音资料和影像资料。电子数据是指通过电子邮件、电子数据交换、网上聊天记录、博客、微博客、手机短信、电子签名、域名等形成或者存储在电子介质中的信息。存储在电子介质中的录音资料和影像资料，适用电子数据的规定。由此可知，电子数据的基本特征是存储在电子介质中的电子信息、对于电子数据和视听资料交叉的情形，存储在电子介质中的录音资料和影像资料，属于电子数据的范畴。因此，选项A、B、D错误，选项C正确。

【答案】C

25.【考点】行政复议期限、形式、调解、终止

【解析】根据《行政复议法》第九条第一款的规定，公民、法人或者其他组织认为具体行政行为侵犯其合法权益的，可以自知道该具体行政行为之日起六十日内提出行政复议申请；但是法律规定的申请期限超过六十日的除外。因此，选项A正确。

根据《行政复议法实施条例》第十八条的规定，申请人书面申请行政复议的，可以采取当面递交、邮寄或者传真等方式提出行政复议申请。有条件的行政复议机构可以接受以电子邮件形式提出的行政复议申请。因此，选项B错误。

根据《行政复议法实施条例》第五十条第一款的规定，有下列情形之一的，行政复议机关可以按照自愿、合法的原则进行调解：（一）公民、法人或者其他组织对行政机关行使法律、法规规定的自由裁量权作出的具体行政行为不服申请行政复议的；（二）当事人之间的行政赔偿或者行政补偿纠纷。因此，选项C错误。

根据《行政复议法》第二十五条的规定，行政复议决定作出前，申请人要求撤回行政复议申请的，经说明理由，可以撤回；撤回行政复议申请的，行政复议终止。因此，选项D错误。

【答案】A

26.【考点】行政复议机关 行政复议决定 行政复议中止 地域管辖

【解析】根据《行政复议法》第十二条的规定，对县级以上地方各级政府工作部门的具体行政行为不服的，由申请人选择，可以向该部门的本级人民政府申请行政复议，也可以向上一级主管部门申请行政复议。因此，选项A错误。根据《行政复议法实施条例》第四十一条

的规定,行政复议期间有下列情形之一,影响行政复议案件审理的,行政复议中止:……(六)案件涉及法律适用问题,需要有权机关作出解释或者确认的;……。因此,选项B错误。

根据《行政复议法》第三十一条第三款的规定,行政复议决定书一经送达,即发生法律效力。因此,选项C正确。根据《行政诉讼法》第十八条第一款的规定,行政案件由最初作出行政行为的行政机关所在地人民法院管辖。经复议的案件,也可以由复议机关所在地人民法院管辖。因此,选项D错误。

【答案】C

27. 【考点】行政复议审查申请复议形式 撤回复议申请规定的审查

【解析】根据《行政复议法》第三条第一款的规定,依照该法履行行政复议职责的行政机关是行政复议机关。行政复议机关负责法制工作的机构具体办理行政复议事项,履行下列职责:……(三)审查申请行政复议的具体行政行为是否合法与适当,拟订行政复议决定;……。因此,选项A错误。

根据《行政复议法》第十一条的规定,申请人申请行政复议,可以书面申请,也可以口头申请;口头申请的,行政复议机关应当当场记录申请人的基本情况、行政复议请求、申请行政复议的主要事实、理由和时间。因此,选项B正确。

根据《行政复议法实施条例》第三十八条第二款的规定,申请人撤回行政复议申请的,不得再以同一事实和理由提出行政复议申请。但是,申请人能够证明撤回行政复议申请违背其真实意思表示的除外。因此,选项C错误。

根据《行政复议法》第七条规定,公民、法人或者其他组织认为行政机关的具体行政行为所依据的下列规定不合法,在对具体行政行为申请行政复议时,可以一并向行政复议机关提出对该规定的审查申请:(一)国务院部门的规定;(二)县级以上地方各级人民政府及其工作部门的规定;(三)乡、镇人民政府的规定。前款所列规定不含国务院部、委员会规章和地方人民政府规章。规章的审查依照法律、行政法规办理。因此,选项D错误。

【答案】B

28. 【考点】行政复议决定履行

【解析】根据《行政复议法》第三十二条的规定,被申请人应当履行行政复议决定。被申请人不履行或者无正当理由拖延履行行政复议决定的,行政复议机关或者有关上级行政机关应当责令其限期履行。因此,选项D正确,选项A、B、C错误。

【答案】D

29. 【考点】行政复议申请人 行政诉讼原告

【解析】根据《行政复议法》第二条的规定,公民、法人或者其他组织认为具体行政行为侵犯其合法权益,向行政机关提出行政复议申请,行政机关受理行政复议申请、作出行政复议决定,适用该法。根据《行政诉讼法》第二条的规定,公民、法人或者其他组织认为行政机关和行政机关工作人员的行政行为侵犯其合法权益，有权依照该法向人民法院提起诉讼。前款所称行政行为，包括法律、法规、规章授权的组织作出的行政行为。本题中，张某代表行政机关行使职权，张某不属于行政相对人，也不属于利害关系人，故张某既不能申请行政复议，也不能提起行政诉讼。因此，选项A正确，选项B、C、D错误。

【答案】A

30. 【考点】商标先申请制

【解析】根据《商标法实施条例》第十八条第一款的规定，商标注册的申请日期以商标局收到申请文件的日期为准。根据《商标法》第三十一条的规定，两个或者两个以上的商标注册申请人，在同一种商品或者类似商品上，以相同或者近似的商标申请注册的，初步审定并公告申请在先的商标；同一天申请的，初步审定并公告使用在先的商标，驳回其他人的申请，不予公告。因此，选项A、C、D错误，选项B正确。

【答案】B

31. 【考点】监护人指定

【解析】根据《民法典·总则编》第三十一条第一款的规定，对监护人的确定有争议的，由被监护人住所地的居民委员会、村民委员会或者民政部门指定监护人，有关当事人对指定不服的，可以向人民法院申请指定监护人；有关当事人也可以直接向人民法院申请指定监护人。因此，选项A、C正确，选项B、D错误。

【答案】A、C

32. 【考点】民法调整的范围

【解析】根据《民法典·总则编》第二条的规定，民法调整平等主体的自然人、法人和非法人组织之间的人身关系和财产关系。本题中，选项A"蔬菜买卖合同关系"属于平等主体自然人之间的财产关系，选项B"收养关系"属于平等主体自然人之间的人身关系。因此，选项A、B正确。

根据《民法典·总则编》第九十七条的规定，有独立经费的机关和承担行政职能的法定机构从成立之日起，具有机关法人资格，可以从事为履行职能所需要的民事活动。由此可知，机关法人履行法定职能所从事的活动除了公法意义上的行政管理活动外，还包括私法意义上的民事活动。本题中，选项C属于前者，税款征收关系是行政机关与行政相对人之间的行政法律关系，不属于民法调整的平等主体之间的关系；选项D属于后者，办公用品买卖合同关系属于民法调整的范围。因此，选项C错误，选项D正确。

【答案】A、B、D

33. 【考点】民法调整范围

【解析】根据《民法典·总则编》第二条的规定，民法调整平等主体的自然人、法人和非法人组织之间的人身关系和财产关系。其中，人身关系是指民事主体之间基于人格和身份形成的无直接物质利益因素的民事法律关系，如配偶之间的婚姻关系、父母子女之间的抚养和赡养关系；财产关系是指民事主体之间基于物质利益而形成的民事法律关系，如物权关系、债权关系等。因此，选项A、B正确，选项C、D错误。

【答案】A、B

34.【考点】民事法律行为无效

【解析】根据《民法典·总则编》第一百四十六条第一款的规定，行为人与相对人以虚假的意思表示实施的民事法律行为无效。根据《民法典·总则编》第一百五十三条的规定，违反法律、行政法规的强制性规定的民事法律行为无效。但是，该强制性规定不导致该民事法律行为无效的除外。违背公序良俗的民事法律行为无效。根据《民法典·总则编》第一百五十四条的规定，行为人与相对人恶意串通，损害他人合法权益的民事法律行为无效。根据《民法典·总则编》第一百四十四条的规定，无民事行为能力人实施的民事法律行为无效。因此，选项A、B、C、D符合题意。

【答案】A、B、C、D

35.【考点】民事法律行为可撤销

【解析】根据《民法典·总则编》第一百四十七条的规定，基于重大误解实施的民事法律行为，行为人有权请求人民法院或者仲裁机构予以撤销。根据《民法典·总则编》第一百四十八条的规定，一方以欺诈手段，使对方在违背真实意思的情况下实施的民事法律行为，受欺诈方有权请求人民法院或者仲裁机构予以撤销。根据《民法典·总则编》第一百四十九条的规定，第三人实施欺诈行为，使一方在违背真实意思的情况下实施的民事法律行为，对方知道或者应当知道该欺诈行为的，受欺诈方有权请求人民法院或者仲裁机构予以撤销。根据《民法典·总则编》第一百五十条的规定，一方或者第三人以胁迫手段，使对方在违背真实意思的情况下实施的民事法律行为，受胁迫方有权请求人民法院或者仲裁机构予以撤销。因此，选项A、B、C、D正确。

【答案】A、B、C、D

36.【考点】监护关系终止 撤销监护人资格

【解析】根据《民法典·总则编》第三十九条的规定，有下列情形之一的，监护关系终止：（一）被监护人取得或者恢复完全民事行为能力；（二）监护人丧失监护能力；（三）被监护人或者监护人死亡；（四）人民法院认定监护关系终止的其他情形。监护关系终止后，被监护人仍然需要监护的，应当依法另行确定监护人。因此，选项A、B、D正确。

根据《民法典·总则编》第三十六条第一款的规定，监护人有下列情形之一的，人民法院根据有关个人或者组织的申请，撤销其监护人资格，安排必要的临时监护措施，并按照最有利于被监护人的原则依法指定监护人：（一）实施严重损害被监护人身心健康的行为；

(二）怠于履行监护职责，或者无法履行监护职责且拒绝将监护职责部分或者全部委托给他人，导致被监护人处于危困状态；（三）实施严重侵害被监护人合法权益的其他行为。因此，选项C错误。

【答案】A、B、D

37.【考点】撤销监护人资格 监护关系终止

【解析】根据《民法典·总则编》第三十六条第一款的规定，监护人有下列情形之一的，人民法院根据有关个人或者组织的申请，撤销其监护人资格，安排必要的临时监护措施，并按照最有利于被监护人的原则依法指定监护人：（一）实施严重损害被监护人身心健康的行为；（二）怠于履行监护职责，或者无法履行监护职责且拒绝将监护职责部分或者全部委托给他人，导致被监护人处于危困状态；（三）实施严重侵害被监护人合法权益的其他行为。因此，选项A、C、D正确。

根据《民法典·总则编》第三十九条的规定，有下列情形之一的，监护关系终止：（一）被监护人取得或者恢复完全民事行为能力；（二）监护人丧失监护能力；（三）被监护人或者监护人死亡；（四）人民法院认定监护关系终止的其他情形。监护关系终止后，被监护人仍然需要监护的，应当依法另行确定监护人。因此，选项B错误。

【答案】A、C、D

38.【考点】著作权

【解析】根据《著作权法》第十条的规定，著作权包括下列人身权和财产权：（一）发表权，即决定作品是否公之于众的权利；……（三）修改权，即修改或者授权他人修改作品的权利；……（九）表演权，即公开表演作品，以及用各种手段公开播送作品的表演的权利；（十四）改编权，即改变作品，创作出具有独创性的新作品的权利；……。根据《著作权法》第十六条的规定，使用改编、翻译、注释、整理、汇编已有作品而产生的作品进行出版、演出和制作录音录像制品，应当取得该作品的著作权人和原作品的著作权人许可，并支付报酬。本题中，该话剧团未经许可改编张某的作品，并进行演出，侵犯了张某的改编权和表演权。因此，选项A、D不符合题意，选项B、C符合题意。

【答案】B、C

39.【考点】著作权

【解析】根据《著作权法》第十条第一款的规定，著作权包括下列人身权和财产权：（一）发表权，即决定作品是否公之于众的权利；（二）署名权，即表明作者身份，在作品上署名的权利；……（五）复制权，即以印刷、复印、拓印、录音、录像、翻录、数字化等方式将作品制作一份或者多份的权利；……（七）出租权，即有偿许可他人临时使用视听作品、计算机软件的原件或者复制件的权利，计算机软件不是出租的主要标的的除外；……（九）表演权，即公开表演作品，以及用各种手段公开播送作品的表演的权利；……。因此，选项A、B正确，选项C、D错误。

【答案】A、B

40. 【考点】保护期限

【解析】根据《著作权法》第二十三条的规定，自然人的作品，其发表权、该法第十条第一款第（五）项至第（十七）项规定的权利的保护期为作者终生及其死亡后五十年，截止于作者死亡后第五十年的12月31日；如果是合作作品，截止于最后死亡的作者死亡后第五十年的12月31日。法人或者非法人组织的作品、著作权（署名权除外）由法人或者非法人组织享有的职务作品，其发表权的保护期为五十年，截止于作品创作完成后第五十年的12月31日；该法第十条第一款第（五）项至第（十七）项规定的权利的保护期为五十年，截止于作品首次发表后第五十年的12月31日，但作品自创作完成后五十年内未发表的，该法不再保护。视听作品，其发表权的保护期为五十年，截止于作品创作完成后第五十年的12月31日；该法第十条第一款第（五）项至第（十七）项规定的权利的保护期为五十年，截止于作品首次发表后第五十年的12月31日，但作品自创作完成后五十年内未发表的，该法不再保护。因此，选项A、B、C正确，选项D错误。

【答案】A、B、C

41. 【考点】另行投稿时间 法定许可

【解析】根据《著作权法》第三十五条的规定，著作权人向报社、期刊社投稿的，自稿件发出之日起十五日内未收到报社通知决定刊登的，或者自稿件发出之日起三十日内未收到期刊社通知决定刊登的，可以将同一作品向其他报社、期刊社投稿。双方另有约定的除外。作品刊登后，除著作权人声明不得转载、摘编的外，其他报刊可以转载或者作为文摘、资料刊登，但应当按照规定向著作权人支付报酬。因此，选项A、C正确，选项B、D错误。

【答案】A、C

42. 【考点】委托作品权属 视听作品权属 出租权 改编权

【解析】根据《著作权法》第十九条的规定，受委托创作的作品，著作权的归属由委托人和受托人通过合同约定。合同未作明确约定或者没有订立合同的，著作权属于受托人。根据《著作权法》第十七条的规定，视听作品中的电影作品、电视剧作品的著作权由制作者享有，但编剧、导演、摄影、作词、作曲等作者享有署名权，并有权按照与制作者签订的合同获得报酬。前款规定以外的视听作品的著作权归属由当事人约定；没有约定或者约定不明确的，由制作者享有，但作者享有署名权和获得报酬的权利。视听作品中的剧本、音乐等可以单独使用的作品的作者有权单独行使其著作权。因此，选项A错误。

根据《著作权法》第十条第一款的规定，著作权包括下列人身权和财产权：……（七）出租权，即有偿许可他人临时使用视听作品、计算机软件的原件或者复制件的权利，计算机软件不是出租的主要标的的除外；……（十四）改编权，即改变作品，创作出具有独创性的新作品的权利；……。因此，选项B错误，选项C、D正确。

【答案】C、D

43.【考点】合作作品 著作权

【解析】根据《著作权法》第十条第一款的规定，著作权包括下列人身权和财产权：（一）发表权，即决定作品是否公之于众的权利；……（八）展览权，即公开陈列美术作品、摄影作品的原件或者复制件的权利；……（十二）信息网络传播权，即以有线或者无线方式向公众提供，使公众可以在其选定的时间和地点获得作品的权利；……。根据《著作权法》第十四条第一、二款的规定，两人以上合作创作的作品，著作权由合作作者共同享有。没有参加创作的人，不能成为合作作者。合作作品的著作权由合作作者通过协商一致行使；不能协商一致，又无正当理由的，任何一方不得阻止他方行使除转让、许可他人专有使用、出质以外的其他权利，但是所得收益应当合理分配给所有合作作者。因此，选项A、C错误，选项B、D正确。

【答案】B、D

44.【考点】著作权的客体、邻接权

【解析】根据《著作权法》第三条的规定，该法所称的作品，是指文学、艺术和科学领域内具有独创性并能以一定形式表现的智力成果，包括：（一）文字作品；（二）口述作品；（三）音乐、戏剧、曲艺、舞蹈、杂技艺术作品；（四）美术、建筑作品；（五）摄影作品；（六）视听作品；（七）工程设计图、产品设计图、地图、示意图等图形作品和模型作品；（八）计算机软件；（九）符合作品特征的其他智力成果。由此可知，著作权中的作品种类不包括体育竞赛。因此，选项A、B错误。

根据《著作权法》第三十九条第一款的规定，表演者对其表演享有下列权利：（一）表明表演者身份；（二）保护表演形象不受歪曲；（三）许可他人从现场直播和公开传送其现场表演，并获得报酬；（四）许可他人录音录像，并获得报酬；（五）许可他人复制、发行、出租录有其表演的录音录像制品，并获得报酬；（六）许可他人通过信息网络向公众传播其表演，并获得报酬。因此，选项C正确。

根据《著作权法》第四十七条第一款的规定，广播电台、电视台有权禁止未经其许可的下列行为：（一）将其播放的广播、电视以有线或者无线方式转播；（二）将其播放的广播、电视录制以及复制；（三）将其播放的广播、电视通过信息网络向公众传播。因此，选项D正确。

【答案】C、D

45.【考点】汇编作品 演绎作品

【解析】根据《著作权法》第五条的规定，该法不适用于：（一）法律、法规，国家机关的决议、决定、命令和其他具有立法、行政、司法性质的文件，及其官方正式译文；（二）单纯事实消息；（三）历法、通用数表、通用表格和公式。根据《著作权法》第十三条的规定，改编、翻译、注释、整理已有作品而产生的作品，其著作权由改编、翻译、注释、整理人享有，但行使著作权时不得侵犯原作品的著作权。根据《著作权法》第十五条的规定，汇编若干作品、作品的片段或者不构成作品的数据或者其他材料，对其内容的选择或者编排体现独创性的作品，为汇编作品，其著作权由汇编人享有，但行使著作权时，不得侵犯原作品的著作权。因此，选项A、D错误，选项B、C正确。

【答案】B、C

46.【考点】典型合同 非典型合同 有偿合同 无偿合同

【解析】根据《民法典·合同编》第六百五十七条的规定，赠与合同是赠与人将自己的财产无偿给予受赠人，受赠人表示接受赠与的合同。因此，选项A正确。根据《民法典·合同编》第五百九十五条的规定，买卖合同是出卖人转移标的物的所有权于买受人，买受人支付价款的合同。因此，选项B正确。

根据《民法典·合同编》第八百四十三条的规定，技术合同是当事人就技术开发、转让、许可、咨询或者服务订立的确立相互之间权利和义务的合同。因此，选项C正确。《民法典·合同编》第二分编对技术合同等19种典型合同作了规定，不包括借用合同。因此，借用合同是非典型合同，选项D正确。

【答案】A、B、C、D

47.【考点】适用范围

【解析】根据《民法典·合同编》第四百六十四条的规定，合同是民事主体之间设立、变更、终止民事法律关系的协议。婚姻、收养、监护等有关身份关系的协议，适用有关该身份关系的法律规定；没有规定的，可以根据其性质参照适用该编规定。因此，选项A、B、D符合题意，选项C不符合题意。

【答案】A、B、D

48.【考点】要约撤回

【解析】根据《民法典·合同编》第四百七十五条的规定，要约可以撤回。要约的撤回适用该法第一百四十一条的规定。根据《民法典·总则编》第一百四十一条的规定，行为人可以撤回意思表示。撤回意思表示的通知应当在意思表示到达相对人前或者与意思表示同时到达相对人。因此，选项A、C、D符合题意，选项B不符合题意。

【答案】A、C、D

49.【考点】承诺对要约内容的实质性变更

【解析】根据《民法典·合同编》第四百八十八条的规定，承诺的内容应当与要约的内容一致。受要约人对要约的内容作出实质性变更的，为新要约。有关合同标的、数量、质量、价款或者报酬、履行期限、履行地点和方式、违约责任和解决争议方法等的变更,是对要约内容的实质性变更。因此,选项A、B、C、D正确。

【答案】A、B、C、D

50.【考点】不安抗辩权

【解析】根据《民法典·合同编》第五百二十七条的规定,应当先履行债务的当事人,有确切证据证明对方有下列情形之一的,可以中止履行:(一)经营状况严重恶化;(二)转移财产、抽逃资金,以逃避债务;(三)丧失商业信誉;(四)有丧失或者可能丧失履行债务能力的其他情形。当事人没有确切证据中止履行的,应当承担违约责任。因此,选项ABCD符合题意。

【答案】A、B、C、D

51.【考点】解除合同

【解析】根据《民法典·合同编》第五百六十二条的规定,当事人协商一致,可以解除合同。当事人可以约定一方解除合同的事由。解除合同的事由发生时,解除权人可以解除合同。因此,选项A正确。

根据《民法典·合同编》第五百六十三条的规定,有下列情形之一的,当事人可以解除合同:(一)因不可抗力致使不能实现合同目的;(二)在履行期限届满前,当事人一方明确表示或者以自己的行为表明不履行主要债务;(三)当事人一方迟延履行主要债务,经催告后在合理期限内仍未履行;(四)当事人一方迟延履行债务或者有其他违约行为致使不能实现合同目的;(五)法律规定的其他情形。以持续履行的债务为内容的不定期合同,当事人可以随时解除合同,但是应当在合理期限之前通知对方。因此,选项B、C正确。

根据《民法典·合同编》第九百三十三条的规定,委托人或者受托人可以随时解除委托合同。因解除合同造成对方损失的,除不可归责于该当事人的事由外,无偿委托合同的解除方应当赔偿因解除时间不当造成的直接损失,有偿委托合同的解除方应当赔偿对方的直接损失和合同履行后可以获得的利益。因此,选项D正确。

【答案】A、B、C、D

52.【考点】回避

【解析】根据《民事诉讼法》第四十九条的规定,院长担任审判长或者独任审判员时的回避,由审判委员会决定;审判人员的回避,由院长决定;其他人员的回避,由审判长或者独任审判员决定。因此,选项A错误。

根据《民事诉讼法》第四十八条的规定,当事人提出回避申请,应当说明理由,在案件开始审理时提出;回避事由在案件开始审理后知道的,也可以在法庭辩论终结前提出。被申请回避的人员在人民法院作出是否回避的决定前,应当暂停参与该案的工作,但案件需要采取紧急措施的除外。因此,选项B正确,选项C错误。

根据《民事诉讼法》第五十条的规定，人民法院对当事人提出的回避申请，应当在申请提出的三日内，以口头或者书面形式作出决定。申请人对决定不服的，可以在接到决定时申请复议一次。复议期间，被申请回避的人员，不停止参与该案的工作。人民法院对复议申请，应当在三日内作出复议决定，并通知复议申请人。因此，选项D正确。

【答案】B、D

53.【考点】二审程序撤诉

【解析】根据《最高人民法院关于适用〈中华人民共和国民事诉讼法〉的解释》第三百三十六条的规定，在第二审程序中，原审原告申请撤回起诉，经其他当事人同意，且不损害国家利益、社会公共利益、他人合法权益的，人民法院可以准许。准许撤诉的，应当一并裁定撤销一审裁判。原审原告在第二审程序中撤回起诉后重复起诉的，人民法院不予受理。因此，选项A、C错误，选项B、D正确。

【答案】B、D

54.【考点】上诉调解书

【解析】根据《民事诉讼法》第一百七十一条的规定，当事人不服地方人民法院第一审判决的，有权在判决书送达之日起十五日内向上一级人民法院提起上诉。当事人不服地方人民法院第一审裁定的，有权在裁定书送达之日起十日内向上一级人民法院提起上诉。因此，选项A正确。

根据《民事诉讼法》第一百七十六条第二款的规定，第二审人民法院审理上诉案件，可以在该院进行，也可以到案件发生地或者原审人民法院所在地进行。因此，选项B错误。

根据《民事诉讼法》第一百七十九条的规定，第二审人民法院审理上诉案件，可以进行调解。调解达成协议，应当制作调解书，由审判人员、书记员署名，加盖人民法院印章。调解书送达后，原审人民法院的判决即视为撤销。因此，选项C、D正确。

【答案】A、C、D

55.【考点】审判组织

【解析】根据《民事诉讼法》第四十条第二款的规定，适用简易程序审理的民事案件，由审判员一人独任审理。基层人民法院审理的基本事实清楚、权利义务关系明确的第一审民事案件，可以由审判员一人适用普通程序独任审理。因此，选项A正确。

根据《民事诉讼法》第四十一条第一款的规定，人民法院审理第二审民事案件，由审判员组成合议庭。合议庭的成员人数，必须是单数。中级人民法院对第一审适用简易程序审结或者不服裁定提起上诉的第二审民事案件，事实清楚、权利义务关系明确的，经双方当事人同意，可以由审判员一人独任审理。发回重审的案件，原审人民法院应当按照第一审程序另行组成合议庭。审理再审案件，原来是第一审的，按照第一审程序另行组成合议庭；原来是第二审的或者是上级人民法院提审的，按照第二审程序另行组成合议庭。因此，选项B、D

错误,选项C正确。

【答案】A、C

56.【考点】民事调解书

【解析】根据《民事诉讼法》第一百零一条第一款的规定,下列案件调解达成协议,人民法院可以不制作调解书:(一)调解和好的离婚案件;(二)调解维持收养关系的案件;(三)能够即时履行的案件;(四)其他不需要制作调解书的案件。因此,选项A正确。

根据《民事诉讼法》第二百零八条的规定,当事人对已经发生法律效力的调解书,提出证据证明调解违反自愿原则或者调解协议的内容违反法律的,可以申请再审。经人民法院审查属实的,应当再审。因此,选项B正确。

根据《民事诉讼法》第二百零九条的规定,当事人对已经发生法律效力的解除婚姻关系的判决、调解书,不得申请再审。因此,选项C正确。

根据《民事诉讼法》第二百一十三条的规定,按照审判监督程序决定再审的案件,裁定中止原判决、裁定、调解书的执行,但追索赡养费、扶养费、抚养费、抚恤金、医疗费用、劳动报酬等案件,可以不中止执行。因此,选项D错误。

【答案】A、B、C

57.【考点】在线诉讼及送达 独任制普通程序审理模式

【解析】根据《民事诉讼法》第十六条的规定,经当事人同意,民事诉讼活动可以通过信息网络平台在线进行。民事诉讼活动通过信息网络平台在线进行的,与线下诉讼活动具有同等法律效力。因此,选项A正确。

根据《民事诉讼法》第九十条的规定,经受送达人同意,人民法院可以采用能够确认其收悉的电子方式送达诉讼文书。通过电子方式送达的判决书、裁定书、调解书,受送达人提出需要纸质文书的,人民法院应当提供。采用前款方式送达的,以送达信息到达受送达人特定系统的日期为送达日期。因此,选项B、D正确。

根据《民事诉讼法》第四十条第二款的规定,适用简易程序审理的民事案件,由审判员一人独任审理。基层人民法院审理的基本事实清楚、权利义务关系明确的第一审民事案件,可以由审判员一人适用普通程序独任审理。因此,选项C正确。

【答案】A、B、C、D

58.【考点】具有专门知识的人 证人

【解析】根据《最高人民法院关于适用〈中华人民共和国民事诉讼法〉的解释》第一百二十三条第一款的规定,人民法院可以对出庭的具有专门知识的人进行询问。经法庭准许,当事人可以对出庭的具有专门知识的人进行询问,当事人各自申请的具有专门知识的人可以就案件中的有关问题进行对质。因此,选项A正确。

根据《民事诉讼法》第六十六条第一款的规定,证据包括:(一)当事人的陈述;

(二）书证；（三）物证；（四）视听资料；（五）电子数据；（六）证人证言；（七）鉴定意见；（八）勘验笔录。根据《最高人民法院关于适用〈中华人民共和国民事诉讼法〉的解释》第一百二十二条第二、三款的规定，具有专门知识的人在法庭上就专业问题提出的意见，视为当事人的陈述。人民法院准许当事人申请的，相关费用由提出申请的当事人负担。因此，选项B正确，选项C错误。

根据《民事诉讼法》第七十七条的规定，证人因履行出庭作证义务而支出的交通、住宿、就餐等必要费用以及误工损失，由败诉一方当事人负担。当事人申请证人作证的，由该当事人先行垫付；当事人没有申请，人民法院通知证人作证的，由人民法院先行垫付。因此，选项D正确。

【答案】A、B、D

59.【考点】涉外民事诉讼
【解析】根据《民事诉讼法》第二百六十八条的规定，对享有外交特权与豁免的外国人、外国组织或者国际组织提起的民事诉讼，应当依照中华人民共和国有关法律和中华人民共和国缔结或者参加的国际条约的规定办理。因此，选项A正确。

根据《民事诉讼法》第二百六十九条的规定，人民法院审理涉外民事案件，应当使用中华人民共和国通用的语言、文字。当事人要求提供翻译的，可以提供，费用由当事人承担。因此，选项B正确。

根据《民事诉讼法》第二百七十条的规定，外国人、无国籍人、外国企业和组织在人民法院起诉、应诉，需要委托律师代理诉讼的，必须委托中华人民共和国的律师。因此，选项C正确。

根据《民事诉讼法》第二百七十三条的规定，因在中华人民共和国履行中外合资经营企业合同、中外合作经营企业合同、中外合作勘探开发自然资源合同发生纠纷提起的诉讼，由中华人民共和国人民法院管辖。因此，选项D正确。

【答案】A、B、C、D

60.【考点】行政复议期限 行政复议机关 申请材料 复议申请人代表
【解析】根据《行政复议法》第九条第一款的规定，公民、法人或者其他组织认为具体行政行为侵犯其合法权益的，可以自知道该具体行政行为之日起六十日内提出行政复议申请……。因此，选项A错误。根据《行政复议法》第十三条第一款的规定，对地方各级政府的具体行政行为不服的，向上一级地方政府申请行政复议。因此，选项C正确。

根据《行政复议法实施条例》第八条的规定，同一行政复议案件申请人超过5人的，推选1至5名代表参加行政复议。因此，选项B正确。

根据《行政复议法实施条例》第二十九条的规定，行政复议申请材料不齐全或者表述不清楚的，行政复议机构可以自收到该行政复议申请之日起5日内书面通知申请人补正。补正通知应当载明需要补正的事项和合理的补正期限。无正当理由逾期不补正的，视为申请人放弃行政复议申请。补正申请材料所用时间不计入行政复议审理期限。因此，选项D正确。

【答案】B、C、D

61.【考点】期间计算 行政复议终止 行政复议意见书 行政复议机关职能

【解析】根据《行政复议法》第十七条第一款的规定，行政复议机关收到行政复议申请后，应当在五日内进行审查，对不符合该法规定的行政复议申请，决定不予受理，并书面告知申请人；对符合该法规定，但是不属于该机关受理的行政复议申请，应当告知申请人向有关行政复议机关提出。根据《行政复议法》第四十条第二款的规定，该法关于行政复议期间有关"五日""七日"的规定是指工作日，不含节假日。因此，选项A正确。

根据《行政复议法实施条例》第三十九条的规定，行政复议期间被申请人改变原具体行政行为的，不影响行政复议案件的审理。但是，申请人依法撤回行政复议申请的除外。因此，选项B错误。

根据《行政复议法实施条例》第五十七条第一款的规定，行政复议期间行政复议机关发现被申请人或者其他下级行政机关的相关行政行为违法或者需要做好善后工作的，可以制作行政复议意见书。有关机关应当自收到行政复议意见书之日起60日内将纠正相关行政违法行为或者做好善后工作的情况通报行政复议机构。因此，选项C正确。

根据《行政复议法》第三条第一款的规定，依照该法履行行政复议职责的行政机关是行政复议机关。行政复议机关负责法制工作的机构具体办理行政复议事项，履行下列职责：……（三）审查申请行政复议的具体行政行为是否合法与适当，拟订行政复议决定；……。因此，选项D正确。

【答案】A、C、D

62.【考点】行政复议第三人

【解析】根据《行政复议法实施条例》第九条的规定，行政复议期间，行政复议机构认为申请人以外的公民、法人或者其他组织与被审查的具体行政行为有利害关系的，可以通知其作为第三人参加行政复议。行政复议期间，申请人以外的公民、法人或者其他组织与被审查的具体行政行为有利害关系的，可以向行政复议机构申请作为第三人参加行政复议。第三人不参加行政复议，不影响行政复议案件的审理。因此，选项A、B正确。

根据《行政复议法实施条例》第三十五条的规定，行政复议机关应当为申请人、第三人查阅有关材料提供必要条件。因此，选项C正确。

根据《行政复议法实施条例》第十条的规定，申请人、第三人可以委托1至2名代理人参加行政复议。申请人、第三人委托代理人的，应当向行政复议机构提交授权委托书。授权委托书应当载明委托事项、权限和期限。公民在特殊情况下无法书面委托的，可以口头委托。口头委托的，行政复议机构应当核实并记录在卷。申请人、第三人解除或者变更委托的，应当书面报告行政复议机构。因此，选项D正确。

【答案】A、B、C、D

63.【考点】调解

【解析】根据《行政复议法实施条例》第五十条第一款的规定，有下列情形之一的，行政复议机关可以按照自愿、合法的原则进行调解：（一）公民、法人或者其他组织对行政机关行使法律、法规规定的自由裁量权作出的具体行政行为不服申请行政复议的；（二）当事人之间的行政赔偿或者行政补偿纠纷。因此，选项A、B、C正确，选项D错误。

【答案】A、B、C

64.【考点】行政复议决定

【解析】根据《行政复议法》第二十八条第一款的规定，行政复议机关负责法制工作的机构应当对被申请人作出的具体行政行为进行审查，提出意见，经行政复议机关的负责人同意或者集体讨论通过后，按照下列规定作出行政复议决定：……（四）被申请人不按照该法第二十三条的规定提出书面答复、提交当初作出具体行政行为的证据、依据和其他有关材料的，视为该具体行政行为没有证据、依据，决定撤销该具体行政行为。根据《行政复议法》第二十三条第一款的规定，行政复议机关负责法制工作的机构应当自行政复议申请受理之日起七日内，将行政复议申请书副本或者行政复议申请笔录复印件发送被申请人。被申请人应当自收到申请书副本或者申请笔录复印件之日起十日内，提出书面答复，并提交当初作出具体行政行为的证据、依据和其他有关材料。因此，选项A、B、D的说法错误，符合题意，选项C的说法正确，不符合题意。

【答案】A、B、D

65.【考点】被告资格 管辖法院

【解析】根据《行政诉讼法》第二十六条第二款的规定，经复议的案件，复议机关决定维持原行政行为的，作出原行政行为的行政机关和复议机关是共同被告；复议机关改变原行政行为的，复议机关是被告。因此，选项A错误，选项B正确。

根据《行政诉讼法》第四十五条的规定，公民、法人或者其他组织不服复议决定的，可以在收到复议决定书之日起十五日内向人民法院提起诉讼。复议机关逾期不作决定的，申请人可以在复议期满之日起十五日内向人民法院提起诉讼。法律另有规定的除外。因此，选项C错误。

根据《行政诉讼法》第十四条的规定，基层人民法院管辖第一审行政案件。根据《行政诉讼法》第十五条的规定，中级人民法院管辖下列第一审行政案件：（一）对国务院部门或者县级以上地方人民政府所作的行政行为提起诉讼的案件；（二）海关处理的案件；（三）本辖区内重大、复杂的案件；（四）其他法律规定由中级人民法院管辖的案件。本题中，行政行为是由甲市市场监督管理局做出，而不是由甲市政府做出，故不属于《行政诉讼法》第十五条第（二）项"县级以上地方人民政府所作的行政行为"的情形，这里的行政行为是指由县级以上地方人民政府直接做出的行政处理决定，不包括其所作出的维持原行政行为的行政复议决定。因此，选项D正确。

【答案】B、D

66.【考点】行政行为

【解析】根据《最高人民法院关于适用〈中华人民共和国行政诉讼法〉的解释》第一条第二款的规定，下列行为不属于人民法院行政诉讼的受案范围：（一）公安、国家安全等机关依照《刑事诉讼法》的明确授权实施的行为；（二）调解行为以及法律规定的仲裁行为；（三）行政指导行为；……。因此，选项A、B、D不属于人民法院行政诉讼的受案范围。

根据《行政诉讼法》第十二条第一款的规定，人民法院受理公民、法人或者其他组织提起的下列诉讼：（一）对行政拘留、暂扣或者吊销许可证和执照、责令停产停业、没收违法所得、没收非法财物、罚款、警告等行政处罚不服的；……（十）认为行政机关没有依法支付抚恤金、最低生活保障待遇或者社会保险待遇的；……。因此，选项C属于人民法院行政诉讼的受案范围。

【答案】A、B、D

67.【考点】共同被告 法院管辖

【解析】根据《最高人民法院关于适用〈中华人民共和国行政诉讼法〉的解释》第一百三十四条第一款的规定，复议机关决定维持原行政行为的，作出原行政行为的行政机关和复议机关是共同被告。原告只起诉作出原行政行为的行政机关或者复议机关的，人民法院应当告知原告追加被告。原告不同意追加的，人民法院应当将另一机关列为共同被告。根据《最高人民法院关于适用〈中华人民共和国行政诉讼法〉的解释》第二十六条第二款的规定，应当追加被告而原告不同意追加的，人民法院应当通知其以第三人的身份参加诉讼，但行政复议机关作共同被告的除外。因此，选项A错误，选项B正确。

根据《行政诉讼法》第十八条第一款的规定，行政案件由最初作出行政行为的行政机关所在地人民法院管辖。经复议的案件，也可以由复议机关所在地人民法院管辖。因此，选项C、D正确。

【答案】B、C、D

68.【考点】行政诉讼当事人 起诉期限

【解析】根据《行政诉讼法》第二十五条第二款的规定，有权提起诉讼的公民死亡，其近亲属可以提起诉讼。因此，选项A正确。

根据《最高人民法院关于适用〈中华人民共和国行政诉讼法〉的解释》第三十条第一款的规定，行政机关的同一行政行为涉及两个以上利害关系人，其中一部分利害关系人对行政行为不服提起诉讼，人民法院应当通知没有起诉的其他利害关系人作为第三人参加诉讼。因此，选项B正确，选项C错误。

根据《专利法》第四十六条第二款的规定，对国务院专利行政部门宣告专利权无效或者维持专利权的决定不服的，可以自收到通知之日起三个月内向人民法院起诉。人民法院应当通知无效宣告请求程序的对方当事人作为第三人参加诉讼。因此，选项D错误。
【答案】A、B

69.【考点】先予执行
【解析】根据《行政诉讼法》第五十七条的规定，人民法院对起诉行政机关没有依法支付抚恤金、最低生活保障金和工伤、医疗社会保险金的案件，权利义务关系明确、不先予执行将严重影响原告生活的，可以根据原告的申请，裁定先予执行。当事人对先予执行裁定不服的，可以申请复议一次。复议期间不停止裁定的执行。因此，选项A、C、D正确，选项B错误。
【答案】A、C、D

70.【考点】行政复议及行政诉讼的期限诉讼形式
【解析】根据《行政复议法》第九条第一款的规定，公民、法人或者其他组织认为具体行政行为侵犯其合法权益的，可以自知道该具体行政行为之日起六十日内提出行政复议申请；但是法律规定的申请期限超过六十日的除外。因此，选项A正确。

根据《行政诉讼法》第四十六条第一款的规定，公民、法人或者其他组织直接向人民法院提起诉讼的，应当自知道或者应当知道作出行政行为之日起六个月内提出。法律另有规定的除外。因此，选项B正确。

根据《行政诉讼法》第四十五条的规定，公民、法人或者其他组织不服复议决定的，可以在收到复议决定书之日起十五日内向人民法院提起诉讼。复议机关逾期不作决定的，申请人可以在复议期满之日起十五日内向人民法院提起诉讼。法律另有规定的除外。因此，选项C正确。

根据《行政诉讼法》第五十条的规定，起诉应当向人民法院递交起诉状，并按照被告人数提出副本。书写起诉状确有困难的，可以口头起诉，由人民法院记入笔录，出具注明日期的书面凭证，并告知对方当事人。因此，选项D正确。
【答案】A、B、C、D

71.【考点】证据真实性、合法性
【解析】根据《最高人民法院关于行政诉讼证据若干问题的规定》第五十五条的规定，法庭应当根据案件的具体情况，从以下方面审查证据的合法性：（一）证据是否符合法定形式；（二）证据的取得是否符合法律、法规、司法解释和规章的要求；（三）是否有影响证据效力的其他违法情形。根据《最高人民法院关于行政诉讼证据若干问题的规定》第五十六条的规定，法庭应当根据案件的具体情况，从以下方面审查证据的真实性：（一）证据形成的原因；（二）发现证据时的客观环境；（三）证据是否为原件、原物，复制件、复制品与原件、原物是否相符；（四）提供证据的人或者证人与当事人是否具有利害关系；（五）影响证据真实性的其他因素。因此，选项A、B正确，选项C、D错误。

【答案】A、B

72.【考点】证据真实性、合法性
【解析】根据《最高人民法院关于行政诉讼证据若干问题的规定》第五十五条的规定，法庭应当根据案件的具体情况，从以下方面审查证据的合法性：（一）证据是否符合法定形式；（二）证据的取得是否符合法律、法规、司法解释和规章的要求；（三）是否有影响证据效力的其他违法情形。根据《最高人民法院关于行政诉讼证据若干问题的规定》第五十六条的规定，法庭应当根据案件的具体情况，从以下方面审查证据的真实性：（一）证据形成的原因；（二）发现证据时的客观环境；（三）证据是否为原件、原物，复制件、复制品与原件、原物是否相符；（四）提供证据的人或者证人与当事人是否具有利害关系；（五）影响证据真实性的其他因素。因此，选项A、B正确，选项C、D错误。
【答案】A、B

73.【考点】行政诉讼当事人和管辖
【解析】根据《行政诉讼法》第二十六条第二款的规定，经复议的案件，复议机关决定维持原行政行为的，作出原行政行为的行政机关和复议机关是共同被告；复议机关改变原行政行为的，复议机关是被告。因此，选项A错误，选项B正确。
根据《行政诉讼法》第十八条第一款的规定，行政案件由最初作出行政行为的行政机关所在地人民法院管辖。经复议的案件，也可以由复议机关所在地人民法院管辖。因此，选项C、D正确。
【答案】B、C、D

74.【考点】行政诉讼原告
【解析】根据《最高人民法院关于适用〈中华人民共和国行政诉讼法〉的解释》第十六条第二款的规定，联营企业、中外合资或者合作企业的联营、合资、合作各方，认为联营、合资、合作企业权益或者自己一方合法权益受行政行为侵害的，可以自己的名义提起诉讼。因此，选项A、C、D的说法错误，符合题意；选项B的说法正确，不符合题意。
【答案】A、C、D

75.【考点】在先权利 商标侵权
【解析】根据《商标法》第五十九条第三款的规定，商标注册人申请商标注册前，他人已经在同一种商品或者类似商品上先于商标注册人使用与注册商标相同或者近似并有一定影响的商标的，注册商标专用权人无权禁止该使用人在原使用范围内继续使用该商标，但可以要求其附加适当区别标识。因此，选项A错误，选项B正确。
根据《商标法》第四十五条第一款的规定，已经注册的商标，违反该法第十三条第二款和第三款、第十五条、第十六条第一款、第三十条、第三十一条、第三十二条规定的，自商标注册之日起五年内，在先权利人或者利害关系人可以请求商标评审委员会宣告该注册商标无效。对恶意注册的，驰名商标所有人不受五年的时间限制。根据《商标法》第三十二条的规定，申请商标注册不得损害他人现有的在先权利，也不得以不正当手段抢先注册他人已经使用并有一定影响的商标。因此，选项C正确，选项D错误。

【答案】B、C

76.【考点】商标代理机构的义务

根据《商标法》第十九条第三、四款的规定，商标代理机构知道或者应当知道委托人申请注册的商标属于该法第四条、第十五条和第三十二条规定情形的，不得接受其委托。商标代理机构除对其代理服务申请商标注册外，不得申请注册其他商标。根据《商标法》第三十二条的规定，申请商标注册不得损害他人现有的在先权利，也不得以不正当手段抢先注册他人已经使用并有一定影响的商标。因此，选项B的说法正确，不符合题意，选项A、C、D的说法错误，符合题意。

【答案】A、C、D

77.【考点】商标侵权行为

【解析】根据《商标法》第五十七条的规定，有下列行为之一的，均属侵犯注册商标专用权：（一）未经商标注册人的许可，在同一种商品上使用与其注册商标相同的商标的；（二）未经商标注册人的许可，在同一种商品上使用与其注册商标近似的商标，或者在类似商品上使用与其注册商标相同或者近似的商标，容易导致混淆的；（三）销售侵犯注册商标专用权的商品的；（四）伪造、擅自制造他人注册商标标识或者销售伪造、擅自制造的注册商标标识的；（五）未经商标注册人同意，更换其注册商标并将该更换商标的商品又投入市场的；（六）故意为侵犯他人商标专用权行为提供便利条件，帮助他人实施侵犯商标专用权行为的；（七）给他人的注册商标专用权造成其他损害的。根据第（一）、（四）项的规定，选项B、D属于侵权行为。因此，选项A、C不符合题意，选项B、D符合题意。

【答案】B、D

78.【考点】商标侵权的处理 不承担赔偿的情形

【解析】根据《商标法》第六十条第二款的规定，工商行政管理部门处理时，认定侵权行为成立的，责令立即停止侵权行为，没收、销毁侵权商品和主要用于制造侵权商品、伪造注册商标标识的工具，违法经营额五万元以上的，可以处违法经营额五倍以下的罚款，没有违法经营额或者违法经营额不足五万元的，可以处二十五万元以下的罚款。对五年内实施两次以上商标侵权行为或者有其他严重情节的，应当从重处罚。销售不知道是侵犯注册商标专用权的商品，能证明该商品是自己合法取得并说明提供者的，由工商行政管理部门责令停止销售。因此，选项A正确，选项B错误。

根据《商标法》第六十四条第二款的规定，销售不知道是侵犯注册商标专用权的商品，能证明该商品是自己合法取得并说明提供者的，不承担赔偿责任。因此，选项C错误，选项D正确。

【答案】A、D

79.【考点】注册商标的许可 注册商标的无效

【解析】根据《民法典·合同编》第五百零二条第一款的规定，依法成立的合同，自成立时生效，但法律另有规定或者当事人另有约定的除外。因此，选项A正确。根据《商标法》第四十三条的规定，商标注册人可以通过签订商标使用许可合同，许可他人使用其注册商标。许可人应当监督被许可人使用其注册商标的商品质量。被许可人应当保证使用该注册商标的商品质量。经许可使用他人注册商标的，必须在使用该注册商标的商品上标明被许可人的名称和商品产地。许可他人使用其注册商标的，许可人应当将其商标使用许可报商标局备案，由商标局公告。商标使用许可未经备案不得对抗善意第三人。由此可知，就注册商标而言，许可人应当将其商标使用许可报商标局备案。因此，选项B错误。

根据《商标法》第三十三条的规定，对初步审定公告的商标，自公告之日起三个月内，在先权利人、利害关系人认为违反该法第十三条第二款和第三款、第十五条、第十六条第一款、第三十条、第三十一条、第三十二条规定的，或者任何人认为违反该法第四条、第十条、第十一条、第十二条、第十九条第四款规定的，可以向商标局提出异议。公告期满无异议的，予以核准注册，发给商标注册证，并予公告。根据《商标法》第三十二条的规定，申请商标注册不得损害他人现有的在先权利，也不得以不正当手段抢先注册他人已经使用并有一定影响的商标。因此，选项C正确。

根据《商标法》第四十五条第一款的规定，已经注册的商标，违反该法第十三条第二款和第三款、第十五条、第十六条第一款、第三十条、第三十一条、第三十二条规定的，自商标注册之日起五年内，在先权利人或者利害关系人可以请求商标评审委员会宣告该注册商标无效。对恶意注册的，驰名商标所有人不受五年的时间限制。因此，选项D正确。

【答案】A、C、D

80.【考点】注册商标的申请 转让和保护

【解析】根据《商标法》第二十四条的规定，注册商标需要改变其标志的，应当重新提出注册申请。根据《商标法》第四十一条的规定，注册商标需要变更注册人的名义、地址或者其他注册事项的，应当提出变更申请。因此，选项A错误。

根据《商标法》第五十七条的规定，有下列行为之一的，均属侵犯注册商标专用权：（一）未经商标注册人的许可，在同一种商品上使用与其注册商标相同的商标的；（二）未经商标注册人的许可，在同一种商品上使用与其注册商标近似的商标，或者在类似商品上使用与其注册商标相同或者近似的商标，容易导致混淆的；……。因此，选项B正确。

根据《商标法》第四十九条第二款的规定，注册商标成为其核定使用的商品的通用名称或者没有正当理由连续三年不使用的，任何单位或者个人可以向商标局申请撤销该注册商标。商标局应当自收到申请之日起九个月内做出决定。有特殊情况需要延长的，经国务院工商行政管理部门批准，可以延长三个月。因此，选项C正确。

根据《商标法》第四十二条第一款的规定，转让注册商标的，转让人和受让人应当签订转让协议，并共同向商标局提出申请。受让人应当保证使用该注册商标的商品质量。因此，选项D错误。

【答案】B、C

81.【考点】商标强制注册规定 不得作为商标使用的标志

【解析】根据《商标法》第六条的规定，法律、行政法规规定必须使用注册商标的商品，必须申请商标注册，未经核准注册的，不得在市场销售。根据《烟草专卖法》第十九条第一款的规定，卷烟、雪茄烟和有包装的烟丝必须申请商标注册，未经核准注册的，不得生产、销售。因此，选项A的说法错误。

根据《商标法》第十条第一款的规定，下列标志不得作为商标使用：……（七）带有欺骗性，容易使公众对商品的质量等特点或者产地产生误认的；……。因此，选项B的说法正确，不符合题意，选项C、D的说法错误，符合题意。

【答案】A、C、D

82.【考点】商标申请日期

【解析】根据《商标法实施条例》第十八条第一款的规定，商标注册的申请日期以商标局收到申请文件的日期为准。因此，选项A正确，选项B错误。

根据《商标法实施条例》第九条第一款的规定，除该条例第十八条规定的情形外，当事人向商标局或者商标评审委员会提交文件或者材料的日期，直接递交的，以递交日为准；邮寄的，以寄出的邮戳日为准；邮戳日不清晰或者没有邮戳的，以商标局或者商标评审委员会实际收到日为准，但是当事人能够提出实际邮戳日证据的除外。通过邮政企业以外的快递企业递交的，以快递企业收寄日为准；收寄日不明确的，以商标局或者商标评审委员会实际收到日为准，但是当事人能够提出实际收寄日证据的除外。以数据电文方式提交的，以进入商标局或者商标评审委员会电子系统的日期为准。因此，选项C正确，选项D错误。

【答案】A、C

83.【考点】回避

【解析】根据《商标法实施条例》第七条的规定，商标局、商标评审委员会工作人员有下列情形之一的，应当回避，当事人或者利害关系人可以要求其回避：（一）是当事人或者当事人、代理人的近亲属的；（二）与当事人、代理人有其他关系，可能影响公正的；（三）与申请商标注册或者办理其他商标事宜有利害关系的。因此，选项A、B、C、D正确。

【答案】A、B、C、D

84. 【考点】商标期限

【解析】根据《商标法》第三十九条的规定，注册商标的有效期为十年，自核准注册之日起计算。因此，选项A错误，选项B正确。根据《商标法》第四十条的规定，注册商标有效期满，需要继续使用的，商标注册人应当在期满前十二个月内按照规定办理续展手续；在此期间未能办理的，可以给予六个月的宽展期。每次续展注册的有效期为十年，自该商标上一届有效期满次日起计算。期满未办理续展手续的，注销其注册商标。因此，选项C正确，选项D错误。

【答案】B、C

85. 【考点】商业贿赂行为

【解析】根据《反不正当竞争法》第七条的规定，经营者不得采用财物或者其他手段贿赂下列单位或者个人，以谋取交易机会或者竞争优势：（一）交易相对方的工作人员；（二）受交易相对方委托办理相关事务的单位或者个人；（三）利用职权或者影响力影响交易的单位或者个人。经营者在交易活动中，可以以明示方式向交易相对方支付折扣，或者向中间人支付佣金。经营者向交易相对方支付折扣、向中间人支付佣金的，应当如实入账。接受折扣、佣金的经营者也应当如实入账。经营者的工作人员进行贿赂的，应当认定为经营者的行为；但是，经营者有证据证明该工作人员的行为与为经营者谋取交易机会或者竞争优势无关的除外。因此，选项A、B、C、D符合题意。

【答案】A、B、C、D

86. 【考点】有奖销售

【解析】根据《反不正当竞争法》第十条的规定，经营者进行有奖销售不得存在下列情形：（一）所设奖的种类、兑奖条件、奖金金额或者奖品等有奖销售信息不明确，影响兑奖；（二）采用谎称有奖或者故意让内定人员中奖的欺骗方式进行有奖销售；（三）抽奖式的有奖销售，最高奖的金额超过五万元。因此，选项A、B、C符合题意，选项D不符合题意。

【答案】A、B、C

87. 【考点】引人误解的虚假宣传行为

【解析】根据《反不正当竞争法》第八条第一款的规定，经营者不得对其商品的性能、功能、质量、销售状况、用户评价、曾获荣誉等作虚假或者引人误解的商业宣传，欺骗、误导消费者。根据《最高人民法院关于适用〈中华人民共和国反不正当竞争法〉若干问题的解释》第十七条第一款的规定，经营者具有下列行为之一，欺骗、误导相关公众的，人民法院可以认定为《反不正当竞争法》第八条第一款规定的"引人误解的商业宣传"：（一）对商品作片面的宣传或者对比；（二）将科学上未定论的观点、现象等当作定论的事实用于商品宣传；（三）使用歧义性语言进行商业宣传；（四）其他足以引人误解的商业宣传行为。根据《最高人民法院关于适用〈中华人民共和国反不正当竞争法〉若干问题的解释》第十六条的规定，经营者在商业宣传过程中，提供不真实的商品相关信息，欺骗、误导相关公众的，人民法院应当认定为《反不正当竞争法》第八条第一款规定的虚假的商业宣传。因此，选项A、C符合题意，选项B、D不符合题意。

【答案】A、C

88.【考点】职务育种

【解析】根据《植物新品种保护条例》第七条第一款的规定，执行本单位的任务或者主要是利用本单位的物质条件所完成的职务育种，植物新品种的申请权属于该单位；非职务育种，植物新品种的申请权属于完成育种的个人。申请被批准后，品种权属于申请人。根据《植物新品种保护条例实施细则（农业部分）》第七条第一款的规定，《条例》第七条所称执行本单位任务所完成的职务育种是指下列情形之一：（一）在本职工作中完成的育种；（二）履行本单位交付的本职工作之外的任务所完成的育种；（三）退职、退休或者调动工作后，3年内完成的与其在原单位承担的工作或者原单位分配的任务有关的育种。因此，选项A、B、C正确，选项D错误。

【答案】A、B、C

89.【考点】植物新品种期限

根据《植物新品种保护条例》第二十八条的规定，审批机关应当自受理品种权申请之日起6个月内完成初步审查。对经初步审查合格的品种权申请，审批机关予以公告，并通知申请人在3个月内缴纳审查费。对经初步审查不合格的品种权申请，审批机关应当通知申请人在3个月内陈述意见或者予以修正；逾期未答复或者修正后仍然不合格的，驳回申请。因此，选项A正确。

根据《植物新品种保护条例》第三十二条的规定，审批机关设立植物新品种复审委员会。对审批机关驳回品种权申请的决定不服的，申请人可以自收到通知之日起3个月内，向植物新品种复审委员会请求复审。植物新品种复审委员会应当自收到复审请求书之日起6个月内作出决定，并通知申请人。申请人对植物新品种复审委员会的决定不服的，可以自接到通知之日起15日内向人民法院提起诉讼。因此，选项B正确，选项C错误。

根据《植物新品种保护条例》第三十七条的规定，自审批机关公告授予品种权之日起，植物新品种复审委员会可以依据职权或者依据任何单位或者个人的书面请求，对不符合该条例第十四条、第十五条、第十六条和第十七条规定的，宣告品种权无效；对不符合该条例第十八条规定的，予以更名。宣告品种权无效或者更名的决定，由审批机关登记和公告，并通知当事人。对植物新品种复审委员会的决定不服的，可以自收到通知之日起3个月内向人民法院提起诉讼。因此，选项D正确。

【答案】A、B、D

90.【考点】植物新品种初步审查内容

【解析】根据《植物新品种保护条例》第二十七条的规定，申请人缴纳申请费后，审批机关对品种权申请的下列内容进行初步审查：（一）是否属于植物品种保护名录列举的植物属或者种的范围；（二）是否符合该条例第二十条的规定；（三）是否符合新颖性的规定；（四）植物新品种的命名是否适当。因此，选项A、C正确，选项B错误。

根据《植物新品种保护条例实施细则（农业部分）》第三十五条第一款的规定，品种保护办公室对品种权申请的下列内容进行初步审查：（一）是否符合《条例》第二十七条规定；（二）选择的近似品种是否适当；申请品种的亲本或其他繁殖材料来源是否公开。因此，选项D正确。

【答案】A、C、D

91.【考点】集成电路布图设计申请材料

【解析】根据《集成电路布图设计保护条例》第十六条的规定，申请布图设计登记，应当提交：（一）布图设计登记申请表；（二）布图设计的复制件或者图样；（三）布图设计已投入商业利用的，提交含有该布图设计的集成电路样品；（四）国务院知识产权行政部门规定的其他材料。因此，选项A、B、C正确，选项D错误。

【答案】A、B、C

92.【考点】合理使用 权利用尽

【解析】根据《集成电路布图设计保护条例》第二十三条的规定，下列行为可以不经布图设计权利人许可，不向其支付报酬：（一）为个人目的或者单纯为评价、分析、研究、教学等目的而复制受保护的布图设计的；（二）在依据前项评价、分析受保护的布图设计的基础上，创作出具有独创性的布图设计的；（三）对自己独立创作的与他人相同的布图设计进行复制或者将其投入商业利用的。因此，选项A、B、C正确。根据《集成电路布图设计保护条例》第二十四条的规定，受保护的布图设计、含有该布图设计的集成电路或者含有该集成电路的物品，由布图设计权利人或者经其许可投放市场后，他人再次商业利用的，可以不经布图设计权利人许可，并不向其支付报酬。因此，选项D正确。

【答案】A、B、C、D

93.【考点】保护期限 复审请求的撤回、权属、转让、许可

【解析】根据《集成电路布图设计保护条例》第十二条的规定，布图设计专有权的保护期为10年，自布图设计登记申请之日或者在世界任何地方首次投入商业利用之日起计算，以较前日期为准。但是，无论是否登记或者投入商业利用，布图设计自创作完成之日起15年后，不再受该条例保护。因此，选项A错误。

根据《集成电路布图设计保护条例实施细则》第二十七条的规定，复审请求人在专利复审委员会作出决定前，可以撤回其复审请求。复审请求人在专利复审委员会作出决定前撤回

其复审请求的，复审程序终止。因此，选项B正确。

根据《集成电路布图设计保护条例》第九条的规定，布图设计专有权属于布图设计创作者，该条例另有规定的除外。由法人或者其他组织主持，依据法人或者其他组织的意志而创作，并由法人或者其他组织承担责任的布图设计，该法人或者其他组织是创作者。由自然人创作的布图设计，该自然人是创作者。因此，选项C错误。

根据《集成电路布图设计保护条例》第二十二条的规定，布图设计权利人可以将其专有权转让或者许可他人使用其布图设计。转让布图设计专有权的，当事人应当订立书面合同，并向国务院知识产权行政部门登记，由国务院知识产权行政部门予以公告。布图设计专有权的转让自登记之日起生效。许可他人使用其布图设计的，当事人应当订立书面合同。因此，选项D正确。

【答案】B、D

94.【考点】备案申请书

【解析】根据《知识产权海关保护条例》第七条的规定，知识产权权利人可以依照该条例的规定，将其知识产权向海关总署申请备案；申请备案的，应当提交申请书。申请书应当包括下列内容：（一）知识产权权利人的名称或者姓名、注册地或者国籍等；（二）知识产权的名称、内容及其相关信息；（三）知识产权许可行使状况；（四）知识产权权利人合法行使知识产权的货物的名称、产地、进出境地海关、进出口商、主要特征、价格等；（五）已知的侵犯知识产权货物的制造商、进出口商、进出境地海关、主要特征、价格等。前款规定的申请书内容有证明文件的，知识产权权利人应当附送证明文件。因此，选项A、B、C、D正确。

【答案】A、B、C、D

95【考点】扣留物品的放行条件

根据《知识产权海关保护条例》第二十四条的规定，有下列情形之一的，海关应当放行被扣留的侵权嫌疑货物：（一）海关依照该条例第十五条的规定扣留侵权嫌疑货物，自扣留之日起20个工作日内未收到人民法院协助执行通知的；（二）海关依照该条例第十六条的规定扣留侵权嫌疑货物，自扣留之日起50个工作日内未收到人民法院协助执行通知，并且经调查不能认定被扣留的侵权嫌疑货物侵犯知识产权的；（三）涉嫌侵犯专利权货物的收货人或者发货人在向海关提供与货物等值的担保金后，请求海关放行其货物的；（四）海关认为收货人或者发货人有充分的证据证明其货物未侵犯知识产权权利人的知识产权的；（五）在海关认定被扣留的侵权嫌疑货物为侵权货物之前，知识产权权利人撤回扣留侵权嫌疑货物的申请的。因此，选项A、B、C、D正确。

【答案】A、B、C、D

96. 【考点】工业产权
【解析】根据《保护工业产权巴黎公约》第一条（2）的规定，工业产权的保护对象有专利、实用新型、工业品外观设计、商标、服务标记、厂商名称、货源标记或原产地名称，和制止不正当竞争。因此，选项A、B、C、D正确。
【答案】A、B、C、D

97. 【考点】优先权
【解析】根据《保护工业产权巴黎公约》第四条A至I的规定，专利、实用新型、外观设计、商标、发明人证书的申请人可以享有优先权，因此，选项A、B、C正确，选项D错误。
【答案】A、B、C

98. 【考点】出租权
【解析】根据《与贸易有关的知识产权协定》第十一条的规定，至少就计算机程序和电影作品而言，成员应授予作者及其权利继受人以许可或者禁止将其享有版权作品的原件或者复制品向公众商业性出租的权利。对于电影作品，除非这种出租已经导致这种作品的广泛复制，重大地损害了该成员授予作者及其权利继受人的复制专有权，成员应免除这一义务。对于计算机程序，如果程序本身不是出租的主要客体，这一义务并不适用于该出租。因此，选项A、C正确，选项B、D错误。
【答案】A、C

99. 【考点】外观设计
根据《与贸易有关的知识产权协定》第二十五条的规定，(1)各成员应规定对独立创作和具有新颖性或原创性的工业品外观设计给予保护。各成员可以规定，外观设计如果与已知的外观设计或已知的外观设计特征的组合没有显著的区别，即为无新颖性或无原创性。各成员可以规定，这种保护不应延及主要根据技术或功能考虑而创作的外观设计……。因此，选项A、B正确。
根据《与贸易有关的知识产权协定》第二十六条的规定，(1)受保护的外观设计的所有人，应有权制止第三方未得所有人同意而为商业目的制造、销售或进口载有或体现有受保护的外观设计的复制品或实质上是复制品的物品。(2)各成员可以对外观设计的保护规定有限的例外，但是这些例外，在顾及第三方的合法利益的情况下，以并未与受保护的外观设计的正常利用不合理地相冲突，并且也未不合理地损害受保护的外观设计所有人的合法利益为限。(3)可享有的保护期间至少为10年。因此，选项C错误，选项D正确。
【答案】A、B、D

100. 【考点】保护期限 可享专利的主题 专利权
根据《与贸易有关的知识产权协定》第三十三条的规定，可获得的保护期间，自申请提交之日起计算20年期间届满以前不应终止。因此,选项A正确。

根据《与贸易有关的知识产权协定》第二十七条的规定,……各成员还可以将下列各项排除在可享专利的条件以外:(a) 医治人或动物的诊断、治疗和手术方法;(b) 植物和动物(微生物除外),和生产植物或动物的主要是生物学的方法(非生物学的方法和微生物学方法除外)。但是,各成员应规定依专利或依有效的专门制度,或依二者的结合,保护植物的品种。在世界贸易组织协定生效之日4年后应对该项规定进行复审。因此,选项B正确。

根据《与贸易有关的知识产权协定》第二十八条的规定,(1) 专利应当授予其所有人以下列排他权:(a) 如果专利的客体是产品,制止第三方未得所有人的同意而进行下列的行为:制造、使用、许诺销售、销售或为这些目的而进口该产品;(b) 如果专利的客体是方法,制止第三方未得所有人的同意而使用该方法的行为,和下列行为:使用、许诺销售、销售或为这些目的而进口至少是依照该方法直接所获得的产品。(2) 专利所有人还应有权转让或依继承而移转该专利,和缔结许可合同。因此,选项C、D正确。

【答案】A、B、C、D

专利代理师资格考试模拟试题

（第四套）

相关法律知识试卷

答题须知：
1. 本试卷共有 100 题，每题 1 分，总分 100 分。
2. 本试卷要求应试者在机考试卷上选择答案。
3. 本试卷所有试题的正确答案均以现行的法律、法规、规章、相关司法解释和国际条约为准。

一、单项选择题（每题所设选项中只有一个正确答案，多选、错选或不选均不得分。本部分含 1~30 题，每题 1 分，共 30 分。）

1. 水果店老板陈某经营店铺两年，因店铺亏损而终止经营，陈某因经济困难未将会员充值费 8 万元退回。一年来，陈某通过打工攒钱，陆续将会员充值费还清。根据《民法典·总则编》及相关规定，陈某的行为体现了民法的哪项基本原则？
   A. 平等原则
   B. 自愿原则
   C. 公平原则
   D. 诚信原则

2. 根据《民法典·总则编》及相关规定，下列民事法律行为效力待定的是哪些？
   A. 一方利用对方处于危困状态、缺乏判断能力等情形，致使民事法律行为成立时显失公平的
   B. 限制民事行为能力人实施的纯获利益的民事法律行为或者与其年龄、智力、精神健康状况相适应的民事法律行为
   C. 限制民事行为能力人实施的除纯获利益的民事法律行为和与其年龄、智力、精神健康

状况相适应的民事法律行为以外的民事法律行为

D. 以虚假的意思表示隐藏的民事法律行为

3. 甲于2010年9月下落不明，其妻于2015年6月向人民法院申请宣告甲死亡，人民法院受理该案件后发出寻找甲的公告，公告期满一年后，人民法院于2016年9月作出宣告甲死亡的判决。根据《民法典·总则编》及相关规定，甲的死亡时间是？

A. 2010年9月 B. 2015年6月
C. 2016年6月 D. 2016年9月

4. 甲超市与乙蔬菜基地签订白菜买卖合同，约定如果2021年12月白菜市场价格高于1元/斤，则合同不再履行；如果2021年12月白菜市场价低于1元/斤，则应于2022年1月交货。根据《民法典·总则编》及相关规定，此合同为下列哪种情况？

A. 附生效条件的民事法律行为 B. 附解除条件的民事法律行为
C. 附生效期限的民事法律行为 D. 附终止期限的民事法律行为

5. 甲于2015年5月下落不明，2021年6月，其父乙向人民法院申请宣告失踪，其妻丙向人民法院申请宣告死亡。根据《民法典·总则编》及相关规定，人民法院应当？

A. 宣告失踪 B. 宣告死亡
C. 先宣告失踪，再宣告死亡 D. 责令乙和丙两人商量确定

6. 某作家在刊物《读品》上发表了小说《西风残照》。根据《著作权法》及相关规定，以下对转载该小说的说法正确的是？

A. 作品刊登后，除著作权人声明不得转载的外，其他报刊可以转载，但应当按照规定向著作权人支付报酬

B. 作品刊登后，除著作权人声明不得转载的外，其他网站可以转载，但应当按照规定向著作权人支付报酬

C. 作品刊登后，除该刊物声明不得转载的外，其他报刊可以转载，但应当按照规定向著作权人支付报酬

D. 作品刊登后，除该刊物声明不得转载的外，其他网站可以转载，但应当按照规定向著作权人支付报酬

7. 民间艺人李某根据民间传说创作出评书《小放牛》，作家张某听完该评书后，将其内容整理、改编成同名小说《小放牛》出版，署名为张某。根据《著作权法》及相关规定，以下说法正确的是？

A. 评书《小放牛》为李某创作的口述作品，应当受《著作权法》保护

B. 张某将民间传说改编为小说《小放牛》，是独立创作行为，并未侵犯李某的著作权

C. 未经李某许可，张某将该评书整理、改编成小说出版，侵犯了李某的著作权

D. 张某侵犯了李某的著作权，因而张某不享有小说《小放牛》的著作权

8. 甲的画作《江山如画》于1968年发表。1970年甲去世。甲的继承人乙于2022年1月发现丙网站在传播画作《江山如画》，并将画中人物的衣着颜色进行了修改，且署名甲和丙。根据《著作权法》及相关规定，下列哪一表述是正确的？
   A. 该画的创作和发表时间在我国《著作权法》实施日之前，不受该法保护
   B. 丙将该画中人物的衣着颜色进行修改的行为不属于侵权行为，乙无法维权
   C. 丙将该画署名为甲和丙的行为不属于侵权行为，乙无法维权
   D. 丙将该画在网站上传播的行为不属于侵权行为，乙无法维权

9. 诗人赵某在甲刊物发表题为"万里孤云"的诗作，且未署名，乙出版社出版的《现代婉约诗选集》收录该诗，丙教材组在编写小学教科书《语文》时编入该诗，丁刊物转载了该诗。根据《著作权法》及相关规定，下列哪一项说法是正确的？
   A. 诗人赵某在甲刊物发表诗作时没有署名的做法不符合《著作权法》的规定
   B. 乙出版社收录该诗可以不经诗人赵某许可，但应当按照规定向其支付报酬
   C. 丙教材组编入该诗可以不经诗人赵某许可，但应当按照规定向其支付报酬
   D. 丁刊物未经诗人赵某和甲刊物许可转载该诗，构成侵权行为

10. 无国籍人甲在A国出版有一部科幻小说，如果我国公民乙欲将该科幻小说在我国改编成剧本，根据《著作权法》及相关规定，下列哪种情况，我国公民乙可以不经过无国籍人甲的许可，不向其支付报酬？
    A. 无国籍人甲将该科幻小说在A国和我国同时出版
    B. 无国籍人甲将该科幻小说在A国和我国先后出版
    C. 我国和A国都加入了《保护文学和艺术作品伯尔尼公约》
    D. 我国与A国签署有相互承认著作权的协议

11. 甲、乙二人合作完成一部剧本。根据《著作权法》及相关规定，乙无正当理由，不得阻止甲行使以下权利？
    A. 甲将该剧本的摄制权转让给丙，并将所得收益合理分配给甲
    B. 甲将该剧本的摄制权质押给丙，并将所得收益合理分配给甲
    C. 甲将该剧本的摄制权专有许可给丙，并将所得收益合理分配给甲
    D. 甲将该剧本的摄制权非专有许可给丙，并将所得收益合理分配给甲

12. 艺术家甲委托摄影师乙拍摄一套日出照片，两人未约定著作权归属，摄影师乙将该照片卖给收藏家丙，收藏家丙在其藏品展览会上展出了该照片。根据《著作权法》及相关规定，以下说法正确的是？
    A. 艺术家甲享有该照片的著作权　　　B. 摄影师乙享有该照片的著作权

C. 收藏家丙侵犯了著作权人的展览权　　D. 收藏家丙侵犯了著作权人的发表权

13. 根据《民法典·合同编》及相关规定，下列哪种情形适用合同的规定？
    A. 关于专利权转让的协议　　B. 关于收养孤儿的协议
    C. 关于子女监护权的协议　　D. 关于解除婚姻关系的协议

14. 根据《民法典·合同编》及相关规定，下列哪种合同或民事法律行为无效？
    A. 甲公司与乙公司签订卖给乙公司100台电脑的合同，乙公司发现甲公司营业执照上的核准经营范围仅为办公文具
    B. 班主任甲将文具盒奖励给本班十岁的学生乙
    C. 甲与乙签订将丙交其保管的电脑卖给乙的合同，丙收回电脑导致甲无法向乙交付电脑
    D. 甲公司与乙公司采购人员相互勾结签订合同，向乙公司销售劣质产品损害乙公司利益

15. 甲明知自己的货车存在重大安全隐患，仍与不知情的乙公司签订货车买卖合同，并隐瞒了重大安全隐患的问题。根据《民法典·合同编》及相关规定，下列关于该合同效力的说法哪个是正确的？
    A. 有效　　B. 无效　　C. 可变更　　D. 可撤销

16. 根据《民法典·合同编》及相关规定，下列关于技术合同的说法正确的是？
    A. 合作开发的当事人一方不同意申请专利的，视为放弃其共有的专利申请权，可以由另一方单独申请或者由其他各方共同申请
    B. 受让人按照约定实施专利侵害他人合法权益的，由受让人承担责任，但是当事人另有约定的除外
    C. 专利权有效期限届满或者存在专利侵权诉讼的，专利权人不得就该专利与他人订立专利实施许可合同
    D. 专利实施许可合同的许可人应当按照约定许可被许可人实施专利，交付实施专利有关的技术资料，提供必要的技术指导

17. 许可方甲公司与被许可方乙公司签订专利实施许可合同。根据《民法典·合同编》及相关规定，下列哪种情形不影响合同效力？
    A. 约定乙公司不得在该专利技术基础上进行新的研究开发
    B. 约定乙公司不得就该专利提出无效宣告请求
    C. 约定乙公司不得从丙公司获得与该专利技术类似的技术
    D. 约定乙公司不得在约定地域之外实施该专利

18. 根据《民事诉讼法》及相关规定，关于第一审民事案件的级别管辖，下列哪个表述是正确的？
    A. 基层人民法院管辖所有第一审民事案件
    B. 中级人民法院管辖所有涉外的第一审民事案件
    C. 高级人民法院管辖在本辖区有重大影响的第一审民事案件
    D. 最高人民法院仅管辖在全国有重大影响的第一审民事案件

19. 根据《民事诉讼法》及相关规定，下列关于调解的说法哪种是正确的？
    A. 人民法院进行调解，应当由合议庭主持，并尽可能就地进行，不得由审判员一人主持
    B. 调解书由审判人员、书记员署名，加盖人民法院印章，即具有法律效力
    C. 调解维持收养关系的案件，在调解达成协议后，人民法院可以不制作调解书
    D. 调解书送达前一方反悔的，人民法院应当再次调解

20. 根据《行政复议法》及相关规定，下列说法错误的是？
    A. 行政复议决定作出前，申请人要求撤回行政复议申请的，经说明理由，可以撤回；撤回行政复议申请的，行政复议中止
    B. 行政复议机关责令被申请人重新作出具体行政行为的，被申请人不得以同一的事实和理由作出与原具体行政行为相同或者基本相同的具体行政行为
    C. 申请人撤回行政复议申请的，不得再以同一事实和理由提出行政复议申请，但申请人能够证明撤回行政复议申请违背其真实意思表示的除外
    D. 行政复议期间被申请人改变原具体行政行为的，不影响行政复议案件的审理，但申请人依法撤回行政复议申请的除外

21. 市工商局和环保局共同对甲公司作出行政处罚决定，该公司不服，以市工商局为被告向人民法院提起行政诉讼。经过审理，人民法院向原告建议增加市环保局为被告，原告不同意。根据《行政诉讼法》及相关规定，人民法院应当如何处理？
    A. 依职权追加市环保局为被告
    B. 通知市环保局以第三人身份参加诉讼
    C. 裁定驳回起诉
    D. 判决驳回原告的诉讼请求

22. 区环保局根据《大气污染防治法》第一百一十八条的规定，以"在禁止的时段和区域内露天烧烤食品"为由对甲公司作出罚款两千元的决定。甲公司不服，向市环保局申请行政复议。市环保局根据《大气污染防治法》第一百一十九条的规定，以"露天焚烧秸秆、落叶等产生烟尘污染的物质"为由对甲公司作出罚款两千元的决定。甲公司不服，提起行政诉讼。根据《行政诉讼法》及相关规定，下列说法正确的是？
    A. 该案的被告是市环保局
    B. 该案的被告是区环保局和市环保局
    C. 该案的被告是市环保局，区环保局是第三人

D. 若甲公司起诉区环保局，且拒绝追加市环保局为被告，人民法院应当通知市环保局作为第三人参加诉讼

23. 孙某认为商标局初步审定公告的某商标因缺乏显著特征而不应获得注册。根据《商标法》及相关规定，孙某可以自初步审定公告之日起三个月内采取下列哪种措施？
    A. 孙某可以向商标局提出异议
    B. 孙某不是利害关系人或者在先权利人，不得提出异议
    C. 孙某可以向商标评审委员会提出异议
    D. 孙某可以请求商标评审委员会宣告其无效

24. 根据《保护工业产权巴黎公约》及相关规定，关于优先权，下列说法正确的是？
    A. 已经在本联盟的一个国家正式提出专利、实用新型、商标、服务标记或厂商名称的申请的任何人，或其权利继受人，为了在其他国家提出申请，在规定的期间内应享有优先权
    B. 如果审查发现一项专利申请包含一个以上的发明，申请人可以将该申请分成若干分案申请，保留第一次申请的日期为各该分案申请的日期，如果有优先权，并保有优先权的利益
    C. 依靠以实用新型申请为基础的优先权而在一个国家提出工业品外观设计申请的，优先权的期间应与对实用新型规定的优先权期间一样
    D. 在本联盟各国，因享有优先权的利益而取得的专利的期限，与没有优先权的利益而申请或授予的专利的期限不尽相同

25. 根据《保护工业产权巴黎公约》及相关规定，若该公约甲成员国国民在其本国提出专利申请，且在优先权期限内向乙成员国提出专利申请，关于专利申请的说法正确的是？
    A. 如果该专利申请在甲成员国被授权，则其在乙成员国会被授权
    B. 如果该专利申请在甲成员国被驳回，则其在乙成员国会被驳回
    C. 如果该专利申请在甲成员国被视撤，则其在乙成员国会被视撤
    D. 甲乙成员国根据本国法律来确定该专利申请是否获得专利保护

26. 根据《保护工业产权巴黎公约》及相关规定，下列关于优先权期间的哪些说法是正确的？
    A. 专利、实用新型和工业品外观设计申请的优先权期间为12个月，商标申请的优先权期间为6个月
    B. 专利和实用新型申请的优先权期间为12个月，工业品外观设计和商标申请的优先权期间为6个月
    C. 专利、实用新型和工业品外观设计申请的优先权期间为12个月，厂商名称申请的优先权期间为6个月

D. 专利和实用新型申请的优先权期间为12个月，工业品外观设计和厂商名称申请的优先权期间为6个月

27. 根据《与贸易有关的知识产权协定》及相关规定，下列关于版权的说法错误的是？
   A. 版权的保护应及于表达、构思、程序、操作方法或者数学概念本身
   B. 计算机程序，不论是以源代码还是以目标代码表达，应按《保护文学和艺术作品伯尔尼公约》作为文字作品予以保护
   C. 至少就计算机程序和电影作品而言，成员应授予作者及其权利继受人以许可或者禁止将其享有版权作品的原件或者复制品向公众商业性出租的权利
   D. 数据汇编或者其他资料汇编，不论是用机器可读形式或者其他形式，由于对其内容的选择或者安排而构成智力创作，应予以保护

28. 根据《反不正当竞争法》及相关规定，下列属于不正当竞争行为的是？
   A. 甲公司为让本公司产品销量超过乙公司的产品销量，采用抽奖式有奖销售，最高奖的金额三万元
   B. 甲公司宣称乙公司提供的产品含有有害物质，呼吁消费者不要购买，实际上该产品中有害物质含量极少，符合国家安全标准
   C. 甲公司发布高薪招聘广告，乙公司两名技术人员看到后辞职前往应聘，甲公司予以聘用
   D. 甲公司通过技术手段对从公开渠道取得的乙公司产品进行拆卸、测绘、分析等而获得该产品的有关技术信息

29. 甲饭店自创"笨笨烧鸡"品牌后声名鹊起，生意火爆，乙饭店于是开始出售"苯苯烧鸡"，该烧鸡外形和包装高度模仿甲公司的"笨笨烧鸡"。根据《反不正当竞争法》及相关规定，乙饭店的行为属于下列哪一种行为？
   A. 商业诋毁
   B. 侵犯商业秘密
   C. 混淆行为
   D. 虚假宣传

30. 根据《植物新品种保护条例》及相关规定，关于植物新品种权的无效，下列说法正确的是？
   A. 对于不具备新颖性的植物新品种，植物新品种复审委员会可以依据职权或者依据任何单位或个人的书面请求宣告该品种权无效
   B. 对于不具备创造性的植物新品种，植物新品种复审委员会可以依据职权或者依据任何单位或个人的书面请求宣告该品种权无效
   C. 植物新品种的名称违反社会公德，植物新品种复审委员会可以依据职权或者依据任何单位或个人的书面请求宣告该品种权无效的决定
   D. 对植物新品种复审委员会宣告品种权无效的决定不服的，可以自收到通知之日起十五日内向人民法院提起诉讼

二、多项选择题（每题所设选项中至少有两个正确答案，多选、少选、错选或不选均不得分。本部分含 31～100 题，每题 1 分，共 70 分。）

31. 根据《民法典·总则编》的规定，下列哪些单位应当尊重被监护人的真实意愿，按照最有利于被监护人的原则在依法具有监护资格的人中指定监护人？
    A. 居民委员会 B. 村民委员会
    C. 民政部门 D. 人民法院

32. 根据《民法典·总则编》及相关规定，下列哪些属于监护人的确定方式？
    A. 法定监护 B. 遗嘱监护
    C. 协议监护 D. 意定监护

33. 根据《民法典·总则编》及相关规定，下列关于法人的法定代表人的说法正确的有哪些？
    A. 法定代表人以法人名义从事的民事活动，其法律后果由法人承受
    B. 法定代表人因执行职务造成他人损害的，由法定代表人承担民事责任
    C. 法定代表人是代表法人进行民事活动的自然人
    D. 法人以其法定代表人住址为住所

34. 根据《民法典·总则编》及相关规定，下列关于民事法律行为的说法正确的有哪些？
    A. 民事法律行为是民事主体通过意思表示设立、变更、终止民事法律关系的行为
    B. 民事法律行为可以基于双方或者多方的意思表示一致成立，但不可以基于单方的意思表示成立
    C. 民事法律行为可以采用书面形式、口头形式或者其他形式
    D. 民事法律行为自成立时生效，但是法律另有规定或者当事人另有约定的除外

35. 根据《民法典·总则编》及相关规定，下列属于特别法人的是哪些？
    A. 机关法人 B. 农村集体经济组织法人
    C. 城镇农村的合作经济组织法人 D. 基层群众性自治组织法人

36. 甲下落不明 6 年，经其妻乙向人民法院申请，人民法院宣告甲死亡，此后，乙与丁结婚，并且根据甲之前的遗嘱，甲在北京的房产由其亲戚丙继承。1 年后，甲重新出现并向人民法院起诉，要求恢复与乙的婚姻关系，要求丙返还其北京的房产，根据《民法典·总则编》及相关规定，人民法院应当？
    A. 恢复甲与乙的婚姻关系
    B. 判定丙返还北京的房产

C. 驳回甲关于其与乙恢复婚姻关系的请求
D. 驳回甲关于要求丙返还北京房产的请求

37. 根据《民法典·总则编》及相关规定，民法调整平等主体的自然人、法人和非法人组织之间的人身关系和财产关系。下列哪些属于民法调整的民事主体？
  A. 在我国境内居住的美国人
  B. 欧美同学会
  C. 柳沈律师事务所
  D. 在进行民事活动时的北京市海淀区人民政府

38. 我国公民甲以中文创作了一部小说并已发表，我国公民乙将该作品翻译成我国朝鲜族语言文字作品，并在中国和韩国同时出版发行，甲认为乙侵犯其著作权，要求乙支付报酬。根据《著作权法》及相关规定，以下说法正确的是？
  A. 乙将该作品翻译成我国朝鲜族语言文字作品，并在中国出版发行，可以不经甲许可，不向其支付报酬
  B. 乙将该作品翻译成我国朝鲜族语言文字作品，并在韩国出版发行，可以不经甲许可，不向其支付报酬
  C. 乙将该作品翻译成我国朝鲜族语言文字作品，并在中国出版发行，应当取得甲的许可，并向其支付报酬
  D. 乙将该作品翻译成我国朝鲜族语言文字作品，并在韩国出版发行，应当取得甲的许可，并向其支付报酬

39. 甲、乙、丙合作写了一篇学术论文，甲欲将作品交某杂志社发表，乙则以该杂志社对其不够友好为由表示反对，丙未置可否。根据《著作权法》及相关规定，下列哪些说法是错误的？
  A. 如果乙坚持反对，则甲不能将作品交该杂志社发表
  B. 甲有权不顾乙的反对而将作品交该杂志社发表
  C. 在丙同意的情况下，甲可以不顾乙的反对而将作品交该杂志社发表
  D. 如果丙以同样的理由表示反对，则甲不能将作品交该杂志社发表

40. 根据《著作权法》及相关规定，受《著作权法》保护的作品是？
  A. 甲学者翻译的《民法典》英译本　　B. 乙教授编写的《专利行政诉讼案例精解》
  C. 丙作家未发表的小说《灯火阑珊处》　D. 丁专家创作的五代以内的血亲表

41. 某法人甲对一部大型摄影画册拥有著作权。后来法人甲根据上级主管部门的命令分为两个法人乙和丙。根据《著作权法》及相关规定，该画册的著作权归属状况如何？
  A. 法人乙在法律规定的保护期内享有该大型画册的复制权
  B. 法人丙在法律规定的保护期内享有该大型画册的展览权

C. 该大型画册的著作权由国家享有

D. 该大型画册的著作权由原法人甲的上级主管部门享有

42. 根据《著作权法》及相关规定，下列有关作者的说法，正确的有哪些？

A. 创作作品的自然人是作者

B. 7岁的儿童创作了一首儿歌，作者应为其法定监护人

C. 由法人主持，代表法人意志创作的作品，法人视为作者

D. 如无相反证明，在作品上署名的公民、法人或者非法人组织为作者

43. 根据《著作权法》及相关规定，电影作品、电视剧作品的编剧、导演、摄影、作词、作曲等作者对电影作品、电视剧作品不享有下列哪些权利？

A. 发表权　　　B. 修改权　　　C. 署名权　　　D. 复制权

44. 画家张某将其新作《大漠孤烟直》送给好友李某。根据《著作权法》及相关规定，关于这幅画的说法正确的是哪些？

A. 张某享有署名权
B. 张某享有展览权
C. 李某享有署名权
D. 李某享有展览权

45. 根据《著作权法》及相关规定，下列侵犯著作权的行为中，哪些可能承担刑事责任？

A. 出版他人享有专有出版权的图书
B. 未经著作权人许可，发表其作品
C. 歪曲、篡改他人作品
D. 制作、出售假冒他人署名的作品

46. 画家甲创作了一幅画作《起舞弄清影》，该画作尚未发表，甲不幸英年早逝，甲生前未明确表示不发表该画作。根据《著作权法》及相关规定，下列关于甲的继承人乙的说法正确的有哪些？

A. 署名权、修改权和保护作品完整权由乙保护

B. 署名权、修改权和保护作品完整权由乙继承

C. 甲死亡后50年内，发表权由乙行使

D. 甲死亡后50年内，复制权由乙继承

47. 作家张某于2016年9月24日创作完成小说《晓风残月》，2017年2月25日发表于某文学刊物后被编剧叶某改编成剧本，甲公司根据该剧本拍成同名电视剧，乙电视台将该电视剧进行播放。根据《著作权法》及相关规定，下列说法正确是？

A. 作家张某从2017年2月25日起对该小说享有著作权

B. 编剧叶某对剧本享有著作权

C. 甲公司将该剧本拍成电视剧应当取得作家张某和编剧叶某的许可，并支付报酬

D. 乙电视台播放该电视剧应当取得甲公司、作家张某和编剧叶某的许可并支付报酬

48. 小说《滚滚红尘》的作者甲与出版社乙签订一份著作权转让合同。根据《著作权法》及相关规定，下列说法正确是？
   A. 作家甲与出版社乙订立合同，应当采用书面形式
   B. 作家甲与出版社乙订立合同，可以采用书面形式或口头形式
   C. 作家甲将复制权、发行权转让给出版社乙
   D. 作家甲将修改权、出租权转让给出版社乙

49. 根据《民法典·合同编》及相关规定，下列哪些选项属于要约？
   A. 出租车开亮空车灯
   B. 超市标价商品陈列
   C. 在拍卖现场，拍卖师报价
   D. 寄送的价目表

50. 根据《民法典·合同编》及相关规定，下列关于合同中格式条款的哪些说法是正确的？
   A. 格式条款是当事人为了重复使用而预先拟定，并在订立合同时未与对方协商的条款
   B. 提供格式条款一方不合理地免除或者减轻其责任、加重对方责任、限制对方主要权利的，该格式条款无效
   C. 对格式条款有两种以上解释的，应当作出不利于提供格式条款一方的解释
   D. 提供格式条款的一方未履行提示或者说明义务，致使对方没有注意或者理解与其有重大利害关系的条款的，对方可以主张该条款不成为合同的内容

51. 甲公司向乙公司订购了一批笔记本电脑，但合同中对质量未作规定。根据《民法典·合同编》及相关规定，下列说法正确的是？
   A. 双方可以通过协议补充质量验收标准
   B. 双方无法达成补充协议且依照合同有关条款或交易习惯无法确定的，按国家标准、行业标准履行
   C. 关于产品质量标准没有国家标准、行业标准的，按照通常标准或者符合合同目的的特定标准履行
   D. 买卖合同中欠缺质量这一主要条款，合同不成立

52. 甲公司与乙公司签订了买卖合同，根据《民法典·合同编》及相关规定，下列哪些说法是正确的？
   A. 买卖合同没有约定交货和付款的先后顺序的，甲公司在乙公司没有交货之前有权拒绝其付款的要求
   B. 买卖合同约定先交货后付款的，甲公司在乙公司交货不符合约定时有权拒绝其付款的要求
   C. 买卖合同约定先交货后付款的，乙公司在交货前有确切证据证明甲公司经营状况严重恶化的，可以中止履行合同
   D. 买卖合同约定先交货后付款的，乙公司在交货前有确切证据证明甲公司丧失商业信誉

的，可以自行解除合同

53. 甲公司委托乙运输公司将一批电脑运往某市电脑城。合同签订后，乙运输公司为了接下另外一单运输业务，欲将运输甲公司电脑的任务委托给丙运输公司。根据《民法典·合同编》及相关规定，下列哪些说法是正确的？
  A. 乙运输公司经甲公司同意，可以转委托丙运输公司运输甲公司的电脑
  B. 乙运输公司有权转委托丙运输公司，仅须事后通知甲公司
  C. 转委托未经甲公司同意的，乙运输公司应当对丙运输公司的行为承担责任
  D. 转委托未经甲公司同意的，乙运输公司仅需就其对丙运输公司的指示承担责任

54. 根据《民法典·合同编》及相关规定，下列关于解除合同的说法正确的是？
  A. 当事人一方迟延履行债务，经催告后在合理期限内仍未履行的，另一方当事人可以解除合同
  B. 当事人一方依法主张解除合同的，应当通知对方，合同自通知到达对方时解除。
  C. 以持续履行的债务为内容的不定期合同，当事人可以随时解除合同，但是应当在合理期限之前通知对方
  D. 委托合同的双方当事人，即委托人和受托人任何一方可以随时解除委托合同

55. 人民法院依据相关规定指定监护人时，应当尊重被监护人的真实意愿，按照最有利于被监护人的原则指定。根据《民法典·总则编》及相关规定，人民法院具体参考下列哪些因素？
  A. 与被监护人生活、情感联系的密切程度
  B. 依法具有监护资格的人的监护顺序
  C. 是否有不利于履行监护职责的违法犯罪等情形
  D. 依法具有监护资格的人的监护能力、意愿、品行等

56. 根据《民法典·总则编》及相关规定，下列关于监护的说法正确的是？
  A. 未成年人的父母与其他依法具有监护资格的人订立协议，约定免除具有监护能力的父母的监护职责的，人民法院予以支持
  B. 未成年人的父母与其他依法具有监护资格的人订立协议，约定在未成年人的父母丧失监护能力时由该具有监护资格的人担任监护人的，人民法院依法予以支持
  C. 监护人因患病在一定期限内不能完全履行监护职责，将部分监护职责委托给他人，当事人主张受托人因此成为监护人的，人民法院予以支持
  D. 人民法院依法指定的监护人一般应当是一人，由数人共同担任监护人更有利于保护被监护人利益的，也可以是数人

57. 根据《民法典·总则编》及相关规定，下列关于宣告失踪和宣告死亡的说法正确的是？
  A. 失踪人的财产代管人向失踪人的债务人请求偿还债务的，人民法院应当将财产代管人

列为原告

B. 债权人提起诉讼，请求失踪人的财产代管人支付失踪人所欠的债务和其他费用的，人民法院应当将财产代管人列为被告

C. 自然人在战争期间下落不明满四年的，利害关系人可以向人民法院申请宣告该自然人死亡，自战争结束之日或者有关机关确定的下落不明之日起计算

D. 自然人在战争期间下落不明满二年的，利害关系人可以向人民法院申请宣告该自然人死亡，自战争结束之日或者有关机关确定的下落不明之日起计算

58. 根据《民事诉讼法》及相关规定，关于地域管辖，下列说法正确的是？
   A. 因侵权行为提起的诉讼，由侵权行为地或者被告住所地人民法院管辖
   B. 因合同纠纷提起的诉讼，由被告住所地或者合同履行地人民法院管辖
   C. 因继承遗产纠纷提起的诉讼，由被继承人死亡时住所地或者主要遗产所在地人民法院管辖
   D. 因公司设立纠纷提起的诉讼，由公司住所地人民法院管辖

59. 在民事案件审理过程中，根据《民事诉讼法》及相关规定，下列关于回避的说法正确的是？
   A. 当事人申请审判员和陪审员回避的，应由院长决定
   B. 审判人员由于审理案例的需要与一方当事人会见，另一方当事人有权要求他们回避。
   C. 被申请回避的人员在人民法院作出是否回避的决定前，应当暂停参与该案的工作，但案件需要采取紧急措施的除外
   D. 人民法院驳回当事人的回避申请，当事人不服申请复议的，复议期间被申请回避人不停止参与该案的审理工作

60. 根据《民事诉讼法》及相关规定，下列关于民事诉讼证据或证人的说法正确的是？
   A. 证人因履行出庭作证义务而支出的交通、住宿、就餐等必要费用以及误工损失，由申请证人作证的当事人负担。
   B. 证人因路途遥远，交通不便不能出庭，经人民法院许可，可以通过书面证言作证
   C. 已为有效公证文书所证明的事实，当事人无须举证证明
   D. 书证应当提交原件，但如果原件在对方当事人控制之下，则可以提交复制品

61. 根据《民事诉讼法》及相关规定，下列哪些情形下诉讼终结？
   A. 被告死亡，没有遗产，也没有应当承担义务的人
   B. 本案必须以另一案的审理结果为依据，而另一案尚未审结的
   C. 一方丧失诉讼行为能力，尚未确定法定代理人
   D. 解除收养关系案件的一方当事人死亡的

62. 根据《民事诉讼法》及相关规定，下列关于民事诉讼第一审普通程序的哪些说法是正确的？

  A. 人民法院受理案件后，当事人对管辖权有异议的，应当在提交答辩状期间提出

  B. 当事人临时提出回避申请的，人民法院应当裁定中止诉讼

  C. 被告经传票传唤，无正当理由拒不到庭的，可以缺席判决

  D. 原告经传票传唤，无正当理由拒不到庭的，可以按撤诉处理

63. 根据《民事诉讼法》及相关规定，下列关于保全的说法哪些是错误的？

  A. 当事人没有提出诉讼前财产保全申请的，人民法院在必要时也可以裁定采取保全措施

  B. 当事人提出诉讼中财产保全申请的，应当提供担保，不提供担保的，人民法院裁定驳回申请

  C. 由人民法院保管或者委托他人、申请保全人保管的财产，如果继续使用对该财产的价值无重大影响，人民法院和其他保管人可以使用

  D. 财产保全采取查封、扣押、冻结或者法律规定的其他方法，人民法院保全财产后，无须通知被保全财产的人

64. 根据《民事诉讼法》及相关规定，下列关于民事诉讼第二审程序的哪些说法是正确的？

  A. 第二审人民法院经过阅卷、调查和询问当事人，对没有提出新的事实、证据或者理由，合议庭认为不需要开庭审理的，可以不开庭审理

  B. 第二审人民法院审理上诉案件，可以进行调解；调解达成协议，应当制作调解书，调解书送达后，原审人民法院的重新作出判决

  C. 第二审人民法院判决宣告前，上诉人申请撤回上诉的，是否准许，由第二审人民法院裁定

  D. 第二审人民法院应当全面审查第一审人民法院认定的事实和适用法律，不受上诉范围的限制

65. 根据《民事诉讼法》及相关规定，下列关于民事诉讼审判监督程序的说法哪些是正确的？

  A. 各级人民法院院长对本院尚未发生法律效力的判决、裁定、调解书，发现确有错误，认为需要再审的，应当提交审判委员会讨论决定

  B. 当事人对已经发生法律效力的判决、裁定，认为有错误的，可以向上一级人民法院申请再审；当事人申请再审的，不停止判决、裁定的执行。

  C. 当事人对已经发生法律效力的调解书，提出证据证明调解违反自愿原则或者调解协议的内容违反法律的，可以申请再审

  D. 按照审判监督程序决定再审的案件，裁定中止原判决、裁定、调解书的执行，但追索赡养费、扶养费、抚育费等案件，可以不中止执行

66. 根据《行政复议法》及相关规定，下列哪些情形可以申请行政复议？
    A. 申请人对行政机关作出的冻结财产的行政强制措施决定不服
    B. 申请人对所在行政机关对其作出的撤职处分决定不服
    C. 申请人对行政机关作出的警告的行政处罚决定不服
    D. 申请人对行政机关就民事纠纷作出的调解不服

67. 根据《行政复议法》及相关规定，公民在对具体行政行为申请行政复议时，行政复议机关审查下列哪些内容？
    A. 审查地方人民政府规章　　　　B. 审查国务院部门的规定
    C. 审查具体行政行为是否合法　　D. 审查具体行政行为是否适当

68. 根据《行政复议法》及相关规定，下列关于行政复议受理机关的哪些说法是正确的？
    A. 对县工商局的具体行政行为不服的，可以向上一级主管部门申请行政复议
    B. 对县工商局的具体行政行为不服的，可以向该县人民政府申请行政复议
    C. 对县级人民政府的具体行政行为不服的，向上一级地方人民政府申请行政复议
    D. 对国务院部门的具体行政行为不服的，向该国务院部门申请行政复议

69. 根据《行政复议法》及相关规定，下列哪些说法是正确的？
    A. 在行政复议过程中，被申请人不得自行向申请人收集证据
    B. 在行政复议过程中，被申请人可以自行向有关组织或者个人收集证据
    C. 申请人不得撤回行政复议申请
    D. 申请人可以在行政复议决定作出前要求撤回行政复议申请

70. 张某对行政机关作出的行政拘留10日的决定不服，于是张某申请行政复议。根据《行政复议法》及相关规定，下列说法正确的是？
    A. 当事人经调解达成协议的，行政复议机关应当制作行政复议调解书
    B. 行政复议调解书经行政复议机关盖章后即具有法律效力
    C. 在行政复议中，行政复议机关可变更被申请复议的行政行为，将行政拘留10日改成行政拘留15日
    D. 经行政复议机关调解未达成协议的，行政复议机关应当及时作出行政复议决定

71. 甲公司因夜间施工被区城管执法局罚款50万元，甲公司不服，向区政府申请行政复议。根据《行政复议法》及相关规定，下列说法正确的有哪些？
    A. 区政府指定某干部单独审理此案
    B. 区政府应当自受理申请之日起60日内作出行政复议决定
    C. 甲公司可以自知道该具体行政行为之日起60日之内提出行政复议
    D. 区政府主动以听证的方式审理该案

72. 根据《行政复议法》及相关规定，下列关于行政复议决定履行的说法正确的是？
   A. 被申请人无正当理由拖延履行行政复议决定的，行政复议机关或者有关上级行政机关应当责令其限期履行
   B. 被申请人不履行行政复议决定的，行政复议机关或者有关上级行政机关应当责令其限期履行
   C. 申请人逾期不起诉又不履行行政复议决定的，由行政复议机关依法强制执行，或者申请人民法院强制执行
   D. 申请人不履行最终裁决的行政复议决定的，由作出具体行政行为的行政机关依法强制执行，或者申请人民法院强制执行

73. 张某对区公安局作出的罚款决定不服，欲提起行政复议。根据《行政复议法》及相关规定，下列哪些说法是正确的？
   A. 申请人自知道该具体行政行为之日起 30 日内申请行政复议，可以书面申请，也可以口头申请
   B. 申请人自知道该具体行政行为之日起 60 日内申请行政复议，可以书面申请，也可以口头申请
   C. 行政复议机关受理行政复议申请，不得向申请人收取任何费用
   D. 行政复议机关受理行政复议申请，应当向申请人收取申请费

74. 根据《行政复议法》及相关规定，以下属于行政复议中止的情形的有？
   A. 申请人要求撤回行政复议申请，行政复议机构准予撤回的
   B. 作为申请人的自然人死亡，其近亲属尚未确定是否参加行政复议的
   C. 经行政复议机构准许，申请人与被申请人达成和解的
   D. 作为申请人的自然人下落不明或者被宣告失踪的

75. 根据《行政复议法》及相关规定，下列关于行政复议期间具体行政行为的停止执行的说法正确的是？
   A. 被申请人认为需要停止执行的，可以停止执行
   B. 申请人认为需要停止执行的，可以停止执行
   C. 被申请人申请停止执行，行政复议机关认为其要求合理，决定停止执行的
   D. 申请人申请停止执行，行政复议机关认为其要求合理，决定停止执行的

76. 根据《行政诉讼法》及相关规定，关于行政机关出庭应诉的说法正确的是？
   A. 行政机关负责人不能出庭的，应当委托行政机关相应的工作人员出庭或者委托律师出庭
   B. 行政机关负责人，包括行政机关的正职、副职负责人及其他参与分管的负责人
   C. 人民法院书面建议行政机关负责人出庭的案件，被诉行政机关负责人应当出庭
   D. 行政机关相应的工作人员是指该行政机关具有国家行政编制身份的工作人员

77. 根据《行政诉讼法》及相关规定，当事人不服下列行为提起诉讼的，哪些属于行政诉讼的受案范围？

   A. 调解行为以及法律规定的仲裁行为

   B. 行政机关为作出行政行为而实施的准备、论证、研究、层报、咨询等过程性行为

   C. 认为行政机关滥用行政权力排除或者限制竞争

   D. 申请行政机关履行保护人身权、财产权等合法权益的法定职责，行政机关拒绝履行或者不予答复

78. 根据《行政诉讼法》及相关规定，下列关于行政诉讼管辖的哪些说法是正确的？

   A. 对限制人身自由的行政强制措施不服提起的诉讼，由被告所在地或者原告所在地人民法院管辖

   B. 因不动产提起的行政诉讼，由不动产所在地人民法院管辖

   C. 人民法院对管辖权发生争议，由争议双方协商解决；协商不成的，报最高人民法院指定管辖

   D. 行政案件由最初作出行政行为的行政机关所在地人民法院管辖；但经复议的案件，只能由复议机关所在地人民法院管辖

79. 根据《行政诉讼法》及相关规定，下列哪些关于证据的说法是正确的？

   A. 与案件有关的商业秘密证据，被告或者第三人不能自行收集的，可以申请人民法院调取

   B. 行政诉讼被告无正当理由不提供证据的，人民法院应当依职权调查收集相应证据

   C. 原告或者第三人确有证据证明被告持有的证据对原告或者第三人有利的，可以在开庭审理前书面申请人民法院责令行政机关提交

   D. 原告可以提供证明行政行为违法的证据，原告提供的证据不成立的，不免除被告的举证责任

80. 根据《行政诉讼法》及相关规定，行政行为有下列哪些情形的，人民法院判决撤销或者部分撤销，并可以判决被告重新作出行政行为？

   A. 主要证据不足的

   B. 适用法律、法规错误的

   C. 行政程序轻微违法，但对原告权利不产生实际影响的

   D. 行政行为违法，但不具有可撤销内容的

81. 根据《行政诉讼法》及相关规定，对下列哪些第一审人民法院的裁定、判决不服的，当事人可以提起上诉？

   A. 裁定驳回起诉　　　　　　　　　B. 裁定不予立案

   C. 裁定中止诉讼　　　　　　　　　D. 判决驳回原告的诉讼请求

82. 根据《行政诉讼法》及相关规定，下列关于第二审程序的说法错误的是？
    A. 人民法院审理上诉案件，通常仅对原审人民法院的判决和裁定进行审查，不承担对被诉行政行为全面审查的义务
    B. 人民法院审理上诉案件，应当在收到上诉状之日起三个月内作出终审判决；有特殊情况需要延长的，由最高人民法院批准
    C. 人民法院对上诉案件，即使经过阅卷、调查和询问当事人，没有提出新的事实、证据或者理由，也应当组成合议庭，开庭审理
    D. 原审人民法院对发回重审的案件作出判决后，当事人提起上诉的，第二审人民法院不得再次发回重审

83. 根据《国家赔偿法》及相关规定，行政机关及其工作人员在行使行政职权时，有下列哪些情形的，受害人有取得赔偿的权利？
    A. 非法拘禁或者以其他方法非法剥夺公民人身自由的
    B. 违法使用武器、警械造成公民身体伤害或者死亡的
    C. 违法对财产采取查封、扣押、冻结等行政强制措施的
    D. 违法实施罚款、吊销许可证和执照、责令停产停业、没收财物等行政处罚的

84. 根据《商标法》及相关规定，下列哪些标志不可以作为商标使用？
    A. 带有欺骗性，容易使公众对商品的质量产生误认的
    B. 同政府间国际组织的旗帜相同，但不易误导公众的
    C. 有害于社会主义道德风尚或者有其他不良影响的
    D. 同中央国家机关所在地特定地点的名称相同的

85. 商标局经审查对商标异议案件作出决定后，当事人不服，根据《商标法》及相关规定，下列说法正确的是？
    A. 商标局作出准予注册决定，异议人不服的，可以向商标评审委员会申请复审
    B. 商标局作出准予注册决定，异议人不服的，可以向商标评审委员会请求无效
    C. 商标局作出不予注册决定，被异议人不服的，可以向商标评审委员会申请复审
    D. 商标局作出不予注册决定，被异议人不服的，可以直接以商标局为被告提起行政诉讼

86. 甲公司享有"快乐来"注册商标的专用权，核定在啤酒上使用。甲公司排他许可乙公司在其生产的啤酒上使用该注册商标。根据《商标法》及相关规定，下列说法哪些是正确的？
    A. 甲公司对乙公司的商标使用许可报商标局备案，由商标局公告
    B. 甲公司只能许可乙公司使用该注册商标，且甲公司不得使用该注册商标
    C. 甲公司应当监督乙公司使用该商标的啤酒的质量
    D. 乙公司应当在使用该商标的啤酒上，标明乙公司的名称和啤酒产地

87. 根据《商标法》及相关规定，商标注册人在使用注册商标的过程中，具有下列哪些情形的，由地方工商行政管理部门责令限期改正，期满不改正的，由商标局撤销其注册商标？

 A. 自行改变注册商标

 B. 自行改变注册人名义

 C. 注册商标成为其核定使用的商品的通用名称

 D. 没有正当理由连续三年不使用

88. 根据《商标法》及相关规定，针对下列哪些事项，注册人应当办理注册商标变更手续，不需要重新提交商标注册申请？

 A. 变更注册人地址   B. 变更注册人名义

 C. 删减指定的商品   D. 改变注册商标标志

89. 工商行政管理部门处理侵犯注册商标专用权案件时，某销售商不知道所销售的是侵犯注册商标专用权的商品，能证明该商品是自己合法取得并说明了提供者。根据《商标法》及相关规定，下列哪种说法是正确的？

 A. 该工商行政管理部门应当认定该销售商未侵犯商标专用权

 B. 该工商行政管理部门可以责令该销售商停止销售

 C. 该销售商有供销双方签订的进货合同，且经查证已真实履行，以证明该商品是自己合法取得

 D. 该工商行政管理部门应当没收、销毁侵权商品

90. 根据《商标法》及相关规定，在商标侵权案件中，以下说法正确的是？

 A. 注册商标专用权人不能证明此前三年内实际使用过该注册商标，也不能证明因侵权行为受到其他损失的，被控侵权人不承担赔偿责任

 B. 商标注册人或者利害关系人可以向人民法院起诉，也可以请求工商行政管理部门处理

 C. 在查处商标侵权案件过程中，对商标权属存在争议的，工商行政管理部门可以终止案件的查处

 D. 权利人因被侵权所受到的实际损失、侵权人因侵权所获得的利益、注册商标许可使用费难以确定的，由人民法院判决给予三百万元以下的赔偿

91. 根据《商标法》及相关规定，对于商标注册人或者利害关系人申请保全的哪些说法是正确的？

 A. 为制止侵权行为，在证据可能灭失或者以后难以取得的情况下，商标注册人可以依法在起诉前向工商行政管理部门申请证据保全

 B. 商标注册人有证据证明他人正在实施侵犯其注册商标专用权的行为，如不及时制止将会使其合法权益受到难以弥补的损害的，可以在起诉前向人民法院申请行为保全和财产保全

C. 利害关系人包括注册商标使用许可合同的被许可人、注册商标财产权利的合法继承人

D. 申请人提出诉前停止侵犯注册商标专用权行为的申请时应当提供担保

92. 根据《商标法》及相关规定，下列哪些标志不得作为商标注册？
   A. 仅有本商品的通用名称、图形、型号
   B. 仅直接表示商品的质量、主要原料、功能、用途、重量、数量及其他特点
   C. 仅由商品自身的性质产生的形状
   D. 使商品具有实质性价值的形状

93. 根据《信息网络传播权保护条例》及相关规定，下列哪些情形中可以避开技术措施，但不得向他人提供避开技术措施的技术、装置或者部件，不得侵犯权利人依法享有的其他权利？
   A. 为学校课堂教学，通过信息网络向少数教学人员提供已经发表的作品，而该作品只能通过信息网络获取
   B. 以营利为目的，通过信息网络以盲人能够感知的独特方式向盲人提供已经发表的文字作品，而该作品只能通过信息网络获取
   C. 国家机关依照行政、司法程序执行公务
   D. 在信息网络上对计算机及其系统或者网络的安全性能进行测试

94. 根据《计算机软件保护条例》及相关规定，软件著作权人享有下列哪些权利？
   A. 发表权
   B. 复制权
   C. 保护作品完整权
   D. 信息网络传播权

95. 根据《计算机软件保护条例》及相关规定，自然人在法人中任职期间所开发的软件有下列哪些情形的，该软件著作权由该法人享有？
   A. 针对本职工作中明确指定的开发目标所开发的软件
   B. 开发的软件是从事本职工作活动所预见的结果或者自然的结果
   C. 主要使用了法人的资金、专用设备、未公开的专门信息等物质技术条件所开发并由法人承担责任的软件
   D. 开发与本职工作无关的游戏软件

96. 根据《对外贸易法》及相关规定，国家基于下列哪些原因，可以限制或者禁止有关货物、技术的进口或者出口？
   A. 国内供应短缺或者为有效保护可能用竭的自然资源，需要限制或者禁止出口的
   B. 为建立或者加快建立国内特定产业，需要限制进口的
   C. 对任何形式的农业、牧业、渔业产品有必要限制进口的
   D. 为保障国家国际金融地位和国际收支平衡，需要限制进口的

97. 根据《集成电路布图设计保护条例》及相关规定，布图设计登记申请有下列哪些情形，国家知识产权局不予受理，并通知申请人？

　　A．未提交布图设计登记申请表或者布图设计的复制件或者图样的，已投入商业利用而未提交集成电路样品的，或者提交的上述各项不一致的

　　B．外国申请人的所属国未与中国签订有关布图设计保护协议或者与中国共同参加有关国际条约

　　C．申请类别不明确或者难以确定其属于布图设计的

　　D．布图设计登记申请表填写不完整的

98. 知识产权权利人发现侵权嫌疑货物即将进出口。根据《知识产权海关保护条例》及相关规定，下列说法正确的是？

　　A．知识产权权利人可以向货物进出境地海关提出扣留侵权嫌疑货物的申请

　　B．知识产权权利人请求海关扣留侵权嫌疑货物的，应当提交申请书及相关证明文件，并提供足以证明侵权事实明显存在的证据

　　C．知识产权权利人请求海关扣留侵权嫌疑货物的，应当向海关提供不超过货物等值的担保

　　D．对没收的侵权货物，海关可以将货物转交给公益机构或者无偿转让给知识产权权利人

99. 根据《与贸易有关的知识产权协定》及相关规定，其中"知识产权"范围包括下列哪些类型？

　　A．商标　　　　　　　　　　　　B．工业品外观设计
　　C．实用新型　　　　　　　　　　D．专利

100. 根据《与贸易有关的知识产权协定》及相关规定，在地理标志方面，各成员应当为有利害关系的各方提供法律手段以制止下列哪些行为？

　　A．在商品的名称或外表上使用任何方法，以明示有关商品来源于真实原产地以外的一个地理区域，在某种意义上就商品的地理来源误导公众

　　B．在商品的名称或外表上使用任何方法，以暗示有关商品来源于真实原产地以外的一个地理区域，在某种意义上就商品的地理来源误导公众

　　C．将识别葡萄酒的地理标志用于标示不是来源于该地理标志所指明的地方的葡萄酒

　　D．将识别烈酒的地理标志用于标示不是来源于该地理标志所指明的地方的烈酒

参考答案

1. D	2. C	3. D	4. A	5. B
6. A	7. C	8. D	9. C	10. B
11. D	12. B	13. A	14. D	15. D
16. D	17. D	18. C	19. C	20. A
21. B	22. B	23. A	24. B	25. D
26. B	27. A	28. B	29. C	30. A
31. ABCD	32. ABCD	33. AC	34. ACD	35. ABCD
36. BC	37. ABCD	38. AD	39. ACD	40. ABCD
41. AB	42. ACD	43. ABD	44. AD	45. AD
46. ACD	47. BC	48. AC	49. AB	50. ABCD
51. ABC	52. ABC	53. AC	54. BCD	55. ABCD
56. BD	57. ABC	58. ABCD	59. ACD	60. BC
61. AD	62. ACD	63. ABCD	64. AC	65. BCD
66. AC	67. BCD	68. ABCD	69. AD	70. AD
71. BCD	72. AB	73. BC	74. BD	75. AD
76. BC	77. CD	78. AB	79. CD	80. AB
81. ABD	82. ABC	83. ABCD	84. ACD	85. BC
86. ACD	87. AB	88. AB	89. BC	90. AB
91. BCD	92. ABCD	93. ACD	94. ABD	95. ABC
96. ABCD	97. ABCD	98. ABC	99. ABD	100. ABCD

参考答案及解析

1. 【考点】诚信原则

【解析】根据《民法典·总则编》第七条的规定，民事主体从事民事活动，应当遵循诚信原则，秉持诚实，恪守承诺。其中，诚信原则要求民事主体从事民事活动时，应当秉持诚实、善意，信守自己的承诺。因此，选项A、B、C错误，选项D正确。

【答案】D

2. 【考点】民事法律行为效力待定

【解析】根据《民法典·总则编》第一百五十一条的规定，一方利用对方处于危困状态、缺乏判断能力等情形，致使民事法律行为成立时显失公平的，受损害方有权请求人民法院或者仲裁机构予以撤销。因此，选项A错误。

根据《民法典·总则编》第一百四十五条第一款的规定，限制民事行为能力人实施的纯获利益的民事法律行为或者与其年龄、智力、精神健康状况相适应的民事法律行为有效；实施的其他民事法律行为经法定代理人同意或者追认后有效。因此，选项B错误，选项C正确。

根据《民法典·总则编》第一百四十六条第二款的规定，以虚假的意思表示隐藏的民事法律行为的效力，依照有关法律规定处理。因此，选项D错误。

【答案】C

3. 【考点】宣告死亡

【解析】根据《民法典·总则编》第四十八条的规定，被宣告死亡的人，人民法院宣告死亡的判决作出之日视为其死亡的日期；因意外事件下落不明宣告死亡的，意外事件发生之日视为其死亡的日期。因此，选项A、B、C错误，选项D正确。

【答案】D

4. 【考点】附期限的民事法律行为 附条件的民事法律行为

【解析】根据《民法典·总则编》第一百五十八条的规定，民事法律行为可以附条件，但是根据其性质不得附条件的除外。附生效条件的民事法律行为，自条件成就时生效。附解除条件的民事法律行为，自条件成就时失效。根据《民法典·总则编》第一百五十九条的规定,附条件的民事法律行为,当事人为自己的利益不正当地阻止条件成就的,视为条件已经成就;不正当地促成条件成就的,视为条件不成就。因此,选项A正确,选项B、C、D错误。

【答案】A

5.【考点】宣告失踪 宣告死亡

【解析】根据《民法典·总则编》第四十条的规定,自然人下落不明满二年的,利害关系人可以向人民法院申请宣告该自然人为失踪人。根据《民法典·总则编》第四十六条的规定,自然人有下列情形之一的,利害关系人可以向人民法院申请宣告该自然人死亡:(一)下落不明满四年;(二)因意外事件,下落不明满二年。因意外事件下落不明,经有关机关证明该自然人不可能生存的,申请宣告死亡不受二年时间的限制。根据《民法典·总则编》第四十七条的规定,对同一自然人,有的利害关系人申请宣告死亡,有的利害关系人申请宣告失踪,符合本法规定的宣告死亡条件的,人民法院应当宣告死亡。因此,选项A、C、D错误,选项B正确。

【答案】B

6.【考试】作品转载

【解析】根据《著作权法》第三十五条第二款的规定,作品刊登后,除著作权人声明不得转载、摘编的外,其他报刊可以转载或者作为文摘、资料刊登,但应当按照规定向著作权人支付报酬。因此,选项A正确,选项B、C、D错误。

【答案】A

7.【考点】曲艺作品 演绎作品

【解析】根据《著作权法实施条例》第四条的规定,《著作权法》和该条例中下列作品的含义:……(二)口述作品,是指即兴的演说、授课、法庭辩论等以口头语言形式表现的作品;……(五)曲艺作品,是指相声、快书、大鼓、评书等以说唱为主要形式表演的作品;……。因此,选项A错误。

根据《著作权法》第十三条的规定,改编、翻译、注释、整理已有作品而产生的作品,其著作权由改编、翻译、注释、整理人享有,但行使著作权时不得侵犯原作品的著作权。因此,选项B、D错误,选项C正确。

【答案】C

8.【考点】著作权保护期

【解析】根据《著作权法》第六十六条第一款的规定,该法规定的著作权人和出版者、表演者、录音录像制作者、广播电台、电视台的权利,在该法施行之日尚未超过该法规定的保护期的,依照该法予以保护。根据《著作权法》第六十七条的规定,该法自1991年6月1

日起施行。

根据《著作权法》第十条第一款的规定，著作权包括下列人身权和财产权：……（二）署名权，即表明作者身份，在作品上署名的权利；（三）修改权，即修改或授权他人修改作品的权利；……（十二）信息网络传播权，即以有线或无线方式向公众提供，使公众可以在其选定的时间和地点获得作品的权利；……。根据《著作权法》第二十二条的规定，作者的署名权、修改权、保护作品完整权的保护期不受限制。本题中，署名权和修改权仍受到保护。因此，选项A、B、C错误。

根据《著作权法》第二十三条第一款的规定，自然人的作品，其发表权、该法第十条第一款第（五）项至第（十七）项规定的权利的保护期为作者终生及其死亡后五十年，截止于作者死亡后第五十年的12月31日；如果是合作作品，截止于最后死亡的作者死亡后第五十年的12月31日。本题中，信息网络传播权已经超过保护期限，因此，选项D正确。

【答案】D

9.【考点】署名权 合理使用 法定许可

【解析】根据《著作权法》第十条第一款的规定，著作权包括下列人身权和财产权：（一）发表权，即决定作品是否公之于众的权利；（二）署名权，即表明作者身份，在作品上署名的权利；……。由此可知，署名权是著作权人的一项权利，著作权人有权署名，也有权不署名。因此，选项A错误。

根据《著作权法》第二十五条的规定，为实施义务教育和国家教育规划而编写出版教科书，可以不经著作权人许可，在教科书中汇编已经发表的作品片段或者短小的文字作品、音乐作品或者单幅的美术作品、摄影作品、图形作品，但应当按照规定向著作权人支付报酬，指明作者姓名或者名称、作品名称，并且不得侵犯著作权人依照该法享有的其他权利。因此，选项B错误，选项C正确。

根据《著作权法》第三十五条第二款的规定，作品刊登后，除著作权人声明不得转载、摘编的外，其他报刊可以转载或者作为文摘、资料刊登，但应当按照规定向著作权人支付报酬。因此，选项D错误。

【答案】C

10.【考点】著作权适用范围

【解析】根据《著作权》第二条的规定，中国公民、法人或者非法人组织的作品，不论是否发表，依照该法享有著作权。外国人、无国籍人的作品根据其作者所属国或者经常居住地国同中国签订的协议或者共同参加的国际条约享有的著作权，受该法保护。外国人、无国籍人的作品首先在中国境内出版的，依照该法享有著作权。未与中国签订协议或者共同参加国际条约的国家的作者以及无国籍人的作品首次在中国参加的国际条约的成员国出版的，或者在成员国和非成员国同时出版的，受该法保护。因此，选项A、C、D错误，选项B正确。

【答案】B

11. 【考点】合作作品

【解析】根据《著作权法》第十四条的规定，两人以上合作创作的作品，著作权由合作作者共同享有。没有参加创作的人，不能成为合作作者。合作作品的著作权由合作作者通过协商一致行使；不能协商一致，又无正当理由的，任何一方不得阻止他方行使除转让、许可他人专有使用、出质以外的其他权利，但是所得收益应当合理分配给所有合作作者……。因此，选项A、B、C错误，选项D正确。

【答案】D

12. 【考点】摄影作品 著作权 展览权 发表权

【解析】根据《著作权法》第十九条的规定，受委托创作的作品，著作权的归属由委托人和受托人通过合同约定。合同未作明确约定或者没有订立合同的，著作权属于受托人。因此，选项A错误，选项B正确。

根据《著作权法》第二十条的规定，作品原件所有权的转移，不改变作品著作权的归属，但美术、摄影作品原件的展览权由原件所有人享有。作者将未发表的美术、摄影作品的原件所有权转让给他人，受让人展览该原件不构成对作者发表权的侵犯。因此，选项C、D错误。

【答案】B

13. 【考点】民法调整范围

【解析】根据《民法典·合同编》第四百六十四条的规定，合同是民事主体之间设立、变更、终止民事法律关系的协议。婚姻、收养、监护等有关身份关系的协议，适用有关该身份关系的法律规定；没有规定的，可以根据其性质参照适用该编规定。因此，选项A正确，选项B、C、D错误。

【答案】A

14. 【考点】合同无效

【解析】根据《民法典·合同编》第五百零五条的规定，当事人超越经营范围订立的合同的效力，应当依照该法第一编第六章第三节和该编的有关规定确定，不得仅以超越经营范围确认合同无效。因此，选项A不符合题意。

根据《民法典·总则编》第一百四十五条第一款的规定，限制民事行为能力人实施的纯获利益的民事法律行为或者与其年龄、智力、精神健康状况相适应的民事法律行为有效；实施的其他民事法律行为经法定代理人同意或者追认后有效。根据《民法典·总则编》第十九条的规定，八周岁以上的未成年人为限制民事行为能力人，实施民事法律行为由其法定代理人代理或者经其法定代理人同意、追认；但是，可以独立实施纯获利益的民事法律行为或者与其年龄、智力相适应的民事法律行为。因此，选项B不符合题意。

根据《民法典·合同编》第五百九十七条第一款的规定，因出卖人未取得处分权致使标的物所有权不能转移的，买受人可以解除合同并请求出卖人承担违约责任。因此，选项C不符合题意。

根据《民法典·总则编》第一百五十四条的规定，行为人与相对人恶意串通，损害他人合法权益的民事法律行为无效。因此，选项D符合题意。

【答案】D

15.【考点】可撤销合同

【解析】根据《民法典·合同编》第五百零八条的规定，该编对合同的效力没有规定的，适用该法第一编第六章的有关规定。根据《民法典·总则编》第一百四十八条的规定，一方以欺诈手段，使对方在违背真实意思的情况下实施的民事法律行为，受欺诈方有权请求人民法院或者仲裁机构予以撤销。因此，选项A、B、C错误，选项D正确。

【答案】D

16.【考点】技术开发合同

【解析】根据《民法典·合同编》第八百六十条第三款的规定，合作开发的当事人一方不同意申请专利的，另一方或者其他各方不得申请专利。因此，选项A错误。根据《民法典·合同编》第八百七十四条的规定，受让人或者被许可人按照约定实施专利、使用技术秘密侵害他人合法权益的，由让与人或者许可人承担责任，但是当事人另有约定的除外。因此，选项B错误。

根据《民法典·合同编》第八百六十五条的规定，专利实施许可合同仅在该专利权的存续期限内有效。专利权有效期限届满或者专利权被宣告无效的，专利权人不得就该专利与他人订立专利实施许可合同。因此，选项C错误。根据《民法典·合同编》第八百六十六条的规定，专利实施许可合同的许可人应当按照约定许可被许可人实施专利，交付实施专利有关的技术资料，提供必要的技术指导。因此，选项D正确。

【答案】D

17.【考点】技术合同无效 非法垄断技术

【解析】根据《民法典·合同编》第八百五十条的规定，非法垄断技术或者侵害他人技术成果的技术合同无效。根据《最高人民法院关于审理技术合同纠纷案件适用法律若干问题的解释》第十条的规定，下列情形，属于《民法典》第八百五十条所称的"非法垄断技术"：（一）限制当事人一方在合同标的技术基础上进行新的研究开发或者限制其使用所改进的技术，或者双方交换改进技术的条件不对等，包括要求一方将其自行改进的技术无偿提供给对方、非互惠性转让给对方、无偿独占或者共享该改进技术的知识产权；（二）限制当事人一方从其他来源获得与技术提供方类似技术或者与其竞争的技术；（三）阻碍当事人一方根据市场需求，按照合理方式充分实施合同标的技术，包括明显不合理地限制技术接受方实施合同标的技术生产产品或者提供服务的数量、品种、价格、销售渠道和出口市场；（四）要求技术接受方接受并非实施技术必不可少的附带条件，包括购买非必需的技术、原材料、产品、设备、服务以及接收非必需的人员等；（五）不合理地限制技术接受方购买原材料、零部件、产品或者设备等的渠道或者来源；（六）禁止技术接受方对合同标的技术知识产权的有效性提出异议或者对提出异议附加条件。因此，选项A、B、C错误。

根据《民法典·合同编》第八百六十四条的规定，技术转让合同和技术许可合同可以约定实施专利或者使用技术秘密的范围，但是不得限制技术竞争和技术发展。根据《最高人民法院关于审理技术合同纠纷案件适用法律若干问题的解释》第二十八条第一款的规定，《民法典》第八百六十四条所称"实施专利或者使用技术秘密的范围"，包括实施专利或者使用技术秘密的期限、地域、方式以及接触技术秘密的人员等。因此，选项D正确。

【答案】D

18.【考点】级别管辖

【解析】根据《民事诉讼法》第十八条的规定，基层人民法院管辖第一审民事案件，但该法另有规定的除外。因此，选项A错误。根据《民事诉讼法》第十九条的规定，中级人民法院管辖下列第一审民事案件：（一）重大涉外案件；（二）在本辖区有重大影响的案件；（三）最高人民法院确定由中级人民法院管辖的案件。因此，选项B错误。

根据《民事诉讼法》第二十条的规定，高级人民法院管辖在本辖区有重大影响的第一审民事案件。因此，选项C正确。根据《民事诉讼法》第二十一条的规定，最高人民法院管辖下列第一审民事案件：（一）在全国有重大影响的案件；（二）认为应当由本院审理的案件。因此，选项D错误。

【答案】C

19.【考点】民事调解

【解析】根据《民事诉讼法》第九十七条的规定，人民法院进行调解，可以由审判员一人主持，也可以由合议庭主持，并尽可能就地进行。人民法院进行调解，可以用简便方式通知当事人、证人到庭。因此，选项A错误。根据《民事诉讼法》第一百条的规定，调解达成协议，人民法院应当制作调解书。调解书应当写明诉讼请求、案件的事实和调解结果。调解书由审判人员、书记员署名，加盖人民法院印章，送达双方当事人。调解书经双方当事人签收后，即具有法律效力。因此，选项B错误。

根据《民事诉讼法》第一百零一条的规定，下列案件调解达成协议，人民法院可以不制作调解书：（一）调解和好的离婚案件；（二）调解维持收养关系的案件；（三）能够即时履行的案件；（四）其他不需要制作调解书的案件。对不需要制作调解书的协议，应当记入笔录，由双方当事人、审判人员、书记员签名或者盖章后，即具有法律效力。因此，选项C正确。根据《民事诉讼法》第一百零二条的规定，调解未达成协议或者调解书送达前一方反悔的，人民法院应当及时判决。因此，选项D错误。

【答案】C

20.【考点】行政复议申请撤回　重新作出具体行政行为

【解析】根据《行政复议法》第二十五条的规定，行政复议决定作出前，申请人要求撤回行政复议申请的，经说明理由，可以撤回；撤回行政复议申请的，行政复议终止。因此，选项A的说法错误，符合题意。根据《行政复议法》第二十八条第二款的规定，行政复议机关责令被申请人重新作出具体行政行为的，被申请人不得以同一的事实和理由作出与原具体行政行为相同或者基本相同的具体行政行为。因此，选项B的说法正确，不符合题意。

根据《行政复议法实施条例》第三十八条第二款的规定，申请人撤回行政复议申请的，不得再以同一事实和理由提出行政复议申请。但是，申请人能够证明撤回行政复议申请违背其真实意思表示的除外。因此，选项C的说法正确，不符合题意。根据《行政复议法实施条例》第三十九条的规定，行政复议期间被申请人改变原具体行政行为的，不影响行政复议案件的审理。但是，申请人依法撤回行政复议申请的除外。因此，选项D的说法正确，不符合题意。

【答案】A

21.【考点】诉讼参加人

【解析】根据《行政诉讼法》第二十六条第四款的规定，两个以上行政机关作出同一行政行为的，共同作出行政行为的行政机关是共同被告。根据《最高人民法院关于适用〈中华人民共和国行政诉讼法〉的解释》第二十六条的规定，原告所起诉的被告不适格，人民法院应当告知原告变更被告；原告不同意变更的，裁定驳回起诉。应当追加被告而原告不同意追加的，人民法院应当通知其以第三人的身份参加诉讼，但行政复议机关作共同被告的除外。因此，选项B正确，选项A、C、D错误。

【答案】B

22.【考点】诉讼参加人

【解析】根据《行政诉讼法》第二十六条第二款的规定，经复议的案件，复议机关决定维持原行政行为的，作出原行政行为的行政机关和复议机关是共同被告；复议机关改变原行政行为的，复议机关是被告。根据《最高人民法院关于适用〈中华人民共和国行政诉讼法〉的解释》第二十二条第一款的规定，《行政诉讼法》第二十六条第二款规定的"复议机关改变原行政行为"，是指复议机关改变原行政行为的处理结果。复议机关改变原行政行为所认定的主要事实和证据、改变原行政行为所适用的规范依据，但未改变原行政行为处理结果的，视为复议机关维持原行政行为。根据《最高人民法院关于适用〈中华人民共和国行政诉讼法〉的解释》第二十六条的规定，原告所起诉的被告不适格，人民法院应当告知原告变更被告；原告不同意变更的，裁定驳回起诉。应当追加被告而原告不同意追加的，人民法院应当通知其以第三人的身份参加诉讼，但行政复议机关作共同被告的除外。因此，选项A、C、D错误，选项B正确。

【答案】B

23.【考点】商标异议

【解析】根据《商标法》第三十三条的规定，对初步审定公告的商标，自公告之日起三个月内，在先权利人、利害关系人认为违反该法第十三条第二款和第三款、第十五条、第十六条第一款、第三十条、第三十一条、第三十二条规定的，或者任何人认为违反该法第四条、第十条、第十一条、第十二条、第十九条第四款规定的，可以向商标局提出异议。公告期满无异议的，予以核准注册，发给商标注册证，并予公告。根据《商标法》第九条第一款的规定，申请注册的商标，应当有显著特征，便于识别，并不得与他人在先取得的合法权利相冲突。因此，选项A正确，选项B、C、D错误。

【答案】A

24.【考点】优先权

【解析】根据《保护工业产权巴黎公约》第四条A（1）的规定，已经在该联盟的一个国家正式提出专利、实用新型注册、外观设计注册或商标注册的申请的任何人，或其权利继受人，为了在其他国家提出申请，在以下规定的期间内应享有优先权。因此，选项A错误。根据《保护工业产权巴黎公约》第四条G（1）的规定，如果审查发现一项专利申请包含一个以上的发明，申请人可以将该申请分成若干分案申请，保留第一次申请的日期为各该分案申请的日期，如果有优先权，并保有优先权的利益。因此，选项B正确。

根据《保护工业产权巴黎公约》第四条E（1）的规定，依靠以实用新型申请为基础的优先权而在一个国家提出工业品外观设计申请的，优先权的期间应与对工业品外观设计规定的优先权期间一样。因此，选项C错误。根据《保护工业产权巴黎公约》第四条之二（5）的规定，在该联盟各国，因享有优先权的利益而取得的专利的期限，与没有优先权的利益而申请或授予的专利的期限相同。因此，选项D错误。

【答案】B

25.【考点】独立性

【解析】根据《保护工业产权巴黎公约》第四条之二的规定，（1）该联盟国家的国民向该联盟各国申请的专利，与在其他国家，不论是否该联盟的成员国，就同一发明所取得的专利是相互独立的。（2）上述规定，应从不受限制的意义来理解，特别是指在优先权期间内申请的各项专利，就其无效和丧失权利的理由以及其正常的期间而立，是相互独立的。（3）该规定应适用于在其开始生效时已经存在的一切专利。（4）在有新国家加入的情况下，该规定应同样适用于加入时两方面已经存在的专利。（5）在该联盟各国，因享有优先权的利益而取得的专利的期限，与没有优先权的利益而申请或授予的专利的期限相同。因此，选项A、B、C错误，选项D正确。

【答案】D

26.【考点】优先权期间

【解析】根据《保护工业产权巴黎公约》第四条C的规定，(1)上述优先权的期间，对于专利和实用新型应为十二个月，对于外观设计和商标应为六个月。(2)这些期间应自第一次申请的申请日开始；申请日不应计入期间之内……。因此，选项A、C、D错误，选项B正确。

【答案】B

27.【考点】版权保护

【解析】根据《与贸易有关的知识产权协定》第九条的规定，版权的保护应及于表达，而不及于构思、程序、操作方法或者数学概念本身。因此，选项A的说法错误，符合题意。

根据《与贸易有关的知识产权协定》第十条的规定，(1)计算机程序，不论是以源代码还是以目标代码表达，应按《伯尔尼公约》(1971年)作为文字作品予以保护。(2)数据汇编或者其他资料汇编，不论是用机器可读形式或者其他形式，由于对其内容的选择或者安排而构成智力创作，应予以保护。这种保护不及于数据或者资料本身，不应损害存在于数据或者资料本身的版权。因此，选项B、D的说法正确，不符合题意。

根据《与贸易有关的知识产权协定》第十一条的规定，至少就计算机程序和电影作品而言，成员应授予作者及其权利继受人以许可或者禁止将其享有版权作品的原件或者复制品向公众商业性出租的权利。对于电影作品，除非这种出租已经导致这种作品的广泛复制，重大地损害了该成员授予作者及其权利继受人的复制专有权，成员应免除这一义务。对于计算机程序，如果程序本身不是出租的主要客体，这一义务并不适用于该出租。因此，选项C的说法正确，不符合题意。

【答案】A

28.【考点】不正当竞争行为

【解析】根据《反不正当竞争法》第十条的规定，经营者进行有奖销售不得存在下列情形：(一)所设奖的种类、兑奖条件、奖金金额或者奖品等有奖销售信息不明确，影响兑奖；(二)采用谎称有奖或者故意让内定人员中奖的欺骗方式进行有奖销售；(三)抽奖式的有奖销售，最高奖的金额超过五万元。因此，选项A的做法属于正当竞争行为，不符合题意。根据《反不正当竞争法》第十一条的规定，经营者不得编造、传播虚假信息或者误导性信息，损害竞争对手的商业信誉、商品声誉。因此，选项B的做法属于不正当竞争行为，符合题意。

根据《最高人民法院关于审理侵犯商业秘密民事案件适用法律若干问题的规定》第十四条第一款的规定，通过自行开发研制或者反向工程获得被诉侵权信息的，人民法院应当认定不属于《反不正当竞争法》第九条规定的侵犯商业秘密行为。根据《反不正当竞争法》第九条第一款的规定，经营者不得实施下列侵犯商业秘密的行为：(一)以盗窃、贿赂、欺诈、胁迫、电子侵入或者其他不正当手段获取权利人的商业秘密；(二)披露、使用或者允许他人使用以前项手段获取的权利人的商业秘密;……。因此,选项 D 不符合题意。而选项 C 中,招聘已经与其他公司解除劳动关系的劳动者,并不属于不正当竞争行为。因此,选项 C 不符合题意。

【答案】B

29. 【考点】混淆行为

【解析】根据《反不正当竞争法》第六条的规定,经营者不得实施下列混淆行为,引人误认为是他人商品或者与他人存在特定联系:(一)擅自使用与他人有一定影响的商品名称、包装、装潢等相同或者近似的标识;(二)擅自使用他人有一定影响的企业名称(包括简称、字号等)、社会组织名称(包括简称等)、姓名(包括笔名、艺名、译名等);(三)擅自使用他人有一定影响的域名主体部分、网站名称、网页等;(四)其他足以引人误认为是他人商品或者与他人存在特定联系的混淆行为。因此,选项 A、B、D 不符合题意,选项 C 符合题意。

【答案】C

30. 【考点】植物新品种权的无效

【解析】根据《植物新品种保护条例》第三十七条的规定,自审批机关公告授予品种权之日起,植物新品种复审委员会可以依据职权或者依据任何单位或者个人的书面请求,对不符合该条例第十四条、第十五条、第十六条和第十七条规定的,宣告品种权无效;对不符合该条例第十八条规定的,予以更名。宣告品种权无效或者更名的决定,由审批机关登记和公告,并通知当事人。对植物新品种复审委员会的决定不服的,可以自收到通知之日起 3 个月内向人民法院提起诉讼。

根据《植物新品种保护条例》第十四条的规定,授予品种权的植物新品种应当具备新颖性。新颖性,是指申请品种权的植物新品种在申请日前该品种繁殖材料未被销售,或者经育种者许可,在中国境内销售该品种繁殖材料未超过 1 年;在中国境外销售藤本植物、林木、果树和观赏树木品种繁殖材料未超过 6 年,销售其他植物品种繁殖材料未超过 4 年。

根据《植物新品种保护条例》第十五条的规定,授予品种权的植物新品种应当具备特异性。特异性,是指申请品种权的植物新品种应当明显区别于在递交申请以前已知的植物品种。

根据《植物新品种保护条例》第十六条的规定,授予品种权的植物新品种应当具备一致性。一致性,是指申请品种权的植物新品种经过繁殖,除可以预见的变异外,其相关的特征或者特性一致。

根据《植物新品种保护条例》第十七条的规定,授予品种权的植物新品种应当具备稳定性。稳定性,是指申请品种权的植物新品种经过反复繁殖后或者在特定繁殖周期结束时,其相关的特征或者特性保持不变。

根据《植物新品种保护条例》第十八条的规定,授予品种权的植物新品种应当具备适当的名称,并与相同或者相近的植物属或者种中已知品种的名称相区别。该名称经注册登记后即为该植物新品种的通用名称。下列名称不得用于品种命名：(一) 仅以数字组成的；(二) 违反社会公德的；(三) 对植物新品种的特征、特性或者育种者的身份等容易引起误解的

因此，选项 A 正确，选项 B、C、D 错误。

【答案】A

31. 【考点】指定监护人

【解析】根据《民法典·总则编》第三十一条第二款的规定，居民委员会、村民委员会、民政部门或者人民法院应当尊重被监护人的真实意愿，按照最有利于被监护人的原则在依法具有监护资格的人中指定监护人。因此，选项 A、B、C、D 正确。

【答案】A、B、C、D

32. 【考点】监护方式的确定

【解析】根据《民法典·总则编》第二十七条的规定，父母是未成年子女的监护人。未成年人的父母已经死亡或者没有监护能力的，由下列有监护能力的人按顺序担任监护人：(一) 祖父母、外祖父母；(二) 兄、姐；(三) 其他愿意担任监护人的个人或者组织，但是须经未成年人住所地的居民委员会、村民委员会或者民政部门同意。根据《民法典·总则编》第二十八条的规定，无民事行为能力或者限制民事行为能力的成年人，由下列有监护能力的人按顺序担任监护人：(一) 配偶；(二) 父母、子女；(三) 其他近亲属；(四) 其他愿意担任监护人的个人或者组织，但是须经被监护人住所地的居民委员会、村民委员会或者民政部门同意。因此，选项 A 正确。

根据《民法典·总则编》第二十九条的规定，被监护人的父母担任监护人的，可以通过遗嘱指定监护人。因此，选项 B 正确。

根据《民法典·总则编》第三十条的规定，依法具有监护资格的人之间可以协议确定监护人。协议确定监护人应当尊重被监护人的真实意愿。因此，选项 C 正确。

根据《民法典·总则编》第三十三条的规定，具有完全民事行为能力的成年人，可以与其近亲属、其他愿意担任监护人的个人或者组织事先协商，以书面形式确定自己的监护人，在自己丧失或者部分丧失民事行为能力时，由该监护人履行监护职责。因此，选项 D 正确。

【答案】A、B、C、D

33. 【考点】法定代表人

【解析】根据《民法典·总则编》第六十一条的规定，依照法律或者法人章程的规定，代表法人从事民事活动的负责人，为法人的法定代表人。法定代表人以法人名义从事的民事活动，其法律后果由法人承受。法人章程或者法人权力机构对法定代表人代表权的限制，不得对抗善意相对人。因此，选项 A、C 正确。

根据《民法典·总则编》第六十二条的规定，法定代表人因执行职务造成他人损害的，由法人承担民事责任。法人承担民事责任后，依照法律或者法人章程的规定，可以向有过错

的法定代表人追偿。因此，选项 B 错误。

根据《民法典·总则编》第六十三条规定，法人以其主要办事机构所在地为住所。依法需要办理法人登记的，应当将主要办事机构所在地登记为住所。因此，选项 D 错误。

【答案】A、C

34. 【考点】民事法律行为

【解析】根据《民法典·总则编》第一百三十三条的规定，民事法律行为是民事主体通过意思表示设立、变更、终止民事法律关系的行为。因此，选项 A 正确。

根据《民法典·总则编》第一百三十四条的规定，民事法律行为可以基于双方或者多方的意思表示一致成立，也可以基于单方的意思表示成立。法人、非法人组织依照法律或者章程规定的议事方式和表决程序作出决议的，该决议行为成立。因此，选项 B 错误。

根据《民法典·总则编》第一百三十五条的规定，民事法律行为可以采用书面形式、口头形式或者其他形式；法律、行政法规规定或者当事人约定采用特定形式的，应当采用特定形式。因此，选项 C 正确。

根据《民法典·总则编》第一百三十六条的规定，民事法律行为自成立时生效，但是法律另有规定或者当事人另有约定的除外。行为人非依法律规定或者未经对方同意，不得擅自变更或者解除民事法律行为。因此，选项 D 正确。

【答案】A、C、D

35. 【考点】特别法人

【解析】根据《民法典·总则编》第九十六条的规定，该节规定的机关法人、农村集体经济组织法人、城镇农村的合作经济组织法人、基层群众性自治组织法人，为特别法人。因此，选项 A、B、C、D 正确。

【答案】A、B、C、D

36. 【考点】撤销死亡宣告 财产返还 婚姻关系

【解析】根据《民法典·总则编》第五十一条的规定，被宣告死亡的人的婚姻关系，自死亡宣告之日起消除。死亡宣告被撤销的，婚姻关系自撤销死亡宣告之日起自行恢复。但是，其配偶再婚或者向婚姻登记机关书面声明不愿意恢复的除外。因此，选项 A 错误，选项 C 正确。

根据《民法典·总则编》第五十三条的规定，被撤销死亡宣告的人有权请求依照该法第六编取得其财产的民事主体返还财产；无法返还的，应当给予适当补偿。利害关系人隐瞒真实情况，致使他人被宣告死亡而取得其财产的，除应当返还财产外，还应当对由此造成的损失承担赔偿责任。因此，选项 B 正确，选项 D 错误。

【答案】B、C

37. 【考点】民事主体

【解析】根据《民法典·总则编》第二条的规定，民法调整平等主体的自然人、法人和非法人组织之间的人身关系和财产关系。根据《民法典·总则编》第八十七条第二款的规定，非营利法人包括事业单位、社会团体、基金会、社会服务机构等。其中，自然人不仅包括中国公民，还包括我国领域内的外国人和无国籍人。因此，选项A正确。欧美同学会属于社会团体法人。因此，选项B正确。国家机关在进行民事活动时，以法人身份出现，与作为其相对人的自然人、法人或者非法人组织一样是平等的民事主体，属于机关法人。因此，选项D正确。

根据《民法典·总则编》第一百零二条的规定，非法人组织是不具有法人资格，但是能够依法以自己的名义从事民事活动的组织。非法人组织包括个人独资企业、合伙企业、不具有法人资格的专业服务机构等。本题中，柳沈律师事务所属于非法人组织。因此，选项C正确。

【答案】A、B、C、D

38. 【考点】合理使用

【解析】根据《著作权法》第十条第一款的规定，著作权包括下列人身权和财产权：（一）发表权，即决定作品是否公之于众的权利；（二）署名权，即表明作者身份，在作品上署名的权利；（三）修改权，即修改或者授权他人修改作品的权利；（四）保护作品完整权，即保护作品不受歪曲、篡改的权利；（五）复制权，即以印刷、复印、拓印、录音、录像、翻录、翻拍、数字化等方式将作品制作一份或者多份的权利；（六）发行权，即以出售或者赠与方式向公众提供作品的原件或者复制件的权利；……（十五）翻译权，即将作品从一种语言文字转换成另一种语言文字的权利；……。根据《著作权法》第二十四条第一款的规定，在下列情况下使用作品，可以不经著作权人许可，不向其支付报酬，但应当指明作者姓名或者名称、作品名称，并且不得影响该作品的正常使用，也不得不合理地损害著作权人的合法权益：……（十一）将中国公民、法人或者非法人组织已经发表的以国家通用语言文字创作的作品翻译成少数民族语言文字作品在国内出版发行；……。本题中，甲作为著作权人，对其作品享有翻译权和发行权，乙将甲的作品翻译成我国朝鲜族语言文字作品，并在我国出版发行，属于合理使用的情形，可以不经甲许可，不向其支付报酬；而乙将甲的作品翻译成我国朝鲜族语言文字作品，并在韩国出版发行，不属于合理使用的情形，应当取得甲的许可，并向其支付报酬。因此，选项A、D正确，选项B、C错误。

【答案】A、D

39. 【考点】合作作品

【解析】根据《著作权法》第十四条第二款的规定，合作作品的著作权由合作作者通过协商一致行使；不能协商一致，又无正当理由的，任何一方不得阻止他方行使除转让、许可他人专有使用、出质以外的其他权利，但是所得收益应当合理分配给所有合作作者。因此，选项 A、C、D 的说法错误,符合题意,选项 B 的说法正确,不符合题意。

【答案】A、C、D

40. 【考点】著作权保护客体

【解析】根据《著作权法》第三条的规定,该法所称的作品,是指文学、艺术和科学领域内具有独创性并能以一定形式表现的智力成果,包括:(一)文字作品;……。根据《著作权法》第五条的规定,该法不适用于:(一)法律、法规,国家机关的决议、决定、命令和其他具有立法、行政、司法性质的文件,及其官方正式译文;(二)单纯事实消息;(三)历法、通用数表、通用表格和公式。根据《著作权法》第二条第一款的规定,中国公民、法人或者非法人组织的作品,不论是否发表,依照该法享有著作权。因此,选项 A、B、C、D 正确。

【答案】A、B、C、D

41. 【考点】著作财产权的转移

【解析】根据《著作权法》第二十一条第二款的规定,著作权属于法人或者非法人组织的,法人或者非法人组织变更、终止后,其该法第十条第一款第(五)项至第(十七)项规定的权利在该法规定的保护期内,由承受其权利义务的法人或者非法人组织享有;没有承受其权利义务的法人或者非法人组织的,由国家享有。因此,选项 A、B 正确,选项 C、D 错误。

【答案】A、B

42. 【考点】作者

【解析】根据《著作权法》第十一条的规定,著作权属于作者,该法另有规定的除外。创作作品的自然人是作者。由法人或者非法人组织主持,代表法人或者非法人组织意志创作,并由法人或者非法人组织承担责任的作品,法人或者非法人组织视为作者。根据《著作权法》第十二条第一款的规定,在作品上署名的自然人、法人或者非法人组织为作者,且该作品上存在相应权利,但有相反证明的除外。因此,选项 A、C、D 正确,选项 B 错误。

【答案】A、C、D

43. 【考点】著作权

【解析】根据《著作权法》第十条第一款的规定,著作权包括下列人身权和财产权:(一)发表权,即决定作品是否公之于众的权利;(二)署名权,即表明作者身份,在作品上署名的权利;(三)修改权,即修改或者授权他人修改作品的权利;……(五)复制权,即以印刷、复印、拓印、录音、录像、翻录、翻拍、数字化等方式将作品制作一份或者多份的权利;……。根据《著作权法》第十七条第一款的规定,视听作品中的电影作品、电视剧作品的著作权由制作者享有,但编剧、导演、摄影、作词、作曲等作者享有署名权,并有权按照与制作者签订的合同获得报酬。因此,选项 A、B、D 正确,选项 C 错误。

【答案】A、B、D

44.【考点】美术作品著作权

【解析】根据《著作权法》第十一条第一、二款的规定，著作权属于作者，该法另有规定的除外。创作作品的自然人是作者。根据《著作权法》第十条第一款的规定，著作权包括下列人身权和财产权：……（二）署名权，即表明作者身份，在作品上署名的权利；……（八）展览权，即公开陈列美术作品、摄影作品的原件或者复制件的权利；……。根据《著作权法》第二十条第一款的规定，作品原件所有权的转移，不改变作品著作权的归属，但美术、摄影作品原件的展览权由原件所有人享有。因此，选项A、D正确，选项B、C错误。

【答案】A、D

45.【考点】侵犯著作权的刑事责任

【解析】根据《著作权法》第五十三条的规定，有下列侵权行为的，应当根据情况，承担该法第五十二条规定的民事责任；侵权行为同时损害公共利益的，由主管著作权的部门责令停止侵权行为，予以警告，没收违法所得，没收、无害化销毁处理侵权复制品以及主要用于制作侵权复制品的材料、工具、设备等，违法经营额五万元以上的，可以并处违法经营额一倍以上五倍以下的罚款；没有违法经营额、违法经营额难以计算或者不足五万元的，可以并处二十五万元以下的罚款；构成犯罪的，依法追究刑事责任：……（二）出版他人享有专有出版权的图书的；……（八）制作、出售假冒他人署名的作品的。因此，选项A、D符合题意。

根据《著作权法》第五十二条的规定，有下列侵权行为的，应当根据情况，承担停止侵害、消除影响、赔礼道歉、赔偿损失等民事责任：（一）未经著作权人许可，发表其作品的；……（四）歪曲、篡改他人作品的；……。因此，选项B、C不符合题意。

【答案】A、D

46.【考点】著作权的继受

【解析】根据《著作权法实施条例》第十五条第一款的规定，作者死亡后，其著作权中的署名权、修改权和保护作品完整权由作者的继承人或者受遗赠人保护。因此，选项A正确，选项B错误。

根据《著作权法实施条例》第十七条的规定，作者生前未发表的作品，如果作者未明确表示不发表，作者死亡后50年内，其发表权可由继承人或者受遗赠人行使；没有继承人又无人受遗赠的，由作品原件的所有人行使。因此，选项C正确。

根据《著作权法》第二十一条第一款的规定，著作权属于自然人的，自然人死亡后，其该法第十条第一款第（五）项至第（十七）项规定的权利在该法规定的保护期内，依法转移。因此，选项D正确。

【答案】A、C、D

47.【考点】著作权 视听作品 电视台播放视听作品的义务

【解析】根据《著作权法》第二条第一款的规定，中国公民、法人或者非法人组织的作品，不论是否发表，依照该法享有著作权。根据《著作权实施条例》第六条的规定，著作权自作品创作完成之日起产生。因此，选项A错误。

根据《著作权法》第十三条的规定，改编、翻译、注释、整理已有作品而产生的作品，其著作权由改编、翻译、注释、整理人享有，但行使著作权时不得侵犯原作品的著作权。因此，选项B、C正确。

根据《著作权法》第十七条第一款的规定，视听作品中的电影作品、电视剧作品的著作权由制作者享有，但编剧、导演、摄影、作词、作曲等作者享有署名权，并有权按照与制作者签订的合同获得报酬。根据《著作权法》第四十八条的规定，电视台播放他人的视听作品、录像制品，应当取得视听作品著作权人或者录像制作者许可，并支付报酬；播放他人的录像制品，还应当取得著作权人许可，并支付报酬。因此，选项D错误。

【答案】B、C

48.【考点】著作权转让

【解析】根据《著作权法》第二十七条第一款的规定，转让该法第十条第一款第（五）项至第（十七）项规定的权利，应当订立书面合同。因此，选项A正确，选项B错误。

根据《著作权法》第十条的规定，著作权包括下列人身权和财产权：……（三）修改权，即修改或者授权他人修改作品的权利；……（五）复制权，即以印刷、复印、拓印、录音、录像、翻录、数字化等方式将作品制作一份或者多份的权利；（六）发行权，即以出售或者赠予方式向公众提供作品的原件或者复制件的权利；（七）出租权，即有偿许可他人临时使用视听作品、计算机软件的原件或者复制件的权利，计算机软件不是出租的主要标的的除外；……。著作权人可以许可他人行使前款第（五）项至第（十七）项规定的权利，并依照约定或者该法有关规定获得报酬。著作权人可以全部或者部分转让该条第一款第（五）项至第（十七）项规定的权利，并依照约定或者该法有关规定获得报酬。因此，选项C正确，选项D错误。

【答案】A、C

49.【考点】要约 要约邀请

【解析】根据《民法典·合同编》第四百七十二条的规定，要约是希望与他人订立合同的意思表示，该意思表示应当符合下列条件：（一）内容具体确定；（二）表明经受要约人承诺，要约人即受该意思表示约束。根据《民法典·合同编》第四百七十三条的规定，要约邀请是希望他人向自己发出要约的表示。拍卖公告、招标公告、招股说明书、债券募集办法、基金招募说明书、商业广告和宣传、寄送的价目表等为要约邀请。商业广告和宣传的内容符合要约条件的，构成要约。因此，选项A、B正确，选项C、D错误。

【答案】A、B

50.【考点】格式条款

【解析】根据《民法典·合同编》第四百九十六条的规定，格式条款是当事人为了重复使用而预先拟定，并在订立合同时未与对方协商的条款。采用格式条款订立合同的，提供格式条款的一方应当遵循公平原则确定当事人之间的权利和义务，并采取合理的方式提示对方注意免除或者减轻其责任等与对方有重大利害关系的条款，按照对方的要求，对该条款予以说明。提供格式条款的一方未履行提示或者说明义务，致使对方没有注意或者理解与其有重大利害关系的条款的，对方可以主张该条款不成为合同的内容。因此，选项A、D正确。

根据《民法典·合同编》第四百九十七条的规定，有下列情形之一的，该格式条款无效：（一）具有该法第一编第六章第三节和该法第五百零六条规定的无效情形；（二）提供格式条款一方不合理地免除或者减轻其责任、加重对方责任、限制对方主要权利；（三）提供格式条款一方排除对方主要权利。因此，选项B正确。

根据《民法典·合同编》第四百九十八条的规定，对格式条款的理解发生争议的，应当按照通常理解予以解释。对格式条款有两种以上解释的，应当作出不利于提供格式条款一方的解释。格式条款和非格式条款不一致的，应当采用非格式条款。因此，选项C正确。

【答案】A、B、C、D

51.【考点】合同约定不明的补救措施 履行

【解析】根据《民法典·合同编》第五百一十条的规定，合同生效后，当事人就质量、价款或者报酬、履行地点等内容没有约定或者约定不明确的，可以协议补充；不能达成补充协议的，按照合同相关条款或者交易习惯确定。根据《民法典·合同编》第五百一十一条的规定，当事人就有关合同内容约定不明确，依据前条规定仍不能确定的，适用下列规定：质量要求不明确的，按照强制性国家标准履行；没有强制性国家标准的，按照推荐性国家标准履行；没有推荐性国家标准的，按照行业标准履行；没有国家标准、行业标准的，按照通常标准或者符合合同目的的特定标准履行……。因此，选项A、B、C正确，选项D错误。

【答案】A、B、C

52.【考点】抗辩权

【解析】根据《民法典·合同编》第五百二十五条的规定，当事人互负债务，没有先后履行顺序的，应当同时履行。一方在对方履行之前有权拒绝其履行请求。一方在对方履行债务不符合约定时，有权拒绝其相应的履行请求。因此，选项A正确。

根据《民法典·合同编》第五百二十六条的规定，当事人互负债务，有先后履行顺序，应当先履行债务一方未履行的，后履行一方有权拒绝其履行请求。先履行一方履行债务不符合约定的，后履行一方有权拒绝其相应的履行请求。因此，选项B正确。

根据《民法典·合同编》第五百二十七条的规定，应当先履行债务的当事人，有确切证据证明对方有下列情形之一的，可以中止履行：（一）经营状况严重恶化；（二）转移财产、抽逃资金，以逃避债务；（三）丧失商业信誉；（四）有丧失或者可能丧失履行债务能力的其他情形。当事人没有确切证据中止履行的,应当承担违约责任。因此,选项C正确,选项D错误。

【答案】A、B、C

53. 【考点】转委托

【解析】根据《民法典·合同编》第九百二十三条的规定,受托人应当亲自处理委托事务。经委托人同意,受托人可以转委托。转委托经同意或者追认的,委托人可以就委托事务直接指示转委托的第三人,受托人仅就第三人的选任及其对第三人的指示承担责任。转委托未经同意或者追认的,受托人应当对转委托的第三人的行为承担责任;但是,在紧急情况下受托人为了维护委托人的利益需要转委托第三人的除外。因此,选项A、C正确,选项B、D错误。

【答案】A、C

54. 【考点】合同解除

【解析】根据《民法典·合同编》第五百六十三条的规定,有下列情形之一的,当事人可以解除合同:(一)因不可抗力致使不能实现合同目的;(二)在履行期限届满前,当事人一方明确表示或者以自己的行为表明不履行主要债务;(三)当事人一方迟延履行主要债务,经催告后在合理期限内仍未履行;(四)当事人一方迟延履行债务或者有其他违约行为致使不能实现合同目的;(五)法律规定的其他情形。以持续履行的债务为内容的不定期合同,当事人可以随时解除合同,但是应当在合理期限之前通知对方。因此,选项A错误,选项C正确。

根据《民法典·合同编》第五百六十五条第一款的规定,当事人一方依法主张解除合同的,应当通知对方。合同自通知到达对方时解除;通知载明债务人在一定期限内不履行债务则合同自动解除,债务人在该期限内未履行债务的,合同自通知载明的期限届满时解除。对方对解除合同有异议的,任何一方当事人均可以请求人民法院或者仲裁机构确认解除行为的效力。因此,选项B正确。

根据《民法典·合同编》第九百三十三条的规定,委托人或者受托人可以随时解除委托合同。因解除合同造成对方损失的,除不可归责于该当事人的事由外,无偿委托合同的解除方应当赔偿因解除时间不当造成的直接损失,有偿委托合同的解除方应当赔偿对方的直接损失和合同履行后可以获得的利益。因此,选项D正确。

【答案】B、C、D

55. 【考点】最利于被监护人原则

【解析】根据《最高人民法院关于适用〈中华人民共和国民法典〉总则编若干问题的解释》第九条第一款的规定,人民法院依据《民法典》第三十一条第二款、第三十六条第一款的规定指定监护人时,应当尊重被监护人的真实意愿,按照最有利于被监护人的原则指定,具体参考以下因素:(一)与被监护人生活、情感联系的密切程度;(二)依法具有监护资格的人的监护顺序；（三）是否有不利于履行监护职责的违法犯罪等情形；（四）依法具有监护资格的人的监护能力、意愿、品行等。因此，选项 A、B、C、D 正确。

【答案】A、B、C、D

56.【考点】监护

【解析】根据《最高人民法院关于适用〈中华人民共和国民法典〉总则编若干问题的解释》第八条第一款的规定，未成年人的父母与其他依法具有监护资格的人订立协议，约定免除具有监护能力的父母的监护职责的，人民法院不予支持。协议约定在未成年人的父母丧失监护能力时由该具有监护资格的人担任监护人的，人民法院依法予以支持。因此，选项 A 错误，选项 B 正确。

根据《最高人民法院关于适用〈中华人民共和国民法典〉总则编若干问题的解释》第十三条的规定，监护人因患病、外出务工等原因在一定期限内不能完全履行监护职责，将全部或者部分监护职责委托给他人，当事人主张受托人因此成为监护人的，人民法院不予支持。因此，选项 C 错误。

根据《最高人民法院关于适用〈中华人民共和国民法典〉总则编若干问题的解释》第九条第二款的规定，人民法院依法指定的监护人一般应当是一人，由数人共同担任监护人更有利于保护被监护人利益的，也可以是数人。因此，选项 D 正确。

【答案】B、D

57.【考点】宣告失踪 宣告死亡

根据《最高人民法院关于适用〈中华人民共和国民法典〉总则编若干问题的解释》第十五条的规定，失踪人的财产代管人向失踪人的债务人请求偿还债务的，人民法院应当将财产代管人列为原告。债权人提起诉讼，请求失踪人的财产代管人支付失踪人所欠的债务和其他费用的，人民法院应当将财产代管人列为被告。经审理认为债权人的诉讼请求成立的，人民法院应当判决财产代管人从失踪人的财产中支付失踪人所欠的债务和其他费用。因此，选项 A、B 正确。

根据《最高人民法院关于适用〈中华人民共和国民法典〉总则编若干问题的解释》第十七条的规定，自然人在战争期间下落不明的，利害关系人申请宣告死亡的期间适用《民法典》第四十六条第一款第（一）项的规定，自战争结束之日或者有关机关确定的下落不明之日起计算。

根据《民法典·总则编》第四十六条的规定，自然人有下列情形之一的，利害关系人可以向人民法院申请宣告该自然人死亡：（一）下落不明满四年；（二）因意外事件，下落不明满二年。因意外事件下落不明，经有关机关证明该自然人不可能生存的，申请宣告死亡不受二年时间的限制。因此，选项 C 正确，选项 D 错误。

【答案】A、B、C

58.【考点】地域管辖

【解析】根据《民事诉讼法》第二十九条的规定，因侵权行为提起的诉讼，由侵权行为地或者被告住所地人民法院管辖。因此，选项 A 正确。

根据《民事诉讼法》第二十四条的规定，因合同纠纷提起的诉讼，由被告住所地或者合同履行地人民法院管辖。因此，选项 B 正确。

根据《民事诉讼法》第三十四条的规定，下列案件，由该条规定的人民法院专属管辖：（一）因不动产纠纷提起的诉讼，由不动产所在地人民法院管辖；（二）因港口作业中发生纠纷提起的诉讼，由港口所在地人民法院管辖；（三）因继承遗产纠纷提起的诉讼，由被继承人死亡时住所地或者主要遗产所在地人民法院管辖。因此，选项 C 正确。

根据《民事诉讼法》第二十七条的规定，因公司设立、确认股东资格、分配利润、解散等纠纷提起的诉讼，由公司住所地人民法院管辖。因此，选项 D 正确。

【答案】A、B、C、D

59.【考点】回避

【解析】根据《民事诉讼法》第四十九条的规定，院长担任审判长或者独任审判员时的回避，由审判委员会决定；审判人员的回避，由院长决定；其他人员的回避，由审判长或者独任审判员决定。因此，选项 A 正确。根据《民事诉讼法》第四十七条第二款的规定，审判人员接受当事人、诉讼代理人请客送礼，或者违反规定会见当事人、诉讼代理人的，当事人有权要求他们回避。因此，选项 B 错误。

根据《民事诉讼法》第四十八条第二款的规定，被申请回避的人员在人民法院作出是否回避的决定前，应当暂停参与本案的工作，但案件需要采取紧急措施的除外。因此，选项 C 正确。根据《民事诉讼法》第五十条的规定，人民法院对当事人提出的回避申请，应当在申请提出的三日内，以口头或者书面形式作出决定。申请人对决定不服的，可以在接到决定时申请复议一次。复议期间，被申请回避的人员，不停止参与本案的工作。人民法院对复议申请，应当在三日内作出复议决定，并通知复议申请人。因此，选项 D 正确。

【答案】A、C、D

60.【考点】证据 证人

【解析】根据《民事诉讼法》第七十七条的规定，证人因履行出庭作证义务而支出的交通、住宿、就餐等必要费用以及误工损失，由败诉一方当事人负担。当事人申请证人作证的，由该当事人先行垫付；当事人没有申请，人民法院通知证人作证的，由人民法院先行垫付。因此，选项 A 错误。

根据《民事诉讼法》第七十六条的规定，经人民法院通知，证人应当出庭作证。有下列情形之一的，经人民法院许可，可以通过书面证言、视听传输技术或者视听资料等方式作证：（一）因健康原因不能出庭的；（二）因路途遥远，交通不便不能出庭的；（三）因自然灾害等不可抗力不能出庭的；（四）其他有正当理由不能出庭的。因此，选项 B 正确。

根据《最高人民法院关于适用〈中华人民共和国民事诉讼法〉的解释》第九十三条第一款的规定，下列事实，当事人无须举证证明：（一）自然规律以及定理、定律；（二）众所周知的事实；（三）根据法律规定推定的事实；（四）根据已知的事实和日常生活经验法则推定出的另一事实；（五）已为人民法院发生法律效力的裁判所确认的事实；（六）已为仲裁机构生效裁决所确认的事实；（七）已为有效公证文书所证明的事实。因此，选项C正确。

根据《民事诉讼法》第七十三条的规定，书证应当提交原件。物证应当提交原物。提交原件或者原物确有困难的，可以提交复制品、照片、副本、节录本。提交外文书证，必须附有中文译本。根据《最高人民法院关于适用〈中华人民共和国民事诉讼法〉的解释》第一百一十一条第一款的规定，《民事诉讼法》第七十三条规定的提交书证原件确有困难，包括下列情形：（一）书证原件遗失、灭失或者毁损的；（二）原件在对方当事人控制之下，经合法通知提交而拒不提交的；（三）原件在他人控制之下，而其有权不提交的；（四）原件因篇幅或者体积过大而不便提交的；（五）承担举证证明责任的当事人通过申请人民法院调查收集或者其他方式无法获得书证原件的。因此，选项D错误。

【答案】B、C

61. 【考点】诉讼终结

【解析】根据《民事诉讼法》第二百六十四条的规定，有下列情形之一的，人民法院裁定终结执行：（一）申请人撤销申请的；（二）据以执行的法律文书被撤销的；（三）作为被执行人的公民死亡，无遗产可供执行，又无义务承担人的；（四）追索赡养费、扶养费、抚养费案件的权利人死亡的；（五）作为被执行人的公民因生活困难无力偿还借款，无收入来源，又丧失劳动能力的；（六）人民法院认为应当终结执行的其他情形。因此，选项A、D正确。

根据《民事诉讼法》第二百六十三条第一款的规定，有下列情形之一的，人民法院应当裁定中止执行：（一）申请人表示可以延期执行的；（二）案外人对执行标的提出确有理由的异议的；（三）作为一方当事人的公民死亡，需要等待继承人继承权利或者承担义务的；（四）作为一方当事人的法人或者其他组织终止，尚未确定权利义务承受人的；（五）人民法院认为应当中止执行的其他情形。因此，选项B、C错误。

【答案】A、D

62. 【考点】第一审普通程序

【解析】根据《民事诉讼法》第一百三十条的规定，人民法院受理案件后，当事人对管辖权有异议的，应当在提交答辩状期间提出。人民法院对当事人提出的异议，应当审查。异议成立的，裁定将案件移送有管辖权的人民法院；异议不成立的，裁定驳回。当事人未提出管辖异议，并应诉答辩的，视为受诉人民法院有管辖权，但违反级别管辖和专属管辖规定的除外。因此，选项A正确。

根据《民事诉讼法》第一百四十九条的规定，有下列情形之一的，可以延期开庭审理：

（一）必须到庭的当事人和其他诉讼参与人有正当理由没有到庭的；（二）当事人临时提出回避申请的；（三）需要通知新的证人到庭，调取新的证据，重新鉴定、勘验，或者需要补充调查的；（四）其他应当延期的情形。因此，选项B错误。

根据《民事诉讼法》第一百四十七条的规定，被告经传票传唤，无正当理由拒不到庭的，或者未经法庭许可中途退庭的，可以缺席判决。因此，选项C正确。

根据《民事诉讼法》第一百四十六条的规定，原告经传票传唤，无正当理由拒不到庭的，或者未经法庭许可中途退庭的，可以按撤诉处理；被告反诉的，可以缺席判决。因此，选项D正确。

【答案】A、C、D

63.【考点】保全

【解析】根据《民事诉讼法》第一百零三条第一、二款的规定（诉讼中保全），人民法院对于可能因当事人一方的行为或者其他原因，使判决难以执行或者造成当事人其他损害的案件，根据对方当事人的申请，可以裁定对其财产进行保全、责令其作出一定行为或者禁止其作出一定行为；当事人没有提出申请的，人民法院在必要时也可以裁定采取保全措施。人民法院采取保全措施，可以责令申请人提供担保，申请人不提供担保的，裁定驳回申请。因此，选项A的说法错误，符合题意。

根据《民事诉讼法》第一百零四条第一款的规定（诉前保全），利害关系人因情况紧急，不立即申请保全将会使其合法权益受到难以弥补的损害的，可以在提起诉讼或者申请仲裁前向被保全财产所在地、被申请人住所地或者对案件有管辖权的人民法院申请采取保全措施。申请人应当提供担保，不提供担保的，裁定驳回申请。因此，选项B的说法错误，符合题意。

根据《最高人民法院关于适用〈中华人民共和国民事诉讼法〉的解释》第一百五十五条由人民法院指定被保全人保管的财产，如果继续使用对该财产的价值无重大影响，可以允许被保全人继续使用；由人民法院保管或者委托他人、申请保全人保管的财产，人民法院和其他保管人不得使用。因此，选项C的说法错误，符合题意。

根据《民事诉讼法》第一百零六条的规定，财产保全采取查封、扣押、冻结或者法律规定的其他方法。人民法院保全财产后，应当立即通知被保全财产的人。财产已被查封、冻结的，不得重复查封、冻结。因此，选项D的说法错误，符合题意。

【答案】A、B、C、D

64.【考点】民事诉讼第二审程序

【解析】根据《民事诉讼法》第一百七十六条第一款的规定，第二审人民法院对上诉案件应当开庭审理。经过阅卷、调查和询问当事人，对没有提出新的事实、证据或者理由，人民法院认为不需要开庭审理的，可以不开庭审理。因此，选项A正确。

根据《民事诉讼法》第一百七十九条的规定，第二审人民法院审理上诉案件，可以进行调解。调解达成协议,应当制作调解书,由审判人员、书记员署名,加盖人民法院印章。调解书送达后,原审人民法院的判决即视为撤销。因此,选项B错误。

根据《民事诉讼法》第一百八十条的规定,第二审人民法院判决宣告前,上诉人申请撤回上诉的,是否准许,由第二审人民法院裁定。因此,选项C正确。

根据《民事诉讼法》第一百七十五条的规定,第二审人民法院应当对上诉请求的有关事实和适用法律进行审查。因此,选项D错误。

【答案】A、C

65.【考点】审判监督程序

【解析】根据《民事诉讼法》第二百零五条第一款的规定,各级人民法院院长对本院已经发生法律效力的判决、裁定、调解书,发现确有错误,认为需要再审的,应当提交审判委员会讨论决定。因此,选项A错误。根据《民事诉讼法》第二百零六条的规定,当事人对已经发生法律效力的判决、裁定,认为有错误的,可以向上一级人民法院申请再审;当事人一方人数众多或者当事人双方为公民的案件,也可以向原审人民法院申请再审。当事人申请再审的,不停止判决、裁定的执行。因此,选项B正确。

根据《民事诉讼法》第二百零八条的规定,当事人对已经发生法律效力的调解书,提出证据证明调解违反自愿原则或者调解协议的内容违反法律的,可以申请再审。经人民法院审查属实的,应当再审。因此,选项C正确。根据《民事诉讼法》第二百一十三条的规定,按照审判监督程序决定再审的案件,裁定中止原判决、裁定、调解书的执行,但追索赡养费、扶养费、抚养费、抚恤金、医疗费用、劳动报酬等案件,可以不中止执行。因此,选项D正确。

【答案】B、C、D

66.【考点】行政复议范围

【解析】根据《行政复议法》第六条的规定,有下列情形之一的,公民、法人或者其他组织可以依照本法申请行政复议:(一)对行政机关作出的警告、罚款、没收违法所得、没收非法财物、责令停产停业、暂扣或吊销许可证、暂扣或吊销执照、行政拘留等行政处罚决定不服的;(二)对行政机关作出的限制人身自由或者查封、扣押、冻结财产等行政强制措施决定不服的;……。因此,选项A、C正确。

根据《行政复议法》第八条的规定,不服行政机关作出的行政处分或者其他人事处理决定的,依照有关法律、行政法规的规定提出申诉。不服行政机关对民事纠纷作出的调解或者其他处理,依法申请仲裁或者向人民法院提起诉讼。因此,选项B、D错误。

【答案】A、C

67.【考点】规定的审查

【解析】根据《行政复议法》第三条第一款的规定,依照该法履行行政复议职责的行政机关是行政复议机关。行政复议机关负责法制工作的机构具体办理行政复议事项,履行下列职责：（一）受理行政复议申请；（二）向有关组织和人员调查取证，查阅文件和资料；（三）审查申请行政复议的具体行政行为是否合法与适当，拟订行政复议决定；（四）处理或者转送对该法第七条所列有关规定的审查申请；……。根据《行政复议法》第七条的规定，公民、法人或者其他组织认为行政机关的具体行政行为所依据的下列规定不合法，在对具体行政行为申请行政复议时，可以一并向行政复议机关提出对该规定的审查申请：（一）国务院部门的规定；（二）县级以上地方各级人民政府及其工作部门的规定；（三）乡、镇人民政府的规定。前款所列规定不含国务院部、委员会规章和地方人民政府规章。规章的审查依照法律、行政法规办理。因此，选项A错误，选项B、C、D正确。

【答案】B、C、D

68.【考点】行政复议受理机关

【解析】根据《行政复议法》第十二条第一款的规定，对县级以上地方各级人民政府工作部门的具体行政行为不服的，由申请人选择，可以向该部门的本级人民政府申请行政复议，也可以向上一级主管部门申请行政复议。因此，选项A、B正确。根据《行政复议法》第十三条第一款的规定，对地方各级人民政府的具体行政行为不服的，向上一级地方人民政府申请行政复议。因此，选项C正确。

根据《行政复议法》第十四条的规定，对国务院部门或者省、自治区、直辖市人民政府的具体行政行为不服的，向作出该具体行政行为的国务院部门或者省、自治区、直辖市人民政府申请行政复议。对行政复议决定不服的，可以向人民法院提起行政诉讼；也可以向国务院申请裁决，国务院依照该法的规定作出最终裁决。因此，选项D正确。

【答案】A、B、C、D

69.【考点】证据收集 申请撤回

【解析】根据《行政复议法》第二十四条的规定，在行政复议过程中，被申请人不得自行向申请人和其他有关组织或者个人收集证据。因此，选项A正确，选项B错误。

根据《行政复议法》第二十五条的规定，行政复议决定作出前，申请人要求撤回行政复议申请的，经说明理由，可以撤回；撤回行政复议申请的，行政复议终止。因此，选项C错误，选项D正确。

【答案】A、D

70.【考点】调解

【解析】根据《行政复议法实施条例》第五十条的规定，有下列情形之一的，行政复议机关可以按照自愿、合法的原则进行调解：（一）公民、法人或者其他组织对行政机关行使法律、法规规定的自由裁量权作出的具体行政行为不服申请行政复议的；（二）当事人之间的行政赔偿或者行政补偿纠纷。当事人经调解达成协议的，行政复议机关应当制作行政复议调解书。调解书应当载明行政复议请求、事实、理由和调解结果，并加盖行政复议机关印章。

行政复议调解书经双方当事人签字，即具有法律效力。调解未达成协议或者调解书生效前一方反悔的，行政复议机关应当及时作出行政复议决定。因此，选项A、D正确，选项B错误。

根据《行政复议法实施条例》第五十一条的规定，行政复议机关在申请人的行政复议请求范围内，不得作出对申请人更为不利的行政复议决定。因此，选项C错误。

【答案】A、D

71.【考点】行政复议人员数量 复议决定期限 申请行政复议期限 听证方式

【解析】根据《行政复议法实施条例》第三十二条的规定，行政复议机构审理行政复议案件，应当由2名以上行政复议人员参加。因此，选项A错误。

根据《行政复议法》第三十一条第一款的规定，行政复议机关应当自受理申请之日起六十日内作出行政复议决定；但是法律规定的行政复议期限少于六十日的除外。情况复杂，不能在规定期限内作出行政复议决定的，经行政复议机关的负责人批准，可以适当延长，并告知申请人和被申请人；但是延长期限最多不超过三十日。因此，选项B正确。

根据《行政复议法》第九条第一款的规定，公民、法人或者其他组织认为具体行政行为侵犯其合法权益的，可以自知道该具体行政行为之日起六十日内提出行政复议申请；但是法律规定的申请期限超过六十日的除外。因此，选项C正确。

根据《行政复议法实施条例》第三十三条的规定，行政复议机构认为必要时，可以实地调查核实证据；对重大、复杂的案件，申请人提出要求或者行政复议机构认为必要时，可以采取听证的方式审理。因此，选项D正确。

【答案】B、C、D

72.【考点】行政复议决定履行

【解析】根据《行政复议法》第三十二条的规定，被申请人应当履行行政复议决定。被申请人不履行或者无正当理由拖延履行行政复议决定的，行政复议机关或者有关上级行政机关应当责令其限期履行。因此，选项A、B正确。

根据《行政复议法》第三十三条的规定，申请人逾期不起诉又不履行行政复议决定的，或者不履行最终裁决的行政复议决定的，按照下列规定分别处理：（一）维持具体行政行为的行政复议决定，由作出具体行政行为的行政机关依法强制执行，或者申请人民法院强制执行；（二）变更具体行政行为的行政复议决定，由行政复议机关依法强制执行，或者申请人民法院强制执行。因此，选项C、D错误。

【答案】A、B

73.【考点】行政复议申请形式、期限、费用

【解析】根据《行政复议法》第九条第一款的规定，公民、法人或者其他组织认为具体行政行为侵犯其合法权益的，可以自知道该具体行政行为之日起六十日内提出行政复议申请；但是法律规定的申请期限超过六十日的除外。根据《行政复议法》第十一条的规定，申

请人申请行政复议，可以书面申请，也可以口头申请；口头申请的，行政复议机关应当当场记录申请人的基本情况、行政复议请求、申请行政复议的主要事实、理由和时间。因此，选项A错误，选项B正确。

根据《行政复议法》第三十九条的规定，行政复议机关受理行政复议申请，不得向申请人收取任何费用。行政复议活动所需经费，应当列入本机关的行政经费，由本级财政予以保障。因此，选项C正确，选项D错误。

【答案】B、C

74.【考点】行政复议中止、终止

【解析】根据《行政复议法实施条例》第四十二条第一款的规定，行政复议期间有下列情形之一的，行政复议终止：（一）申请人要求撤回行政复议申请，行政复议机构准予撤回的；……（四）申请人与被申请人依照该条例第四十条的规定，经行政复议机构准许达成和解的；……。因此，选项A、C错误。

根据《行政复议法实施条例》第四十一条第一款的规定，行政复议期间有下列情形之一，影响行政复议案件审理的，行政复议中止：（一）作为申请人的自然人死亡，其近亲属尚未确定是否参加行政复议的；……（四）作为申请人的自然人下落不明或者被宣告失踪的；……。因此，选项B、D正确。

【答案】B、D

75.【考点】停止执行具体行政行为

【解析】根据《行政复议法》第二十一条的规定，行政复议期间具体行政行为不停止执行；但是，有下列情形之一的，可以停止执行：（一）被申请人认为需要停止执行的；（二）行政复议机关认为需要停止执行的；（三）申请人申请停止执行，行政复议机关认为其要求合理，决定停止执行的；（四）法律规定停止执行的。因此，选项A、D正确，选项B、C错误。

【答案】A、D

76.【考点】行政机关负责人出庭应诉

【解析】根据《行政诉讼法》第三条第三款规定，被诉行政机关负责人应当出庭应诉。不能出庭的，应当委托行政机关相应的工作人员出庭。根据《最高人民法院关于适用〈中华人民共和国行政诉讼法〉的解释》第一百二十八条规定，《行政诉讼法》第三条第三款规定的行政机关负责人，包括行政机关的正职、副职负责人以及其他参与分管的负责人。行政机关负责人出庭应诉的，可以另行委托一至二名诉讼代理人。行政机关负责人不能出庭的，应当委托行政机关相应的工作人员出庭，不得仅委托律师出庭。因此，选项A错误，选项B正确。

根据《最高人民法院关于适用〈中华人民共和国行政诉讼法〉的解释》第一百二十九条第一款的规定，涉及重大公共利益、社会高度关注或者可能引发群体性事件等案件以及人民法院书面建议行政机关负责人出庭的案件,被诉行政机关负责人应当出庭。因此,选项C正确。

根据《最高人民法院关于适用〈中华人民共和国行政诉讼法〉的解释》第一百三十条的规定,《行政诉讼法》第三条第三款规定的"行政机关相应的工作人员",包括该行政机关具有国家行政编制身份的工作人员以及其他依法履行公职的人员。被诉行政行为是地方人民政府作出的,地方人民政府法制工作机构的工作人员,以及被诉行政行为具体承办机关工作人员,可以视为被诉人民政府相应的工作人员。因此,选项D错误。

【答案】B、C

77. 【考点】行政诉讼受案范围

【解析】根据《最高人民法院关于适用〈中华人民共和国行政诉讼法〉的解释》第一条第二款规定,下列行为不属于人民法院行政诉讼的受案范围:……(二)调解行为以及法律规定的仲裁行为;……(六)行政机关为作出行政行为而实施的准备、论证、研究、层报、咨询等过程性行为;……。因此,选项A、B不属于行政诉讼的受案范围。

根据《行政诉讼法》第十二条第一款的规定,人民法院受理公民、法人或者其他组织提起的下列诉讼:……(六)申请行政机关履行保护人身权、财产权等合法权益的法定职责,行政机关拒绝履行或者不予答复的;(七)认为行政机关侵犯其经营自主权或者农村土地承包经营权、农村土地经营权的;(八)认为行政机关滥用行政权力排除或者限制竞争的;……。因此,选项C、D属于行政诉讼的受案范围。

【答案】C、D

78. 【考点】行政诉讼管辖

【解析】根据《行政诉讼法》第十九条的规定,对限制人身自由的行政强制措施不服提起的诉讼,由被告所在地或者原告所在地人民法院管辖。因此,选项A正确。根据《行政诉讼法》第二十条的规定,因不动产提起的行政诉讼,由不动产所在地人民法院管辖。因此,选项B正确。

根据《行政诉讼法》第二十三条的规定,有管辖权的人民法院由于特殊原因不能行使管辖权的,由上级人民法院指定管辖。人民法院对管辖权发生争议,由争议双方协商解决。协商不成的,报它们的共同上级人民法院指定管辖。因此,选项C错误。根据《行政诉讼法》第十八条的规定,行政案件由最初作出行政行为的行政机关所在地人民法院管辖。经复议的案件,也可以由复议机关所在地人民法院管辖。经最高人民法院批准,高级人民法院可以根据审判工作的实际情况,确定若干人民法院跨行政区域管辖行政案件。因此,选项D错误。

【答案】A、B

79. 【考点】行政诉讼证据

【解析】根据《行政诉讼法》第四十一条的规定,与本案有关的下列证据,原告或者第三人不能自行收集的,可以申请人民法院调取:(一)由国家机关保存而须由人民法院调取的证据；（二）涉及国家秘密、商业秘密和个人隐私的证据；（三）确因客观原因不能自行收集的其他证据。因此，选项A错误。根据《行政诉讼法》第三十四条第二款的规定，被告不提供或者无正当理由逾期提供证据，视为没有相应证据。但是，被诉行政行为涉及第三人合法权益，第三人提供证据的除外。因此，选项B错误。

根据《最高人民法院关于适用〈中华人民共和国行政诉讼法〉的解释》第四十六条第一款的规定，原告或者第三人确有证据证明被告持有的证据对原告或者第三人有利的，可以在开庭审理前书面申请人民法院责令行政机关提交。因此，选项C正确。根据《行政诉讼法》第三十七条的规定，原告可以提供证明行政行为违法的证据。原告提供的证据不成立的，不免除被告的举证责任。因此，选项D正确。

【答案】C、D

80.【考点】撤销行政判决 重做判决

【解析】根据《行政诉讼法》第七十条规定，行政行为有下列情形之一的，人民法院判决撤销或者部分撤销，并可以判决被告重新作出行政行为：（一）主要证据不足的；（二）适用法律、法规错误的；（三）违反法定程序的；（四）超越职权的；（五）滥用职权的；（六）明显不当的。因此，选项A、B符合题意。

根据《行政诉讼法》第七十四条的规定，行政行为有下列情形之一的，人民法院判决确认违法，但不撤销行政行为：（一）行政行为依法应当撤销，但撤销会给国家利益、社会公共利益造成重大损害的；（二）行政行为程序轻微违法，但对原告权利不产生实际影响的。行政行为有下列情形之一，不需要撤销或者判决履行的，人民法院判决确认违法：（一）行政行为违法，但不具有可撤销内容的；（二）被告改变原违法行政行为，原告仍要求确认原行政行为违法的；（三）被告不履行或者拖延履行法定职责，判决履行没有意义的。因此，选项C、D不符合题意。

【答案】A、B

81.【考点】行政诉讼上诉

【解析】根据《行政诉讼法》第八十五条的规定，当事人不服人民法院第一审判决的，有权在判决书送达之日起十五日内向上一级人民法院提起上诉。当事人不服人民法院第一审裁定的，有权在裁定书送达之日起十日内向上一级人民法院提起上诉。逾期不提起上诉的，人民法院的第一审判决或者裁定发生法律效力。根据《最高人民法院关于适用〈中华人民共和国行政诉讼法〉的解释》第一百零一条的规定，裁定适用于下列范围：（一）不予立案；（二）驳回起诉；（三）管辖异议；（四）终结诉讼；（五）中止诉讼；……对第一、二、三项裁定，当事人可以上诉。裁定书应当写明裁定结果和作出该裁定的理由。裁定书由审判人员、书记员署名，加盖人民法院印章。口头裁定的，记入笔录。因此，选项A、B、D正确，选项C错误。

【答案】A、B、D

82.【考点】行政诉讼第二审程序

【解析】根据《行政诉讼法》第八十七条的规定，人民法院审理上诉案件，应当对原审人民法院的判决、裁定和被诉行政行为进行全面审查。由此可知，行政诉讼中上诉案件实行全面审查，与民事诉讼中要求法院在上诉请求范围内作出裁判不同。因此，选项A的说法错误，符合题意。根据《行政诉讼法》第八十八条的规定，人民法院审理上诉案件，应当在收到上诉状之日起三个月内作出终审判决。有特殊情况需要延长的，由高级人民法院批准，高级人民法院审理上诉案件需要延长的，由最高人民法院批准。因此，选项B的说法错误，符合题意。

根据《行政诉讼法》第八十六条的规定，人民法院对上诉案件，应当组成合议庭，开庭审理。经过阅卷、调查和询问当事人，对没有提出新的事实、证据或者理由的，合议庭认为不需要开庭审理的，也可以不开庭审理。因此，选项C的说法错误，符合题意。根据《行政诉讼法》第八十九条第二款的规定，原审人民法院对发回重审的案件作出判决后，当事人提起上诉的，第二审人民法院不得再次发回重审。因此，选项D的说法正确，不符合题意。

【答案】A、B、C

83.【考点】行政赔偿范围

【解析】根据《国家赔偿法》第三条的规定，行政机关及其工作人员在行使行政职权时有下列侵犯人身权情形之一的，受害人有取得赔偿的权利：（一）违法拘留或者违法采取限制公民人身自由的行政强制措施的；（二）非法拘禁或者以其他方法非法剥夺公民人身自由的；（三）以殴打、虐待等行为或者唆使、放纵他人以殴打、虐待等行为造成公民身体伤害或者死亡的；（四）违法使用武器、警械造成公民身体伤害或者死亡的；（五）造成公民身体伤害或者死亡的其他违法行为。因此，选项A、B符合题意。

根据《国家赔偿法》第四条的规定，行政机关及其工作人员在行使行政职权时有下列侵犯财产权情形之一的，受害人有取得赔偿的权利：（一）违法实施罚款、吊销许可证和执照、责令停产停业、没收财物等行政处罚的；（二）违法对财产采取查封、扣押、冻结等行政强制措施的；（三）违法征收、征用财产的；（四）造成财产损害的其他违法行为。因此，选项C、D符合题意。

【答案】A、B、C、D

84.【考点】不得作为商标使用的标志

【解析】根据《商标法》第十条第一款的规定，下列标志不得作为商标使用：（一）同中华人民共和国的国家名称、国旗、国徽、国歌、军旗、军徽、军歌、勋章等相同或者近似的，以及同中央国家机关的名称、标志、所在地特定地点的名称或者标志性建筑物的名称、图形相同的；（二）同外国的国家名称、国旗、国徽、军旗等相同或者近似的，但经该国政府同意的除外；（三）同政府间国际组织的名称、旗帜、徽记等相同或者近似的，但经该组织同意或者不易误导公众的除外；（四）与表明实施控制、予以保证的官方标志、检验印记相同或者近似的，但经授权的除外；（五）同"红十字"、"红新月"的名称、标志相同或者近似的；（六）带有民族歧视性的；（七）带有欺骗性，容易使公众对商品的质量等特点或者产地产生误认的；（八）有害于社会主义道德风尚或者有其他不良影响的。因此，选项A、C、D符合题意，选项B不符合题意。

【答案】A、C、D

85.【考点】商标异议

【解析】根据《商标法》第三十五条第二、三款的规定，商标局做出准予注册决定的，发给商标注册证，并予公告。异议人不服的，可以依照该法第四十四条、第四十五条的规定向商标评审委员会请求宣告该注册商标无效。商标局做出不予注册决定，被异议人不服的，可以自收到通知之日起十五日内向商标评审委员会申请复审。商标评审委员会应当自收到申请之日起十二个月内做出复审决定，并书面通知异议人和被异议人。有特殊情况需要延长的，经国务院工商行政管理部门批准，可以延长六个月。被异议人对商标评审委员会的决定不服的，可以自收到通知之日起三十日内向人民法院起诉。人民法院应当通知异议人作为第三人参加诉讼。因此，选项A、D错误，选项B、C正确。

【答案】B、C

86.【考点】商标许可

【解析】根据《商标法》第四十三条的规定，商标注册人可以通过签订商标使用许可合同，许可他人使用其注册商标。许可人应当监督被许可人使用其注册商标的商品质量。被许可人应当保证使用该注册商标的商品质量。经许可使用他人注册商标的，必须在使用该注册商标的商品上标明被许可人的名称和商品产地。许可他人使用其注册商标的，许可人应当将其商标使用许可报商标局备案，由商标局公告。商标使用许可未经备案不得对抗善意第三人。因此，选项A、C、D正确。

根据《最高人民法院关于审理商标民事纠纷案件适用法律若干问题的解释》第三条的规定，《商标法》第四十三条规定的商标使用许可包括以下三类：（一）独占使用许可，是指商标注册人在约定的期间、地域和以约定的方式，将该注册商标仅许可一个被许可人使用，商标注册人依约定不得使用该注册商标；（二）排他使用许可，是指商标注册人在约定的期间、地域和以约定的方式，将该注册商标仅许可一个被许可人使用，商标注册人依约定可以使用该注册商标但不得另行许可他人使用该注册商标；（三）普通使用许可，是指商标注册人在约定的期间、地域和以约定的方式，许可他人使用其注册商标，并可自行使用该注册商标和许可他人使用其注册商标。因此，选项B错误。

【答案】A、C、D

87.【考点】注册商标的撤销

【解析】根据《商标法》第四十九条的规定，商标注册人在使用注册商标的过程中，自行改变注册商标、注册人名义、地址或者其他注册事项的，由地方工商行政管理部门责令限期改正；期满不改正的，由商标局撤销其注册商标。注册商标成为其核定使用的商品的通用名称或者没有正当理由连续三年不使用的，任何单位或者个人可以向商标局申请撤销该注册商标。商标局应当自收到申请之日起九个月内做出决定。有特殊情况需要延长的，经国务院工商行政管理部门批准，可以延长三个月。因此，选项A、B符合题意，选项C、D不符合题意。

【答案】A、B

88.【考点】商标变更

【解析】根据《商标法》第四十一条的规定，注册商标需要变更注册人的名义、地址或者其他注册事项的，应当提出变更申请。根据《商标法实施条例》第十七条的规定，申请人变更其名义、地址、代理人、文件接收人或者删减指定的商品的，应当向商标局办理变更手续。申请人转让其商标注册申请的，应当向商标局办理转让手续。由此可知，申请删减商品仅限于商标注册申请过程中的商标，而商标一经核准注册，需要放弃在部分指定商品上的专用权的，应办理注销申请。因此，选项A、B正确，选项C错误。

根据《商标法》第二十四条的规定，注册商标需要改变其标志的，应当重新提出注册申请。因此，选项D错误。

【答案】A、B

89.【考点】商标侵权的处理

【解析】根据《商标法》第六十条第一、二款的规定，有该法第五十七条所列侵犯注册商标专用权行为之一，引起纠纷的，由当事人协商解决；不愿协商或者协商不成的，商标注册人或者利害关系人可以向人民法院起诉，也可以请求工商行政管理部门处理。工商行政管理部门处理时，认定侵权行为成立的，责令立即停止侵权行为，没收、销毁侵权商品和主要用于制造侵权商品、伪造注册商标标识的工具，违法经营额五万元以上的，可以处违法经营额五倍以下的罚款，没有违法经营额或者违法经营额不足五万元的，可以处二十五万元以下的罚款。对五年内实施两次以上商标侵权行为或者有其他严重情节的，应当从重处罚。销售不知道是侵犯注册商标专用权的商品，能证明该商品是自己合法取得并说明提供者的，由工商行政管理部门责令停止销售。根据《商标法》第五十七条的规定，有下列行为之一的，均属侵犯注册商标专用权：……（三）销售侵犯注册商标专用权的商品的；……。本题中，该销售商的行为仍属于侵权行为，工商行政管理部门责令该销售商停止销售，不再给予其他行政处罚。因此，选项A、D错误，选项B正确。

根据《商标法实施条例》第七十九条的规定，下列情形属于《商标法》第六十条规定的能证明该商品是自己合法取得的情形：（一）有供货单位合法签章的供货清单和货款收据且经查证属实或者供货单位认可的；（二）有供销双方签订的进货合同且经查证已真实履行的；（三）有合法进货发票且发票记载事项与涉案商品对应的；（四）其他能够证明合法取得涉案商品的情形。因此，选项C正确。

【答案】B、C

90.【考点】商标侵权

【解析】根据《商标法》第六十四条第一款的规定，注册商标专用权人请求赔偿，被控侵权人以注册商标专用权人未使用注册商标提出抗辩的，人民法院可以要求注册商标专用权人提供此前三年内实际使用该注册商标的证据。注册商标专用权人不能证明此前三年内实际使用过该注册商标，也不能证明因侵权行为受到其他损失的，被控侵权人不承担赔偿责任。因此，选项A正确。根据《商标法》第六十条第一款的规定，有该法第五十七条所列侵犯注册商标专用权行为之一，引起纠纷的，由当事人协商解决；不愿协商或者协商不成的，商标注册人或者利害关系人可以向人民法院起诉，也可以请求工商行政管理部门处理。因此，选项B正确。

根据《商标法》第六十二条第三款的规定，在查处商标侵权案件过程中，对商标权属存在争议或者权利人同时向人民法院提起商标侵权诉讼的，工商行政管理部门可以中止案件的查处。中止原因消除后，应当恢复或者终结案件查处程序。因此，选项C错误。根据《商标法》第六十三条第三款的规定，权利人被侵权所受到的实际损失、侵权人因侵权所获得的利益、注册商标许可使用费难以确定的，由人民法院根据侵权行为的情节判决给予五百万元以下的赔偿。因此，选项D错误。

【答案】A、B

91.【考点】保全

【解析】根据《商标法》第六十六条的规定，为制止侵权行为，在证据可能灭失或者以后难以取得的情况下，商标注册人或者利害关系人可以依法在起诉前向人民法院申请保全证据。因此，选项A错误。

根据《商标法》第六十五条的规定，商标注册人或者利害关系人有证据证明他人正在实施或者即将实施侵犯其注册商标专用权的行为，如不及时制止将会使其合法权益受到难以弥补的损害的，可以依法在起诉前向人民法院申请采取责令停止有关行为和财产保全的措施。因此，选项B正确。

根据《最高人民法院关于审理商标民事纠纷案件适用法律若干问题的解释》第四条第一款的规定，《商标法》第六十条第一款规定的利害关系人，包括注册商标使用许可合同的被许可人、注册商标财产权利的合法继承人等。因此，选项C正确。

根据《民事诉讼法》第一百零四条第一款的规定，利害关系人因情况紧急，不立即申请保全将会使其合法权益受到难以弥补的损害的，可以在提起诉讼或者申请仲裁前向被保全财产所在地、被申请人住所地或者对案件有管辖权的人民法院申请采取保全措施。申请人应当提供担保，不提供担保的，裁定驳回申请。因此，选项D正确。

【答案】B、C、D

92.【考点】不得作为商标注册的标志

【解析】根据《商标法》第十一条的规定，下列标志不得作为商标注册：（一）仅有本商品的通用名称、图形、型号的；（二）仅直接表示商品的质量、主要原料、功能、用途、重量、数量及其他特点的；（三）其他缺乏显著特征的。前款所列标志经过使用取得显著特征，并便于识别的，可以作为商标注册。因此，选项A、B正确。

根据《商标法》第十二条的规定，以三维标志申请注册商标的，仅由商品自身的性质产生的形状、为获得技术效果而需有的商品形状或者使商品具有实质性价值的形状，不得注册。因此，选项C、D正确。

【答案】A、B、C、D

93.【考点】合理规避行为

【解析】根据《信息网络传播权保护条例》第十二条的规定，属于下列情形的，可以避开技术措施，但不得向他人提供避开技术措施的技术、装置或者部件，不得侵犯权利人依法享有的其他权利：（一）为学校课堂教学或者科学研究，通过信息网络向少数教学、科研人员提供已经发表的作品、表演、录音录像制品，而该作品、表演、录音录像制品只能通过信息网络获取；（二）不以营利为目的，通过信息网络以盲人能够感知的独特方式向盲人提供已经发表的文字作品，而该作品只能通过信息网络获取；（三）国家机关依照行政、司法程序执行公务；（四）在信息网络上对计算机及其系统或者网络的安全性能进行测试。因此，选项A、C、D正确，选项B错误。

【答案】A、C、D

94.【考点】软件著作权人的权利

【分析】根据《计算机软件保护条例》第八条第一款的规定，软件著作权人享有下列各项权利：（一）发表权，即决定软件是否公之于众的权利；（二）署名权，即表明开发者身份，在软件上署名的权利；（三）修改权，即对软件进行增补、删节，或者改变指令、语句顺序的权利；（四）复制权，即将软件制作一份或者多份的权利；（五）发行权，即以出售或者赠予方式向公众提供软件的原件或者复制件的权利；（六）出租权，即有偿许可他人临时使用软件的权利，但是软件不是出租的主要标的的除外；（七）信息网络传播权，即以有线或者无线方式向公众提供软件，使公众可以在其个人选定的时间和地点获得软件的权利；（八）翻译权，即将原软件从一种自然语言文字转换成另一种自然语言文字的权利；（九）应当由软件著作权人享有的其他权利。因此，选项A、B、D正确，选项C错误。

【答案】A、B、D

95.【考点】法人作品

【解析】根据《计算机软件保护条例》第十三条的规定，自然人在法人或者其他组织中任职期间所开发的软件有下列情形之一的，该软件著作权由该法人或者其他组织享有，该法人或者其他组织可以对开发软件的自然人进行奖励：（一）针对本职工作中明确指定的开发目标所开发的软件；（二）开发的软件是从事本职工作活动所预见的结果或者自然的结果；（三）主要使用了法人或者其他组织的资金、专用设备、未公开的专门信息等物质技术条件所开发并由法人或者其他组织承担责任的软件。因此，选项A、B、C正确，选项D错误。

【答案】A、B、C

96.【考点】禁止进出口技术的管理

【解析】根据《对外贸易法》第十六条的规定，国家基于下列原因，可以限制或者禁止有关货物、技术的进口或者出口：（一）为维护国家安全、社会公共利益或者公共道德，需要限制或者禁止进口或者出口的；（二）为保护人的健康或者安全，保护动物、植物的生命或者健康，保护环境，需要限制或者禁止进口或者出口的；（三）为实施与黄金或者白银进出口有关的措施，需要限制或者禁止进口或者出口的；（四）国内供应短缺或者为有效保护可能用竭的自然资源，需要限制或者禁止出口的；（五）输往国家或者地区的市场容量有限，需要限制出口的；（六）出口经营秩序出现严重混乱，需要限制出口的；（七）为建立或者加快建立国内特定产业，需要限制进口的；（八）对任何形式的农业、牧业、渔业产品有必要限制进口的；（九）为保障国家国际金融地位和国际收支平衡，需要限制进口的；（十）依照法律、行政法规的规定，其他需要限制或者禁止进口或者出口的；（十一）根据我国缔结或者参加的国际条约、协定的规定，其他需要限制或者禁止进口或者出口的。因此，选项A、B、C、D正确。

【答案】A、B、C、D

97.【考点】集成电路布图设计不予受理

【解析】根据《集成电路布图设计保护条例实施细则》第十七条的规定，布图设计登记申请有下列情形的，国家知识产权局不予受理，并通知申请人：（一）未提交布图设计登记申请表或者布图设计的复制件或者图样的，已投入商业利用而未提交集成电路样品的，或者提交的上述各项不一致的；（二）外国申请人的所属国未与中国签订有关布图设计保护协议或者与中国共同参加有关国际条约；（三）所涉及的布图设计属于条例第十二条规定不予保护的；（四）所涉及的布图设计属于条例第十七条规定不予登记的；（五）申请文件未使用中文的；（六）申请类别不明确或者难以确定其属于布图设计的；（七）未按规定委托代理机构的；（八）布图设计登记申请表填写不完整的。因此，选项A、B、C、D符合题意。

【答案】A、B、C、D

98.【考点】扣留申请 扣留申请书 扣留担保 侵权货物的处置

【解析】根据《知识产权海关保护条例》第十二条的规定，知识产权权利人发现侵权嫌疑货物即将进出口的，可以向货物进出境地海关提出扣留侵权嫌疑货物的申请。因此，选项A正确。

根据《知识产权海关保护条例》第十三条第一款的规定，知识产权权利人请求海关扣留侵权嫌疑货物的，应当提交申请书及相关证明文件，并提供足以证明侵权事实明显存在的证据。因此，选项B正确。

根据《知识产权海关保护条例》第十四条的规定，知识产权权利人请求海关扣留侵权嫌疑货物的，应当向海关提供不超过货物等值的担保，用于赔偿可能因申请不当给收货人、发货人造成的损失，以及支付货物由海关扣留后的仓储、保管和处置等费用；知识产权权利人直接向仓储商支付仓储、保管费用的，从担保中扣除。具体办法由海关总署制定。因此，选项C正确。

根据《海关关于〈知识产权海关保护条例〉的实施办法》第三十三条第一款的规定，对没收的侵权货物，海关应当按照下列规定处置：（一）有关货物可以直接用于社会公益事业或者知识产权权利人有收购意愿的，将货物转交给有关公益机构用于社会公益事业或者有偿转让给知识产权权利人；（二）有关货物不能按照第（一）项的规定处置且侵权特征能够消除的，在消除侵权特征后依法拍卖。拍卖货物所得款项上交国库；（三）有关货物不能按照第（一）、（二）项规定处置的，应当予以销毁。因此，选项D错误。

【答案】A、B、C

99.【考点】范围

【解析】根据《与贸易有关的知识产权协定》第一条的规定，为该协定的目的。"知识产权"一词是指成为第二部分第1节至第7节的主题的所有各类知识产权，即版权和有关权利、商标、地理标志、工业品外观设计、专利、集成电路布图设计、未公开的信息。因此，选项A、B、D正确，选项C错误。

【答案】A、B、D

100.【考点】地理标志

【解析】根据《与贸易有关的知识产权协定》第二十二条的规定，在地理标志方面，各成员应当为有利害关系的各方提供法律手段以制止下列行为：(a)在商品的名称或外表上使用任何方法，以明示或暗示有关商品来源于真实原产地以外的一个地理区域，在某种意义上对商品的地理来源误导公众；(b)构成《保护工业产权巴黎公约》（1967年）第十条之二所称的不正当竞争行为的任何使用。因此，选项A、B符合题意。

根据《与贸易有关的知识产权协定》第二十三条的规定，每一成员应当为有利害关系的各方提供法律手段，以制止将识别葡萄酒的地理标志用于标示不是来源于该地理标志所指明的地方的葡萄酒，或者将识别烈酒的地理标志用于标示不是来源于该地理标志所指明的地方的烈酒，即使标示了商品的真实来源地，或者该地理标志使用的是翻译文字，或者伴有诸如"类"、"式"、"仿"或类似的表述，也一样……。因此，选项C、D符合题意。

【答案】A、B、C、D